HANS KLEFFE

AUS DER GESCHICHTE DER FOTOTECHNIK

HANS KLEFFE

Aus der Geschichte der Fototechnik

VEB FOTOKINOVERLAG LEIPZIG

Anmerkung

Beim Zitieren von Originalquellen wurde zum Teil von der heute üblichen Schreibweise abgewichen. Der Quellennachweis ist am Ende des Buches im Literaturverzeichnis zusammengefaßt.

2., verb. Auflage · 11.–20. Tausend
Lizenz-Nr. 110-210/314/83
LSV 9169
Lektor: Hanns Rolf Monse
Printed in GDR
Gesamtherstellung: BS Rudi Arndt, Berlin · 6360
Bestellnummer: 546 562 9
DDR 6,80 M

Inhalt

Vorwort

Jeden Tag drücken Millionen Menschen in allen Teilen der Erde auf den Auslöser ihrer Kamera, um Erinnernswertes, Schönes oder Interessantes im Foto festzuhalten. Fotografieren und Filmen sind aus dem Leben der zivilisierten Menschen nicht mehr wegzudenken. Auch für die vielfältigen Informationen, die uns das Massenmedium Fernsehen täglich ins Haus liefert, bilden Foto- und Kinematografie wesentliche Grundlagen.

Aber nur wenige Menschen wissen, auf welch verschlungenen Wegen sich die Fotografie technisch und chemisch allmählich bis zu ihrer heutigen hohen Leistungsfähigkeit und Perfektion entwickelt hat. Geschichtliche Darstellungen darüber füllen meist viele Bände oder zumindest ein so dickleibiges Buch, wie es nicht jeder zu lesen Zeit und Lust hat. Dieser Band will die Entwicklung der Fototechnik und fotografischen Fotochemie in großen Zügen für einen breiten Leserkreis kurz umreißen, ohne dabei auf Wesentliches zu verzichten.

Das Buch wendet sich an Leser aller Grade »fotografischer Vorbildung«, angefangen von Menschen, die nicht einmal Fotoamateure oder »Knipser«, sondern lediglich allgemein wissenschafts- und technik-geschichtlich interessiert sind, bis hin zu denen, deren tägliche Arbeit eng mit Fotografie verknüpft ist. Mit Rücksicht auf diesen Leserkreis wurde stellenweise auch auf einige chemische Details näher eingegangen, ohne daß dafür besondere Vorkenntnisse zum Verständnis nötig wären.

Es wurde ferner Wert auf die Fortführung der Darstellung bis zur Gegenwart, also auch bis zur Erläuterung all der Eigenschaften gelegt, die das moderne fotografische Aufnahmematerial als Ergebnis der über 150jährigen Entwicklung der fotografischen Fotochemie erlangt hat, um den Lesern vor Augen zu führen, ein wie hochwertiges und forschungsintensives Erzeugnis die heutigen Filmmaterialien darstellen.

Unberücksichtigt blieben die zahlreichen nichtkonventionellen, nicht auf der Basis lichtempfindlicher Silberhalogenide beruhenden fotografischen Materialien und Verfahren, einmal aus Gründen der Kürze, zum andern aber auch, weil sie für die bildmäßige Amateur- und professionelle Fotografie derzeit kaum noch Bedeutung haben.

Dem VEB Fotokinoverlag danke ich ganz besonders herzlich für seine umfangreichen Bemühungen zur Beschaffung des Bildmaterials sowie auch für die gute und verständnisvolle Zusammenarbeit.

Berlin 1983 Hans Kleffe

Kameras, in denen man saß

Daß wir uns im Spiegel sehen können, regt heute zumindest keinen zivilisierten Menschen mehr auf. Man ärgert sich höchstens, nicht schöner auszusehen als man ist. Doch die Tatsache der Abbildung im Spiegel als solche ist uns eine Selbstverständlichkeit, fern von jeder Magie. Nicht so im Altertum. Vor Jahrtausenden war das Bild des menschlichen Antlitzes auf dem ruhigen Wasserspiegel oder auf einem blanken Metall noch ein faszinierendes Rätsel. Man konnte das genaue Bild seiner selbst sehen, aber nicht greifen. Es schien dem naiven Menschen, als habe das Spiegelbild eine von der Körperlichkeit losgelöste unheimliche Nebenexistenz.

Verständlich daher, daß sich um das Spiegelbild viele magische Vorstellungen rankten und Mythen und Märchen darüber erzählt und geschrieben wurden. Altchinesische Sagen, in denen das Bild geliebter Menschen nicht nur als an den Augenblick gebundenes vergängliches Spiegelbild erzeugt, sondern für immer festgehalten werden konnte, reichen Jahrtausende weit in die Vergangenheit zurück. Als Wunschtraum ist die Fotografie mithin jahrtausendealt.

Aber auch einige der Erkenntnisse, die diesen Wunschtraum schließlich zur Wirklichkeit werden ließen, stammen bereits aus dem Altertum. Die für Foto- und Filmaufnahmegeräte verwendete Bezeichnung Kamera (lateinisch Camera), die ja Kammer bedeutet, ist, wenn man in die Vorgeschichte der Fotografie zurückgeht, ganz wörtlich zu nehmen. Denn die ersten Kameras waren so groß wie eine Kammer. Man fotografierte noch nicht damit, sondern man saß darin. Diese Camera obscura (= dunkle Kammer) war ein allseitig lichtdicht umschlossener Raum. Nur in der Mitte der einen Seitenwand hatte er ein kleines rundes Loch. Wenn man auf die dieser Wand gegenüberliegende helle Innenwand der Kammer blickte und seine Augen hinreichend an die Dunkelheit gewöhnt hatte, sah man ein schwaches kopfstehendes und seitenverkehrtes Abbild der Dinge, die sich vor der Wand mit dem Loch befanden.

Auf Jahrmärkten vermochten Schausteller damit jahrhundertelang einfältige Menschen zu beeindrucken, besonders wenn draußen vor der Lochwand ein als Teufel verkleideter Mensch umhertanzte. Mit Hilfe der Camera obscura wurden aber auch Sonnenfinsternisse beobachten. Die extreme Abschwächung der

Sonnenhelligkeit durch die sehr lichtschwache Camera obscura ermöglichte, das Abbild der Sonne ohne Gefahr der Blendung zu betrachten. Man erkannte dabei deutlich die Sichelgestalt der Sonne während ihrer partiellen Verdeckung durch den Mond. Es ist nicht überliefert, ob die Camera obscura durch einen Zufall entdeckt wurde, beispielsweise dadurch, daß Licht durch ein Astloch fiel. Auch mochte das sehr helle Tageslicht der südlich gelegenen blühenden Kulturstaaten des Altertums besonders günstige Vorbedingungen dafür geboten haben, eine solche Erscheinung zu beobachten. Möglicherweise hatte die Entdeckung sogar etwas mit den Sonnenfinsternissen zu tun. Während der partiellen Verfinsterung der Sonne sieht man nämlich unter dem Blätterdach eines Baumes merkwürdige etwa sichelförmige Lichtflecke, gleichsam viele Sonnensicheln. Bei unverdeckter Sonne ist das nicht der Fall. Bereits der altgriechische Philosoph Aristoteles (384 bis 322 v. u. Z.) brachte in seinem Werk »Problemata« diese Erscheinung ursächlich damit in Verbindung, daß das Licht von der Sonne zum Loch und von diesem zur Erde einen »Doppelkegel« bildet. Damit hatte er, wenn auch noch in unvollkommener Andeutung, das Grundprinzip der Camera obscura beschrieben.

Zu Aristoteles Zeiten war es übrigens noch umstritten, ob der Vorgang des Sehens darauf beruht, daß von den Augen »fühlfädenartige« Strahlen zu den Dingen ausgehen und diese gleichsam betasten oder ob umgekehrt Lichtstrahlen von den Dingen ausgehen und das Auge treffen. Die erstere Auffassung vertrat kein geringerer als der Philosoph Platon (427 bis 347 v. u. Z.), die zweite Aristoteles und Demokrit (etwa 460 bis 360 v. u. Z.). Diese setzte sich schon im Altertum gegen die platonische durch. Auch Autoritäten wie Euklid und Ptolemäus schlossen sich ihr an. Ob nun Aristoteles grundsätzliche Erkenntnis vom Entstehen einer Abbildung durch ein enges Loch zum Bau von »dunklen Kammern« führte, entzieht sich unserer Kenntnis. Sicher ist aber, daß der arabische Gelehrte Abu Ali Alhazen, auch Ibn Al-Haitham genannt (gestorben 1039), der vermutlich die Schriften des Aristoteles gut kannte, in seinem Werk »Über die Gestalt der Finsternis« bereits die Anwendung der Camera obscura beschrieb, übrigens ebenfalls im Zusammenhang mit der Beobachtung einer Sonnenfinsternis. Er wies dabei darauf hin, daß das Loch sehr klein sein müsse, wenn die Sonne als Sichel abgebildet werden soll.

Leonardo da Vinci (1452 bis 1519) schuf in seinen Studien

über das Licht und die Optik die erste zeichnerische Darstellung der Camera obscura. In seiner Schrift erklärt er sie auch und zieht den richtigen Vergleich zur Entstehung der Abbildung im Auge. Wahrscheinlich entstand diese Abhandlung um 1490 bis 1492. Sie wurde aber – wie die übrigen Schriften – zu seinen Lebzeiten nicht veröffentlicht. Besonders bekannt und verbreitet wurde die Camera obscura durch das Werk »Magia naturalis« von Giovanni Battista della Porta (1538 bis 1615), dessen erste Auflage 1558 erschien.

1568 beschrieb der Venezianer Daniele Barbaro in einem Buch über die Perspektive zum erstenmal, daß man sehr viel hellere Bilder erhält, wenn in das Loch der Camera eine Sammellinse, ein Brillenglas, eingesetzt wird, »das von der Art sein muß, wie es ein alter Mann braucht, also bikonvex, nicht konkav wie die Gläser der Kurzsichtigen«. Inzwischen baute man nicht mehr extra einen Raum als Camera obscura, sondern erzeugte lediglich ein Loch im Fensterladen. Man benutzte auch nicht mehr die gegenüberliegende Wand des Raumes als Bildauffangfläche, sondern ein Blatt Papier, das in geeignetem Abstand von der Sammellinse gehalten wurde. Barbaro wies auch als erster auf die Nützlichkeit dieser Vorrichtung als Zeichenhilfe hin. Damit begann die erste große Epoche der praktischen Anwendung von Kameras, zwar noch nicht zum Fotografieren, aber zum Nachzeichnen des vom Objektiv erzeugten Bildes.

Wie der kurze wörtliche Auszug aus Barbaros Schrift beweist, wurde die Sammellinse nicht erst für die Zeichenkamera erfunden, sondern sie war schon vorher bekannt. Auch die Entdekkung der optischen Wirkung von Gläsern bestimmter Form geht wahrscheinlich bis ins Altertum zurück. Denn schon in den Ruinen von Pompeji, Ninive und anderer antiker Metropolen wurden Bergkristall- und Glaslinsen gefunden, von denen man annimmt, daß sie als Vergrößerungs- oder Brenngläser benutzt wurden. In Werken der römischen Schriftsteller Plinius (von 23 bis 79) und Seneca (von 4 bis 65) finden sich Hinweise darauf. Der in diesem Zusammenhang oft zitierte grüne Beryll, der später der Brille den Namen gab und den Nero bei der Beobachtung der Gladiatorenkämpfe benutzt haben soll, dürfte jedoch entgegen der Legende keine Sehhilfe, sondern die erste überlieferte Sonnenbrille gewesen sein und die besonders lichtempfindlichen Augen des grausamen Römerkaisers gegen die grelle Sonne geschützt haben.

Das Datum der Erfindung der Brille verliert sich im Dunkel.

Es ist aber eine Predigt des Dominikaners Fra Giordano da Rivalto aus der Zeit um 1300 überliefert, in der es hieß: »Es ist noch nicht 20 Jahre her, daß man die Kunst Brillen zu machen, fand, durch die man besser sieht. Es ist eine der besten und notwendigsten Künste.« Den ersten Aufschwung nahm die Brillenherstellung schon nach der Erfindung des Buchdrucks durch Johann Gutenberg um die Mitte des 15. Jahrhunderts. Seitdem begann eine Art Masenfabrikation, bei der 12 bis 15 Gläser an Holzheften gleichzeitig von einem Arbeiter geschliffen wurden. Den Vertrieb besorgten damals noch Hausierer, die von Ort zu Ort zogen. Individuell angepaßt wurden die Augengläser noch nicht, sondern »standardisiert« in je sechs Stärken für Kurzsichtigkeit und Alterssichtigkeit hergestellt. Die Auswahl traf man nach dem Alter des Patienten.

Um die Camera obscura als Zeichenkamera verwenden zu können, mußte sie transportabel sein. Das bedeutete aber anfangs noch nicht, daß man sie als leichtes Handgepäck mitführen konnte. Auch die transportablen Zeichenkameras waren zunächst noch so groß, daß ein oder sogar mehrere Personen darin Platz fanden. Man baute sie an Ort und Stelle schnell aus Brettern zusammen. Johannes Kepler (1571 bis 1630), der geniale Mathematiker und Astronom, der die Bewegungsgesetze der Planeten entdeckte, benutzte als Zeichenkamera auch ein Zelt, das drehbar montiert war und an einer Seite ein Loch von etwa anderthalb Zoll Durchmesser hatte. In das Loch steckte er eine Röhre mit einer Konvexlinse und zeichnete das auf Papier projizierte Bild mit der Feder nach.

Erst etwa seit der Mitte des 17. Jahrhunderts setzte sich die »Miniaturisierung« durch. Die Zeichenkamera war nun bloß noch so groß, daß man unter einem schwarzen Tuch den Kopf und die beiden Hände in den Kasten steckte und das Projektionsbild nachzeichnete, das mittels eines um 45 Grad gegen die optische Achse des Objektivs geneigten Spiegels auf eine waagerechte Fläche umgelenkt wurde. Diese Umlenkung durch einen Spiegel und damit den ersten Vorläufer der »einäugigen Spiegelreflexkamera« hatte ebenfalls bereits Porta im Prinzip beschrieben. Den ausziehbaren Objektivtubus zur Scharfeinstellung erwähnte 1686 Johann Zahn. Außer der Verwendung als Zeichenhilfe blieb die Camera obscura noch lange Zeit ein sehr gebräuchliches Instrument zu Beobachtung von Sonnenfinsternissen. Auch für die Beobachtung von Sonnenflecken wurde sie später gern benutzt.

Mit der Zeichenkamera sind beispielsweise die durch ihre »fotografische Naturtreue« auffallenden berühmten Dresdener Stadtbilder des Malers Bernardo Belotto, genannt Canaletto (1720 bis 1780), entstanden. So wie wir heute auf Reisen Bilder fremder Städte mit dem Fotoapparat festhalten, benutzte man damals die Zeichenkamera, um reizvolle Ansichten zu Papier zu bringen und als Erinnerung mit nach Hause zu nehmen – ein allerdings unvergleichlich mühevolleres, umständlicheres und zeitraubenderes Verfahren. Doch war der Tourismus damals sowieso noch keine Massenerscheinung, sondern ein Privileg weniger begüterter Leute. Die meisten der einfachen Menschen kamen zeitlebens nie über die nähere Umgebung des Ortes hinaus, in den sie hineingeboren waren.

Die Zeichenkameras wurden mit der Zeit immer komfortabler und sogar mit Wechselobjektiven unterschiedlicher Brennweite ausgestattet. Von diesem Stand der Entwicklung bis zur heutigen Fotografie mit Systemkameras blieb also »nur« noch der Schritt, Zeichenpapier und Stift durch ein lichtempfindliches Material zu ersetzen, in dem sich die Bilder von selbst aufzeichneten. Damit kommen wir auf das zweite der beiden »Beine«, auf denen die zehnte Muse Fotografie steht.

1727: »Dunkelheitsträger« entdeckt

Beobachtungen darüber, daß Lichteinwirkung die Farbe und andere Eigenschaften bestimmter Stoffe verändert, reichen gleichfalls bis ins Altertum zurück. Nur erfolgten die Veränderungen viel zu langsam und zu undifferenziert, um auf diese Weise Bilder erzeugen zu können. Aber was man in der Wirklichkeit nicht vermochte, das malte sich das Wunschdenken in der Phantasie aus. So gibt es ein Gedicht des Römers Statius (um 40 bis 96 u. Z.), nach dem ein Bild des Jünglings Earinus, eines Lieblings des Kaisers Domitian, durch »Zauber« auf einer Goldplatte festgehalten wurde. Dabei mußte er seinen Blick längere Zeit fest auf die Platte richten. Das erinnert bereits erstaunlich genau an den Vorgang des Fotografierens.

Auch in der utopisch-phantastischen Literatur einer der Gegenwart viel näher liegenden Zeit fehlte die Vorwegnahme der Fotografie nicht. 1761 erschien ein Buch des französischen

Schriftstellers Tiphaigne de la Roche, in dem der Held der Handlung während eines Sturmes in den Palast der »Elementargeister« entführt und von deren Oberhaupt in allerlei Geheimnisse eingeweiht wird. Die Elementargeister vermochten einen sehr feinen Stoff zusammenzusetzen, »der sehr klebrig und sehr geneigt ist trocken zu werden und sich zu erhärten. Mit Hilfe desselben wird in einem Augenblick ein Gemälde gemacht. Sie überziehen mit diesem Stoff ein Stück Leinwand und bringen diese vor die Gegenstände, welche sie abbilden wollen. Die erste Wirkung der Leinwand ist diejenige eines Spiegels; man sieht darin alle nahen und fernen Körper, wovon das Licht ein Bild entwerfen kann. Aber was ein Spiegel nicht vermag, die Leinewand hält durch ihren klebrigen Überzug die Bilder fest. Diese Aufnahme der Bilder ist das Geschäft des ersten Augenblicks ... Man bringt die Leinwand weg und bringt sie an einen dunklen Ort. Eine Stunde später ist der Überzug getrocknet und man hat ein Gemälde.«

Erstaunlich, wie genau hier einzelne Details der späteren fotografischen Materialien und des fotografischen Prozesses vorausgeahnt werden: Der Schichtträger, sein Überzug aus der zunächst klebrigen, erst beim Trocknen erhärtenden Emulsion und die Entwicklung des latenten Bildes in der Dunkelkammer zum sichtbaren und haltbaren Foto sind hier intuitiv vorweggenommen.

Dem »feinen Stoff«, von dem de la Roche träumte, waren die Chemiker indessen längst auf der Spur, allerdings ohne den Gedanken, dadurch die Fotografie zu erfinden. Bereits 1667 hatte der bedeutende englische Physiker und Chemiker Robert Boyle (1627 bis 1691) entdeckt, daß sich Silberchlorid »an der Luft« schwärzt. Wir können ihn aber trotzdem nicht in die Reihe der eigentlichen Entdecker der Lichtempfindlichkeit jener Silberhalogenide einreihen, die bis heute die dominierende lichtempfindliche Substanz der Fotomaterialien bilden. Denn seine Formulierung deutet darauf hin, daß er die Farbveränderung ursächlich nicht der Lichteinwirkung, sondern der Luft zuschrieb.

Erst genau 60 Jahre später, 1727, entdeckte Johann Heinrich Schulze, Professor für Anatomie und Wundarznei an der Universität Altdorf bei Nürnberg, die besondere fotochemische Wirkung des Lichts auf Silberhalogenide. Schulze war ein für seine Zeit recht fortschrittlicher Gelehrter. So führte er als Mediziner gelegentlich Leichensektionen durch, was damals noch eine Seltenheit war und dementsprechendes Aufsehen erregte. Er setzte sich auch gegen Hexenprozesse ein. Neben seinen medizinischen Arbeiten befaßte er sich mit chemischen Experimenten.

1725 begann er mit Versuchen, leuchtende Steine – damit waren fluoreszierende oder phosphoreszierende Stoffe gemeint – künstlich herzustellen. Er wollte einen »Leuchtstein« erfinden, der »von den Sonnenstrahlen Licht aufnimmt und hernach leuchtend wird«. Statt dessen entdeckte er dabei das genaue Gegenteil, nämlich wie eine Substanz »von der Sonne verdunkelt wird«. Er resümierte darüber: »Oft lernen wir durch Zufall, was wir durch Nachdenken und zielbewußte Arbeit kaum gefunden hätten«. Und er überschrieb die Abhandlung über seine Entdekkung mit dem seltsam genug klingenden Titel (aus dem Lateinischen übersetzt) »Dunkelheitsträger statt Lichtträger entdeckt; oder merkwürdiger Versuch über die Wirkung der Sonnenstrahlen«.

Schulze hatte bei seinen Experimenten mit einem Gemisch gearbeitet, das Silberchlorid, Silberkarbonat, Silbernitrat und überschüssige weiße Kreide enthielt, die übrigens als kontrastierende Substanz die deutliche Sichtbarkeit der Verfärbung noch begünstigte. Er hantierte dabei am offenen Fenster und es fiel ihm auf, daß sich die Verfärbung der Substanz ins Veilchenblaue nur in einem Teil der Schale zeigte, die von direktem Sonnenlicht getroffen wurde.

Seine zu Rate gezogenen Freunde und Fachkollegen meinten zunächst, daß die Wärme der Sonnenstrahlen die Verfärbung bewirke. Schulze wiederholte daraufhin den Versuch und setzte die Substanz keinem hellen Licht, aber der starken Hitze eines Küchenfeuers aus. Es trat keine Verfärbung ein. Durch weitere Kontrollversuche stellte er fest, daß die in der Substanz enthaltenen »Silberteilchen diese Erscheinung erzeugt haben«. Um ganz sicher zu gehen, experimentierte er auch noch mit gespiegeltem statt mit direktem Sonnenlicht. Ferner konzentrierte er die Lichtstrahlen mit einer Sammellinse, wobei die Verfärbung – wie erwartet – nach kürzerer Zeit als sonst eintrat.

Schulze fügte der Beschreibung seiner Entdeckung zwar den prophetischen Satz an: »Auch verzweifle ich nicht daran, daß dieser Versuch den Naturforschern noch andere Nutzanwendungen wird zeigen können.« Aber er verfolgte das Problem nicht weiter, offenbar war er durch seine Lehrtätigkeit als Mediziner voll in Anspruch genommen.

Speziell die Lichtempfindlichkeit des Silberchlorids, das man damals Hornsilber nannte, entdeckte unabhängig von Schulze auch 30 Jahre später der Turiner Physikprofessor Giacomo Battista Beccaria (1716 bis 1781) noch einmal und stellte durch Modifizierung des Experiments sicher, daß die Verfärbung des frisch angesetzt gelblich-weiß aussehenden Silberchlorids nicht durch die Luft, sondern nur durch Lichteinwirkung entsteht.

Doch das Tempo der wissenschaftlichen und technischen Entwicklung verlief damals noch sehr gemächlich. Es dauerte rund ein Jahrhundert, bis jemand auf die Idee kam, die Zeichenkamera und die Lichtempfindlichkeit der Silberhalogenide zur Fotografie zu kombinieren. Schulzes Entdeckung fand zunächst nur Anwendung für allerlei Zauberkunststückchen. So wird in einem »Natürlichen Zauberlexikon« aus dem Jahre 1784 beschrieben, wie man mit Silber eine »sympathetische Tinte« herstellen kann, deren Schrift zunächst unsichtbar ist und erst nach längerer Einwirkung des Sonnenlichts lesbar wird. Im gleichen Zauberlexikon wird auch empfohlen, mit der Silberlösung sein Gesicht zu bestreichen und sich hernach in die Sonne zu setzen. Auf diese Weise würde man »auf eine Zeitlang zum Mohren gemacht«.

Doch gewann das wissenschaftliche Interesse an der Verfärbung von Stoffen durch Licht bei den Chemikern weiter an Verbreitung. Untersuchungen dieser Art führten auch Carl Wilhelm Scheele (1742 bis 1786) und Jean Senebier (1792 bis 1809) durch. Dieser stellte bereits ziemlich differenzierte quantitative Untersuchungen über die Lichtempfindlichkeit des Silberchlorids an und erfand dabei das Prinzip des Stufenfotometers. Das »Hornsilber« wurde nacheinander mit einer zunehmenden Anzahl von Papierblättern bedeckt und die resultierende Verringerung der Färbung festgelegt. Vier aufgelegte Blätter genügten, um die fotochemische Wirksamkeit des Lichts ganz zu unterbinden. 1856 wurde nach diesem Prinzip der erste »Belichtungsmesser« verwirklicht.

Ferner zerlegte Senebier das Sonnenlicht durch ein Prisma in das Spektrum der einzelnen Farben. Er stellte fest, daß violettes Licht das Silberchlorid in 15 Sekunden, purpurnes in 23, blaues in 29, grünes in 35 Sekunden, gelbes erst in 5 Minuten und 35 Sekunden, organgefarbenes in 12 und rotes in 20 Minuten verfärbt, wobei Gelb, Orange und Rot aber trotz der langen Exposition nur einen schwachen violetten Anflug erzeugten. Eine so kräftige Verfärbung wie durch den kurzwelligen Teil des sichtbaren Spektrums war durch den langwelligen auch nach 45 Minuten noch nicht zu erreichen.

Die Ergebnisse dieser Versuche verdienen besondere Beachtung, weil sie schon Jahrzehnte vor dem Beginn praktischer Fotografie die Erklärung dafür lieferten, warum man zunächst keine »tonwertrichtigen« Lichtbilder erhielt, also die Farben nicht in den ihrer Helligkeit entsprechenden Graustufen abgebildet wurden. Gelbe und rote Objekte und Details wurden stets viel zu dunkel wiedergegeben.

Ein Turiner Gelehrter namens Anton-Maria Vassalli kam 1792 sogar auf die Idee, die Wirkung des Mondlichts auf das Hornsilber zu untersuchen. Er stellte fest, daß es sich auch dabei etwas verfärbte, wenn auch erst nach mehrere Stunden dauernder Exposition bei Vollmond. Sehr bemerkenswert sind ferner Vassallis Experimente zur quantitativen Bestimmung der unterschiedlichen Wirksamkeit direkten Sonnenlichts, gestreuten Tageslichts und des »Kunstlichts« einer brennenden Flamme. Dabei färbte sich die Probe im direkten Sonnenlicht in wenigen Sekunden ins »Dunkelkaffeebraune«. Die Probe, die in einer sehr hellen Kammer lag, aber nicht von direktem Sonnenlicht getroffen wurde, nahm erst nach drei Stunden eine aschgraue Färbung an. Die mit der Flamme beleuchtete zeigte nach drei Stunden noch keine merkliche Veränderung, nach sechs Stunden war sie ein wenig grau und nach 36 Stunden nur wenig nachgedunkelt. Die vierte in einem dunklen Kasten aufbewahrte Probe blieb völlig weiß.

Senebiers Experimente erlangten für die Geschichte der Fotografie auch insofern Bedeutung, als er die Farbänderungen infolge Lichteinwirkungen bei Hölzern und verschiedenen Harzen, darunter auch – wie ebenfalls A. Hagemann 1782 – beim gepulverten Guajakgummi untersuchte und 1785 veröffentlichte. Denn auf das Guajakharz kam später jener Mann zurück, der schließlich zum Erfinder der Fotografie wurde.

Fahndung nach dem ersten Foto

Vor zweihundert Jahren gab es noch keine Zentralinstitute für Information und Dokumentation, in denen wie heute alle wissenschaftlich-technischen Veröffentlichungen – fast – lückenlos erfaßt, systematisiert und zur Auswertung bereitgehalten werden. Deshalb experimentierten mehrere Forscher an verschiedenen Orten und ohne voneinander zu wissen am gleichen Problem, was allerdings auch heute noch – wenn auch nicht mehr so häufig und aus anderen, z. B. Geheimhaltungsgründen – der Fall ist. Bei der Erfindung der Fotografie traf das ebenfalls zu, und man darf deshalb nicht glauben, daß Niépce und Daguerre, weil das Lexikon sie als Erfinder der Fotografie verzeichnet, wirklich die einzigen sind, die diese Abbildungsverfahren erfanden.

Trotz der sicher sehr lückenhaften Dokumentation dessen, was damals in einsamen Experimentierstuben probiert wurde, lassen sich rund ein halbes Dutzend Erfinder der Fotografie literarisch belegen. Bei den meisten verlief sich die Sache aber sozusagen im Sande. Mancher maß dem Verfahren auch gar nicht so viel Bedeutung bei, um darüber eine schriftliche Abhandlung zu verfassen. Die Arbeiten von Niépce und Daguerre dagegen sowie auch die von Talbot wurden systematisch von einer großen Zahl weiterer Experimentatoren übernommen und weiterentwickelt. Deshalb ist es berechtigt, diesen drei eine Sonderstellung unter den Erfindern der Fotografie einzuräumen.

Daß sich in der damaligen Zeit viele Geister mit dem Problem der Fotografie – diese Bezeichnung existierte aber noch gar nicht, sondern wurde erst 1839 zum erstenmal verwendet – beschäftigten, ist ganz erklärlich. Die Zeit war reif dafür – im doppelten Sinne. Einmal waren, wie im vorigen Kapitel geschildert, die physikalischen, technischen und chemischen Voraussetzungen dafür gegeben. Zum anderen lag ein gesellschaftliches Bedürfnis für ein Verfahren der Selbstaufzeichnung von Bildern vor. In der Epoche des aufstrebenden Bürgertums und der gesteigerten Entwicklung der Produktivkräfte war das Erfordernis nach einer weiteren Demokratisierung der zwischenmenschlichen Kommunikation und eines intensivierten Informationsaustausches durch vermehrte Produktion von Büchern, Zeitschriften und Zeitungen entstanden. Für die Illustration aller dieser Druckerzeugnisse mußten Bilder gezeichnet werden. Das erforderte einmal viel Arbeit. Zum anderen war es schwierig, genaue Abbildungstreue in allen Details zu erreichen.

Hinzu kam das wachsende Interesse des aufstrebenden Bürgertums an einem nichtelitären Abbildungsverfahren. Denn nur Adlige konnten es sich leisten, einen renommierten Maler zu beschäftigen, um der Nachwelt die Konterfeis der Familienmitglieder sowie besondere Anlässe des persönlichen Lebens bildhaft zu überliefern. Die Zahl der Angehörigen des Bürgertums überwog inzwischen aber bei weitem die des Adels. Mithin entsprach das Malen allein nicht mehr den neuen gesellschaftlichen Erfordernissen.

Niépce hatte allerdings zunächst nur die erstgenannte Zielstellung vor Augen. Ihm ging es um die Weiterentwicklung der Drucktechnik. Es sollte durch Selbstaufzeichnung ein Bild entstehen, das sich zu einer Druckplatte weiter verarbeiten ließ und somit die Vervielfältigung des Bildes ermöglichte. Diese Zielstellung ist in einem Satz seiner Denkschrift an die Royal Society of Sciences – der englischen Akademie der Wissenschaften – vom 8. Dezember 1827 deutlich ausgesprochen. Darin heißt es – in deutscher Übersetzung –: »Die Versuche, die ich vorzulegen die Ehre habe, sind die Ergebnisse meiner langwierigen Untersuchungen über die Methode, das Bild von Gegenständen durch die Wirkung des Lichts festzuhalten und mit Hilfe der aus der Kunst des Gravierens bekannten Prozesse durch den Druck zu reproduzieren.«

Joseph Nicéphore Niépce (sprich: njäpß) (1765 bis 1833) und sein Bruder Claude waren Söhne des Advokaten und königlichen Rates Claude Niépce. Mit 27 Jahren meldete sich Nicéphore zum Militär und wurde Offizier. Die Idee, mit der Camera obscura erzeugte Bilder auf einem lichtempfindlichen Stoff festzuhalten, faßte er bereits 1793 zusammen mit Claude. Beide Brüder waren technisch besonders interessiert.

Bei der Verwirklichung ihrer Idee waren ihnen indessen aber zunächst die beiden Engländer Thomas Wedgwood (1771 bis 1805) und Humphrey Davy (1778 bis 1829) um eine Nasenlänge voraus. Im Journal of the Royal Institution von 1803 berichteten sie über gelungene Versuche, Glasbilder auf fotografischem Wege zu kopieren. Als Fotomaterial benutzten sie weißes Papier oder weißes Leder, das sie mit Silbernitratlösung befeuchteten.

Sie konnten auch Silhouetten sowie Kopien von teilweise transparenten Objekten wie z. B. Blättern herstellen. Sie wußten ferner bereits, daß Silberchlorid noch weit lichtempfindlicher ist, zogen gleichwohl aber Silbernitrat vor, weil dieses löslich war. Daß Scheele auch ein Lösungsmittel für Silberchlorid beschrieben hatte, nämlich Ammoniaklösung, war ihnen offenbar unbekannt. Was ihnen jedoch nicht gelang, war die Fixierung des entstandenen Bildes. Die Kopien durften daher nur im Schatten oder bei Kerzenlicht betrachtet und mußten ansonsten im Dunkeln aufbewahrt werden. Über weitere Versuche hat keiner von beiden berichtet.

Nicéphore Niépce schied mit 36 Jahren aus der französischen Armee aus. Zusammen mit Claude beschäftigte er sich jetzt gewissermaßen professionell mit dem Erfinden. Hauptziel ihrer Bemühungen war dabei aber zunächst nicht die Fotografie, sondern ein Heißluftmotor, von ihnen Pyreolophor genannt, für den Antrieb von Schiffen. Claude erhielt darauf 1807 auch ein Patent. Eine praktische Verwertung fand der Motor jedoch nicht. 1816 übersiedelte Claude nach Paris, 1817 nach England, Nicéphore blieb dagegen auf dem Gut der Familie in Chalon-sur-Saone. Dieser Trennung der beiden Brüder verdanken wir, daß die Erfindungsgeschichte der Fotografie wenigstens in groben Zügen überliefert ist. Denn Nicéphore berichtete in zahlreichen Briefen an Claude über den Fortgang seiner Experimente. Allerdings enthalten sie nur vage Andeutungen – aus Gründen der Geheimhaltung. Man wollte sichergehen, daß mögliche unbefugte Leser die Erfindung nicht ausspionierten. Denn der Gutsbesitzer Niépce experimentierte durchaus nicht nur der reinen Wissenschaft wegen, sondern erhoffte sich auch bares Geld davon, zumal das Vermögen der Niépces durch die ökonomisch fruchtlos gebliebenen Arbeiten am Heißluftmotor ziemlich dahingeschmolzen war. Beide hatten bis an ihr Lebensende mit finanziellen Schwierigkeiten zu kämpfen.

1813 kam Niépce wieder auf die Idee der Selbstaufzeichnung von Bildern zurück. Anstoß dafür war die Lithografie Alois Senefelders. Dies ist ein Flachdruckverfahren, bei dem die druckenden und nichtdruckenden Stellen der Platte praktisch in einer Ebene liegen, sich aber chemisch unterscheiden. Dadurch nehmen die druckenden Stellen Farbe an, die übrigen nicht. Bei seinen ersten Versuchen benutzte Niépce jedoch noch keine Kamera, sondern begnügte sich wie Wedgwood und Davy, aber vermutlich ohne von deren Experimenten zu wissen, mit einem fotografischen Kopierprozeß. Er beschichtete Steinplatten mit Firnis, dessen Lichtempfindlichkeit er nicht erfand, sondern die ebenfalls bereits bekannt war, und legte transparent gemachte Zeichnungen und Stiche darauf. Dann ließ er direktes Sonnenlicht durch die transparente Vorlage auf die mit Firnis überzogene Steinplatte einwirken.

Das Vorhaben, die Aufzeichnung der Bilder mit Hilfe der Camera obscura vorzunehmen, nahm er erst drei Jahre später, 1816, in Angriff. Die ersten Kameras baute er sich selbst. Darunter befand sich eine von 6 Zoll (15,2 cm) Länge mit ausziehbarem Objektivtubus, ferner eine mittelgroße und sogar schon eine »Kleinstbildkamera« von Zündholzschachtelgröße. Als Kamera-Konstrukteur erfand Niépce übrigens auch die Irisblende zur Verbesserung der Schärfenzeichnung des Objektivs sowie den Lederbalgen zwischen dem Objektivbrett und dem Kamera-Grundkörper, der die Kassette mit der lichtempfindlichen Platte aufnahm.

Aus Indizien ist zu schließen, daß Niépce 1816 auch mit Silberchlorid experimentierte und weißes Papier damit »imprägnierte«. Er erhielt dabei negative und seitenverkehrte Bilder – nicht anders als ein heutiges Schwarzweißnegativ, aber nicht transparent. Doch er konnte die Bilder nicht lichtbeständig machen, nicht fixieren, wie wir heute sagen würden. Bei Einwirkung des Tageslichts dunkelten sie immer mehr nach, bis schließlich alle Bildspuren verschwunden waren.

Schon aus diesem Grunde war es nicht möglich, nach den Negativen Positive zu kopieren. Denn dabei hätten sie ja starkem Licht ausgesetzt werden müssen. Die Erfindung der Fotografie war damit also noch nicht perfekt. Nicéphore schickte zwei Proben solcher Bilder auch an seinen Bruder Claude, wies ihn aber nachdrücklich darauf hin, daß er sie zwischen Löschblättern in einem Buch, also lichtgeschützt aufbewahren müsse, da sie sonst immer undeutlicher würden. Einige solcher unfixierten Negative sollen nach Berichten aber noch in den 80er Jahren zu erkennen gewesen sein.

So dicht vor dem Ziel wandte sich Niépce von dem Weg zu dem, was wir heute im engeren Sinne unter Fotografie verstehen, wieder ab und einer Richtung zu, die man als einen Abweg bezeichnen könnte. Allerdings ist dieser Seitenzweig der Fototechnik gerade in jüngster Zeit höchst interessant und bedeutsam geworden. Wir verdanken ihm die neben Radio, Fernsehen, Atomkernspaltung und Raumfahrt revolutionierendste technische Errungenschaft des 20. Jahrhunderts, nämlich die Mikroelektronik mit all ihren faszinierenden Nutzanwendungen, angefangen von Quarz-Armbanduhren und Taschenrechnern bis zu hochautomatisierten, von Mikroprozessoren gesteuerten Produktionsanlagen.

Die integrierten Schaltkreise mit ihren mikroskopisch winzigen Bauelementen und Leiterbahnen werden nämlich mit Hilfe fotolithografisch angefertigter Masken produziert. Davon konnte Niépce allerdings damals noch nicht einmal träumen. Wir bezeichnen die lichtempfindlichen Materialien für die Anfertigung dieser Masken heute als Fotokopierlacke oder in der Fachliteratur häufig kurz als »Resists«. Sie härten durch Vernetzung der Moleküle an allen Stellen, an denen sie von ultraviolettem Licht getroffen werden, aus. Die unbelichtet gebliebenen lassen sich dagegen mit einem Lösungsmittel entfernen. Folglich bleibt die aufkopierte Geometrie als Bild, als eine Art Relief von sehr geringer Schichtdicke zurück.

Ein im Prinzip gleiches Verfahren praktizierte Niépce. Nur standen ihm dafür noch nicht die heutigen Substanzen zur Verfügung. Nach anfänglich vergeblichen Versuchen mit Phosphor und Guajakharz löste er Asphaltlack, wie er in der Lithografie als Deckmittel gebräuchlich war, in »hellem Petroleum« und beschichtete damit Glasplatten. Darüber legte er wieder Stiche, die durch Firnis transparent gemacht wurden, und ließ zwei bis drei Stunden helles Sonnenlicht einwirken. Wie bei den heutigen Resists härtete der Asphalt an den belichteten Stellen aus, während er an den unbelichteten, die sich unter den Strichen der Vorlage befanden und dadurch gegen die Lichteinwirkung geschützt waren, unverändert blieb. Diese Stellen ließen sich mit einem Lösungsmittel – Niépce benutzte in »hellem Petroleum« gelöstes Lavendelöl – auswaschen. Die belichteten Stellen blieben stehen.

1822 entstand nach dieser Technik eine fotografische Kopie, die in dem Streit darüber, in welchem Jahr die Fotografie erfunden wurde, eine besondere Rolle spielt. Es ist die Kopie eines Kupferstichs von Papst Pius VII. Der Stich wurde auf eine Glasplatte kopiert, die leider bald danach zerbrach. In Frankreich wird wegen dieser ersten sicher verbürgten Fotokopie 1822 als Jahr der Erfindung der Fotografie betrachtet – allerdings zu Unrecht. Denn der Begriff der Fotografie schließt sowohl die Verwendung einer Kamera für die Bildaufzeichnung als auch ein durch Fixieren auf Dauer lichtbeständig gemachtes Bild ein. Am Ortseingang von St.-Loup-de-Varennes steht aber trotzdem ein riesiger, 1936 anläßlich des 100. Todestages von Niépce errichteter Gedenkstein mit der Inschrift, daß hier im Jahre 1822 die Fotografie erfunden wurde.

Er wurde auf Anregung des französischen Fotogeschichtsforschers Georges Potonniée errichtet. Er konnte sich dabei allerdings darauf stützen, daß Niépces Sohn Isidore aus der Erinnerung berichtet hatte, sein Vater habe 1822 ein solches Asphaltbild auch bereits nach Belichtung in der Kamera erhalten. Es sei eine Aufnahme gewesen, die seitenverkehrt den Blick aus dem Arbeitszimmer Niépces auf den Hof zeigte. Trotz aufwendiger Suchaktionen konnte das Bild jedoch nie gefunden werden, und es ist aus inzwischen bekannten Indizien auch als äußerst unwahrscheinlich anzusehen, daß Niépce schon 1822 eine in der Kamera belichtete fotografische Aufnahme gelungen war.

Um die Inschrift des Gedenksteins jedoch auch weiterhin zu rechtfertigen, ist später das Stilleben-Foto eines gedeckten Tisches, dessen Herkunft und Datum unbekannt sind, Niépce und dem Jahre 1822 zugeschrieben und als erstes Foto proklamiert worden. Alle Indizien sprechen aber dafür, daß diese Aufnahme erst nach dem Partnerschaftsvertrag zwischen Niépce und Daguerre, also nicht vor 1829 entstand. Diese Ansicht vertrat übrigens auch Potonniée.

Über die Frage, welches Jahr als das der Erfindung der Fotografie gelten soll, ist viel gestritten worden. Außer 1822 wurden die Jahre 1826 und 1839 dafür in Anspruch genommen. 1839 erfolgte die Veröffentlichung des fotografischen Verfahrens von Niépce und Daguerre durch die französische Regierung. Dies als Erfindungsjahr zu bezeichnen, ist jedoch sachlich falsch, da die Fotografie eindeutig schon vorher praktiziert wurde. Am vernünftigsten ist die Festlegung des Erfindungsjahres auf 1826 zu begründen. Denn die früheste erhalten gebliebene lichtbeständige und mit der Kamera belichtete fotografische Aufnahme Niépces kann – wie aus vorliegenden Urkunden mit Sicherheit zu schließen ist – nicht vor 1826 erfolgt sein!

Man weiß das deshalb so genau, weil sie zum Unterschied von den 1826 hergestellten nicht lichtbeständigen Silberchlorid-Negativen seitenrichtig ist. Das setzte die Verwendung einer Prismenlinse voraus, die Niépce aber erst am 8. November 1825 von dem Pariser Optiker Chevalier erhielt. Da die winterliche Jahreshälfte für Niépces Aufnahme-Versuche aber noch völlig ausschied, kann das Foto nicht vor 1826 entstanden sein. Absolut auszuschließen ist allerdings nicht, daß besagtes Foto sogar erst 1827 entstand oder aber auch, daß Niépce zwar schon vor 1826 ein mit der Kamera aufgenommenes Foto gelang, das jedoch nicht erhalten blieb. Mit völliger Gewißheit ist also das genaue Geburtsjahr der »zehnten Muse« Fotografie nicht festzustellen.

Bei dem ersten erhalten gebliebenen und noch heute existierenden Foto handelt es sich um eine 203 mm × 163 mm große Zinnplatte. Die Aufnahme zeigt den Blick aus dem Landhaus von Niépce in St-Loup-de-Varennes und ist nur mäßig scharf. Aus der Licht- und Schattenverteilung des Bildes geht hervor, daß sie den ganzen Tag über, also viele Stunden belichtet worden sein muß. Nach dieser Aufnahme haben Generationen von Fotohistorikern gesucht. Aber erst nach fast anderthalb Jahrhunderten gelang Professor Helmut Gernsheim und seiner Gattin

Alison der sensationelle Fund. Sie hatten wie Detektive in einer dramatischen sechs Jahre dauernden Suchaktion Schriften studiert und Archive durchforscht. Heute befindet sich die Platte in der Gernsheim Collection der University of Texas in Austin/USA.

Ein Bild auf einer Zinnplatte ist nun allerdings gar nicht das, was wir heute mit unserer Vorstellung von einer Fotografie verbinden. Dabei dürfen wir aber nicht die ursprüngliche Zielstellung Niépces vergessen. Was er anstrebte, waren ja Druckplatten. Die Vervielfältigung, die wir heute dadurch praktizieren, daß wir nach einem transparenten fotografischen Negativ beliebig viele Positive auf Papier kopieren oder vergrößern, wollte Niépce in der Weise bewerkstelligen, daß er das erhaltene Foto sofort ätzte und nach Einfärben davon Abzüge drucken ließ. Das von Niépce erzeugte Bild war ja ein Positiv. Deshalb darf es uns auch nicht verwundern, daß Niépce als Schichtträger seiner »Fotoplatten« nicht nur Metalle wie Zinn und Kupfer benutzte, sondern sogar Steinplatten. Er ließ sich für seine Versuche die besten lithografischen Steine aus Deutschland kommen. Die Ergebnisse waren allerdings gerade in dieser Richtung einer weiterentwickelten Drucktechnik sehr bescheiden. Die geätzten Platten ergaben keine guten Drucke, wie aus dem Schriftwechsel Niépces mit dem damals bekannten Grafiker Frédéric Lemaitre aus dem Jahre 1827 hervorgeht.

Rekapitulieren wir, um uns den noch riesigen Abstand des Fotografierens von Niépce gegenüber unserem heutigen zu vergegenwärtigen, einmal – ohne Anspruch auf Vollständigkeit – die Unterschiede:

1. Schichtträger war eine Zinnplatte, die lichtempfindliche Schicht Asphaltlack. Heute benutzen wir Silberhalogenid-Gelatine-Emulsionen auf einer transparenten dünnen Folie, einem Film aus Acetylcellulose oder Polyester oder auf einer Glasplatte.
2. Die Expositionszeit betrug bei hellem Sonnenlicht mindestens 8 Stunden, heute beträgt sie unter vergleichbaren Bedingungen nur winzige Sekundenbruchteile.
3. Fotografieren war deshalb überhaupt nur bei heller Sonnenbeleuchtung möglich und nicht zu Unrecht nannte Niépce sein Verfahren daher Heliografie. (Helios hieß der altgriechische Sonnengott.)
4. Das Bild war ein Positiv und insofern ein Unikat, als es sich

durch einen fotografischen Prozeß nicht wie ein heutiges Negativ vervielfältigen ließ.

5. Dem Bilde fehlten weitgehend die Halbtöne.
6. Das Bild wirkte grobkörnig und war nur sehr mäßig scharf.

Für Porträts und andere »bildmäßige« Aufnahmen schied Niépces Heliografie – abgesehen von anderen Gründen – schon wegen der extrem langen Belichtungszeiten aus. An Lichtquellen, die ebenso stark oder sogar noch stärker als Sonnenlicht sind, war damals noch nicht zu denken. Mithin mußte Niépce, wenn er seinem Verfahren eine breitere Anwendung verschaffen wollte, nach Möglichkeiten für eine wesentlich verkürzte Expositionszeit suchen. Er erhoffte sich die Lösung des Problems zunächst von lichtstärkeren Objektiven. Dadurch kam er mit dem schon erwähnten Optiker Chevalier in engeren Kontakt und erfuhr von ihm, daß sich der Pariser Maler Daguerre mit ähnlichen Versuchen beschäftigte. Chevalier bewog Niépce, eine Zusammenarbeit mit diesem aufzunehmen.

Was war eine Daguerreotypie?

Ohne von Niépces Bemühungen zu wissen, grübelte um die gleiche Zeit auch der Pariser Kunstmaler Louis Jacques Mandé Daguerre (1787 bis 1851) darüber nach, wie man Bilder allein durch die Wirkung des Lichts erzeugen könne. Daguerre, Sohn eines Gerichtsdieners, hatte mit 16 Jahren begonnen, Dekorationsmaler zu erlernen. Er nahm schnell eine erfolgreiche Laufbahn. Um 1820 kam er auf die Idee, Panoramabilder sehr effektvoll in Form eines sogenannten Dioramas zu zeigen. Darunter verstand man eine Kombination mehrerer großer Gemälde, die vorder- und rückseitig bemalt und durch geschickte Beleuchtungstechnik vom Publikum sowohl im Auflicht als auch in durchscheinendem Licht zu betrachten waren.

Leitgedanke Daguerres war es dabei, eine merklich größere Annäherung an die Wirklichkeit zu erreichen als beim Anschauen eines »statischen« Gemäldes. So malte er z. B. ein Bild des Schweizer Dorfes Goldau vor der Zerstörung durch einen Bergrutsch und ein weiteres Bild, das den Ort nach der Katastrophe zeigte. Zunächst wurde dem Zuschauer das erste Bild geboten, dann die Szenerie allmählich abgedunkelt, um den Übergang in die Nacht zu simulieren. Schließlich erschien in »fahlem Mondlicht« der Anblick des zerstörten Dorfes. Im Zeitalter des Kinos und Farbfernsehens würde so etwas freilich niemand mehr sonderlich beeindrucken. Für die damalige Zeit und ihre beschränkten technischen Möglichkeiten war es dagegen eine Attraktion.

Vielleicht trug die viele Mühe, die das »Abmalen« ganzer Landschaften und Architekturen mit ihren zahlreichen kleinen Details verursachte, dazu bei, in Daguerre den Wunsch zu wekken, sich die Arbeit durch ein Verfahren der Selbstabbildung zu erleichtern. Wahrscheinlich benutzte er für die Anfertigung solcher Bilder eine Zeichenkamera. Als er von dem Optiker Chevalier, dessen Kunde er ebenfalls war, von den Versuchen Niépces erfuhr, schrieb er diesem im Januar 1826 einen Brief, in dem er ihm die Zusammenarbeit vorschlug.

Niépce war jedoch zunächst sehr mißtrauisch, ob Daguerre überhaupt konkrete Ergebnisse in diese Kooperation einbringen konnte oder ob er nicht bloß Nutznießer des bereits Erreichten werden wollte. Erst nach langem Zögern von seiten Niépces kam am 14. Dezember 1829 ein Vertrag zustande. Darin wurde unter anderem vereinbart, daß sich beide gegenseitig über das bisher von ihnen Erfundene informieren wollten. Daguerre konnte aber zunächst nicht viel offenbaren. Allerdings hatte auch er bereits mit Silberchloridschichten auf Papier experimentiert, vermochte das Bild aber ebenso wenig haltbar zu machen wie andere, die sich darin versuchten.

Einige Jahre später erfand Daguerre aber etwas, das die Fotografie einen ganz entscheidenden Schritt voran brachte und seitdem so zwingend zum fotografischen Verfahren gehört, daß die meisten Menschen sich heute gar nicht mehr vorstellen können, wie vor dieser Erfindung das Fotografieren überhaupt möglich sein konnte. Monsieur Daguerre erfand nämlich 1835 das *Entwickeln!*

Daß man ohne Entwicklung zu Fotos gelangen könnte, ist für die heutige fotografische Praxis deshalb so schwer vorstellbar, weil durch die Belichtung in der Aufnahmeschicht ja zunächst nur ein unsichtbares, »latentes« Bild entsteht. Es kann überhaupt nur dadurch sichtbar werden, daß die winzigen entstandenen Silberabscheidungen, aus denen sich das latente Bild aufbaut, durch die Entwicklung milliardenfach vergrößert werden. Der Begriff des latenten Bildes existierte zu Daguerres Zeit freilich noch nicht, und es ist auch zu bezweifeln, daß er sogleich theoretisch duchschaute, warum das Entwickeln eine Reduzierung der Belichtungszeit der Aufnahme von vielen Stunden auf einige Minuten ermöglichte. Er dürfte sich zunächst mit der Erkenntnis zufriedengegeben haben, *daß* dies so ist.

Vor dieser Entdeckung entstand das fotografische Bild also auf eine Weise, die in etwa mit der allmählichen Schwärzung des aus einer Kleinbildpatrone herausragenden Stückchens Films zu vergleichen ist. Auch dieses schwärzt sich ja ohne Entwicklung. Aber dafür bedarf es einer sehr langen Einwirkungszeit des Lichts. Wird dagegen der Film nach der Belichtung entwickelt, dann genügt ein Sekundenbruchteil Expositionszeit.

Aber schon bevor Daguerre dieser sein größter und bedeutendster Beitrag zur Erfindung der Fotografie gelang, hatte er einen ebenfalls wesentlichen, wenn auch nicht prinzipiell erstmaligen Schritt vollzogen. Er benutzte 1831 erstmals eine Silberiodidschicht*. Nach dem Silberchlorid, mit dem er und andere schon zuvor experimentiert hatten, war damit eine weitere Verbindung jener Kategorie von Silberhalogeniden in die Fotografie eingeführt, die bis heute als lichtempfindliche Substanzen dominieren. Zwar hatte auch Niépce bereits 1829 versilberte Platten iodiert, aber zu einem ganz anderen Zweck, nämlich um in der bereits exponierten Heliografie die unbelichteten Stellen nachzudunkeln, da sie ohne dies keine befriedigende Schwärzung zeigten.

Wie Daguerre darauf kam, die belichteten Platten zu entwickeln, darüber schwieg er sich zeitlebens hartnäckig aus. Nur die Anekdote glaubt es zu wissen. Auch mit Silberiodid-Aufnahmeschichten brauchte Daguerre, um ein sichtbares Bild zu erzeugen, anfangs bei hellem Sonnenlicht noch Expositionszeiten von sieben bis zehn Stunden – nicht anders als Niépce mit seinen Asphaltschichten. Eines Tages soll nun Monsieur Daguerre eine schon begonnene Aufnahme abgebrochen haben, weil das Wetter plötzlich trübe wurde. Er entnahm die nur kurz anbelichtete Platte wieder der Kamera und legte sie in den Schrank.

Am nächsten Tage traute er seinen Augen nicht, als er auf der Platte ein Bild erblickte. Er vermutete sofort richtig, daß sich in dem Schrank irgendein Agens befinden müsse, welches das Bild hervorgerufen hatte. Nun erwies sich Daguerre durchaus als kluger und systematisch vorgehender Experimentator. Er wieder-

* Das Element Jod wird zur internationalen Vereinheitlichung der chemischen Nomenklatur neuerdings auch in der deutschen Sprache »Iod« geschrieben. Auch das Symbol ist von J in I geändert.

holte den Versuch mit der Aufbewahrung kurzzeitig exponierter Platten im Schrank, nahm dabei aber nacheinander jedesmal eine der darin befindlichen Chemikalien heraus. So wollte er feststellen, von welcher Substanz die »Zauberkraft« ausgeht.

Es waren schon alle Agenzien aus dem Schrank entfernt, als sich die wundersame Wirkung immer noch einstellte. Verblieben war im Schrank jetzt nur noch eine Schale mit Quecksilber, das aus einem zerbrochenen Thermometer stammte. Dieses flüssige Metall, das schon bei Zimmertemperatur verdampft, mußte also der »Entwickler« sein. Weitere Versuche bestätigten: Setzt man eine belichtete Silberiodidplatte Quecksilberdämpfen aus, dann ist nur noch etwa der 60. Teil der Belichtungszeit nötig, um ein Bild zu erhalten. Sie reduzierte sich dadurch auf »nur« sieben bis zehn Minuten.

Daguerre war sich klar darüber, daß mit diesem Schritt ein ganz neuer Typ des fotografischen Verfahrens entstanden war, der sich wesentlich von dem Niépces unterschied. Und da er nicht ohne Ehrgeiz war, bestand er später darauf, daß dieses erheblich verbesserte Verfahren nur nach ihm benannt und als Daguerreotypie bezeichnet werden sollte. Niépce war inzwischen verstorben. Seinem Sohn Isidore zwang Daguerre einen Zusatzvertrag auf, in dem die Bezeichnung Daguerreotypie vereinbart wurde.

Das bekundete freilich nicht gerade Bescheidenheit. Aber eine gewisse Berechtigung kann man dem Wunsche Daguerres, sein Verfahren durch einen eigenen Namen von dem Niépces abzugrenzen, nicht absprechen. Denn durch das Entwickeln des latenten zum sichtbaren Bilde war etwas grundlegend Neues in das fotografische Verfahren eingeführt. Ohne dies wäre die Fotografie ein »totgeborenes Kind« geblieben und hätte außer für einige wenige spezielle Zwecke keine Anwendung auf breiter Basis finden können. Im übrigen übervorteilte Daguerre Niépces Erben in finanzieller Hinsicht nicht, sondern hielt sich redlich an den geschlossenen Vertrag.

Konnte Daguerre also nun das fotografische Bild wesentlich leichter erzeugen, so wußte doch auch er zunächst nicht, wie man es lichtbeständig machen kann. Dieses Schlußglied in der Kette des fotografischen Prozesses von Belichtung, Entwicklung und Fixage fand er 1837 aber schließlich auch noch. Als Fixiermittel benutzte er allerdings anfangs nur einfache Kochsalzlösung und erst später das wesentlich besser geeignete Natriumthiosulfat.

Aus der Erfindung einen finanziellen Nutzen zu ziehen, gelang jedoch vorerst nicht. Mehrmals versuchten Daguerre und Niépce jun. vergeblich, das immer noch als Geheimnis gehütete Verfahren, von dem sie lediglich die fertigen Ergebnisse vorzeigten, an Leute, die zugleich kapitalkräftig und kunstsinnig waren, zu verkaufen. Auch eine öffentliche Ausschreibung vom 15. Mai 1838 blieb ohne Erfolg.

Schließlich kam Daguerre auf die Idee, die Erfindung der französischen Regierung anzubieten. Er wandte sich an den Physiker Francois J. D. Arago (1786 bis 1853) und schilderte ihm gegen das Versprechen strengster Geheimhaltung die Einzelheiten des Verfahrens. Man muß es als einen Glücksumstand betrachten, daß er sich gerade an Arago wandte. Denn nicht jeder Wissenschaftler dürfte soviel Voraussicht besessen haben, die Weiterentwicklungsfähigkeit der Erfindung richtig einzuschätzen und sich deshalb trotz der vorerst erheblichen Mängel befürwortend für sie einzusetzen.

Am 14. Juni 1839 kam es zu einem Gesetzentwurf über den Ankauf der Erfindung durch die französische Regierung gegen Gewährung einer »Nationalbelohnung« für Daguerre und Niépce jun. in Form einer lebenslänglichen Rente.

Bevor die französische Nationalversammlung dies mit 237 bei nur drei Gegenstimmen am 30. Juli 1839 beschloß, wurde aber freilich erst eine Kommission eingesetzt, welche die Gesetzesvorlage zu prüfen hatte. Als Berichterstatter der Kommission setzte sich Arago in der Sitzung vor der Deputiertenkammer lebhaft für die Annahme des Gesetzes ein. Ebenso hatte es der Chemiker Gay-Lussac vor der Pairskammer befürwortet.

Ein Schatten fiel allerdings auf diese ansonsten so harmonisch verlaufene Geschichte der Veröffentlichung des fotografischen Verfahrens. Daguerre hatte Arago die Angelegenheit auch unter »vaterländischem Aspekt« schmackhaft gemacht und das Versprechen gegeben, daß die Veröffentlichung der Erfindung als ein »Geschenk Frankreichs an die Welt« in die Geschichte eingehen sollte. In diesem Punkt wurde er jedoch wortbrüchig.

Noch bevor das historische Gesetz beschlossen wurde, beauftragte er am 1. Juni 1839 einen englischen Agenten, in England ein Patent auf das Verfahren zu beantragen, das am 14. August auch erteilt wurde. Diese allzu große Geschäftstüchtigkeit lädierte den Ruf Daguerres und zog sogar den Aragos in Mitleidenschaft, obwohl dieser von der Patentanmeldung sicher nichts gewußt hatte. Am 19. August verlas Arago dann die Beschreibung des Verfahrens in einer Sitzung der Pariser Akademie. Chronisten berichteten von einem »enormen Zudrang des Publikums« und davon, daß die Bekanntgabe mit Enthusiasmus aufgenommen wurde.

Als Platten hatte Daguerre anfangs reine Silberplatten benutzt, war aber dann bald zu versilberten Kupferplatten übergegangen. Das Silber wurde zunächst durch Plattieren, später galvanisch aufgetragen. Die Dicke der Platten betrug 0,75 mm bis 0,65 mm, später wurden noch dünnere Platten verwendet. Als 1/1 Normalformat galt die Größe 216 mm × 162 mm, das entsprach 8 × 6 Pariser Zoll. Hiervon abgeleitet waren halbe, drittel, viertel, sechstel, achtel und neuntel Platten mit Formaten von 162 mm × 108 mm bis herab zu 72 mm × 54 mm. Darüber hinaus wurden weitere verkleinerte Formate angefertigt, um sie in Ringe, Broschen und Medaillons einsetzen zu können. Am gebräuchlichsten war die Viertelplatte von 108 mm × 81 mm. Für Stereoaufnahmen wurde später die 4/6-Platte mit dem Format 162 mm × 144 mm herausgebracht.

Das Verfahren der Daguerreotypie gliederte sich in fünf »Operationen«. Die erste bestand darin, die Platte zu reinigen und zu polieren. Das war erforderlich als Voraussetzung für die zweite Operation, das »Räuchern«. Zum Iodieren wurde die Platte mit der versilberten Seite nach unten in einen Kasten gelegt, auf dessen Boden sich eine mit Iod gefüllte Schale befand. Durch eine Spiritusflamme wurde die Schale erhitzt, wobei das Iod verdampfte und sich auf dem Silber niederschlug.

Die versilberte Fläche erlangte dabei eine goldgelbe Färbung. Man mußte von Zeit zu Zeit nachsehen, ob der richtige Farbton erreicht war und dann die Iodbedampfung abbrechen. Bei zu langer Einwirkung verfärbte sich die Platte ins Violette und hatte dann eine wesentlich geringere Lichtempfindlichkeit. Das Räuchern dauerte 5 bis 30 Minuten, je nach der Temperatur. War die Platte fertig präpariert, wurde sie bei Kerzenlicht in eine Kassette eingelegt, die sich in die Camera obscura einschieben ließ.

Die dritte Operation war die Belichtung in der Kamera. Diese Exposition mußte spätestens eine Stunde nach dem Präparieren der Platte erfolgen. Zunächst wurde freilich zur Bildeinstellung – nicht anders als bei heutigen Plattenkameras – eine Mattscheibe eingesetzt und diese dann gegen die mit der Platte geladene Kassette vertauscht. Einen Verschluß brauchten die Daguerreotyp-Kameras damals allerdings noch nicht. Da die Belichtungszeit mehrere Minuten betrug, konnte die Exposition durch Herausziehen bzw. Wiedereinschieben des Kassettenschiebers begonnen bzw. beendet werden. Später wurde es gebräuchlich, die Belichtung durch Abnehmen bzw. Wiederaufsetzen eines Deckels auf das Objektiv vorzunehmen.

Für Pariser Lichtverhältnisse betrugen die Expositionszeiten zwischen 3 bis höchstens 30 Minuten, je nach Jahreszeit, Tageszeit und Wetter. Daguerre nannte als günstigste Aufnahmezeit 7 bis 15 Uhr. Als Expositionszeit empfahl er 3 bis 4 Minuten im Juni und Juli, 5 bis 6 Minuten im Mai und August und 7 bis 8 Minuten im April und September. In der übrigen Jahreszeit ließ man die Kamera unbenutzt im Schrank. Die angegebenen Zeiten galten für kräftige Sonnenbeleuchtung und verlängerten sich während der günstigsten Monate bei Aufnahmen im Halbschatten auf etwa 20 Minuten. Wurde die optimale Belichtungszeit unterschritten, dann entstanden nur undeutliche Bildspuren, bei Überbelichtung blieben die hellen Stellen, die Lichter des Bildes nicht weiß.

Die vierte Operation, das Entwickeln durfte ebenfalls nicht später als eine Stunde nach der Exposition erfolgen. Die besten Erfolgschancen bestanden bei unmittelbar anschließender Entwicklung. Sie erfolgte ebenfalls beim Licht einer Wachskerze in einer Art »Entwicklungsdose«, die – wie alle damaligen Foto-Gerätschaften – aus Holz gefertigt war. Um beobachten zu können, wann das Bild ausentwickelt war, hatte der Holzkasten eine Glasscheibe. Man sollte aber nicht zu oft mit der Kerze an die Scheibe gehen und nachsehen, wie weit das Bild zum Vorschein gekommen war.

Die belichtete Platte wurde unter einem Winkel von 45° in den Kasten eingesetzt. Am Boden des Kastens befand sich eine Schale mit Quecksilber – es ist in der Beschreibung die enorme Menge von einem Kilogramm genannt. Mittels einer unter dem Kasten angeordneten Spiritusflamme wurde die Verdampfung des Quecksilbers beschleunigt. Auch ein »Dosenthermometer« wurde bereits benutzt. Die Temperatur sollte 60 bis 75 °C nicht übersteigen.

Die Pioniere der Fotografie arbeiteten also unter Bedingungen, bei denen sich einem heutigen Arbeitsschutz-Beauftragten die Haare sträuben würden. Denn obgleich der Entwicklungskasten während der Prozedur verschlossen wurde – nicht etwa der Quecksilberdämpfe wegen, sondern um Lichteinfall zu verhindern! –, war diese Art des Entwickelns in hohem Maße gesundheitsgefährlich.

Was bei dieser Entwicklung physikalisch und chemisch vor sich ging, waren völlig andere Prozesse als beim Entwickeln heutiger Fotomaterialien. Daguerre selbst wußte es jedenfalls nicht. Er hatte nur entdeckt, *wie* man das fotografische Bild erzeugen kann, aber nicht, *warum* es entsteht. Theoretiker beschäftigten sich zwar sehr bald mit dem Problem und stellten verschiedene Theorien darüber auf. Vielleicht kam die von Choiselat und Ratel aus dem Jahre 1843 der Wirklichkeit am nächsten. Auf eine Beschreibung ihrer Hypothese sei jedoch verzichtet, da sie sehr kompliziert und im übrigen auch nicht sicher bewiesen ist. Noch ein rundes Jahrhundert nach der Erfindung der Daguerreotypie mußte ein so renommiertes Buch wie J. M. Eders »Geschichte der Photographie« resümieren, daß das Problem nicht vollständig gelöst sei.

Die fünfte Operation bestand schließlich im Fixieren mit Kochsalz- oder Natriumthiosulfatlösung. Bei Anwendung von Kochsalzlösung wurde die Qualität des nach der Entwicklung entstandenen Bildes wieder etwas verschlechtert, was man gegen den Vorteil seiner Lichtbeständigkeit aber in Kauf nehmen mußte.

Die Daguerreotypie war jedenfalls – mit der heutigen Fotografie verglichen – etwas äußerst Seltsames. Auch hierbei entstand durch die Entwicklung sofort ein positives Bild, also nicht erst durch Kopieren oder durch Umkehrentwicklung wie bei heutigen Fotomaterialien. Das Seltsamste aber ist, daß die Daguerreotypie in gewissem Sinne Positiv und Negativ zugleich war. Unter einem bestimmten Lichteinfallswinkel sieht man nämlich das Bild negativ, also mit dunklen Lichtern und hellen Schatten.

Daguerreotypien, die heute gesuchte Kostbarkeiten darstellen, hatten jedoch eine ausgezeichnete Abbildungsschärfe. Die Grundschwärze der Schatten war allerdings wesentlich geringer als in heutigen Fotografien, so daß der Kontrast zwischen Lichtern und Schatten nicht den heutigen Ansprüchen entsprach. Vergegenwärtigen wir uns noch einige weitere Unterschiede gegenüber heutigen Fotos!

Während in einer heutigen Fotografie die Silberkörnchen, aus denen sich das Bild mosaikartig zusammensetzt, fest in die Gelatineschicht eingebettet sind, hafteten die Teilchen, aus denen sich das Bild einer Daguerreotypie aufbaut, nur schwach auf der Platte. Man durfte die Bildseite daher nicht berühren. Nach der vollständigen Verarbeitung mußten Daguerreotypien daher verglast werden, um die mechanische Haltbarkeit des Bildes zu gewährleisten.

Ferner war jede Daguerreotypie ein Unikat. Da es sich nicht auf einer transparenten Unterlage befand, konnte man davon auch keine Kopien anfertigen, und da es direkt, also ohne Kopieren vom Negativ zum Positiv entstand, war es stets seitenverkehrt. Streng genommen war es außerdem auch kopfstehend. Aber das ließ sich freilich durch einfaches Drehen der Platte um 180 Grad ausgleichen, die Seitenverkehrtheit dagegen nicht. Um trotzdem seitenrichtige Daguerreotypien zu erhalten, mußte das Objekt der Kamera mit einem Umkehrprisma kombiniert werden.

Auf jeden Fall war es nicht nur für Daguerre und Niépce jun. vorteilhaft, daß sich die Erfindung nun doch noch in bares Geld verwandelte, sondern es war auch für die Fotografie selbst entscheidend wichtig, daß sie an das Licht der Öffentlichkeit gekommen war. Denn nur dadurch, daß sie aus der Atmosphäre der Geheimniskrämerei eines einsamen Experimentators in die Hände ungezählter einfallsreicher Menschen kam, konnten die noch bestehenden Mängel Schritt für Schritt überwunden und das Verfahren schon in wenigen Jahrzehnten erheblich verbessert und weiterentwickelt werden.

Daguerre brachte die Fotografie bald recht wirksam unter die Leute. Darunter darf man sich allerdings noch keine der heutigen Amateurfotografie auch nur annähernd gleiche Verbreitung vorstellen. Abgesehen davon, daß die meisten Menschen damals so wenig Einkommen hatten, wie es nicht einmal für eine befriedigende Ernährung und Bekleidung reichte, so daß sich jeder darüber hinausgehende Luxus schon deshalb verbot, war das Verfahren der Daguerreotypie noch viel zu umständlich, um ein Massen-Hobby werden zu können. Aber bei Malern, also Berufskollegen Daguerres, Wissenschaftlern und experimentierfreudigen Angehörigen begüterter Bevölkerungsschichten, erweckte die Daguerreotypie als sensationelle Neuheit großes Interesse. Von einem Fabrikanten ließ Daguerre nach seinen Angaben vollständige fotografische »Ausrüstungen« herstellen. Sie umfaßten außer der Kamera einen Kasten zum »Räuchern« der Platten sowie den beschriebenen Entwicklungskasten. Als Baumaterial aller Apparate diente Holz.

Um der von manchen Leuten als unschön empfundenen grauen Tönung der Daguerreotypie sowie der beim Betrachten unter bestimmten Lichteinfallswinkeln störenden Spiegelung zu begegnen, wandten viele Fotografen die sogenannte Goldtonung an. Erste Versuche in dieser Richtung führte bereits im Oktober 1839 Dr. Karl Himly, Privatdozent und außerordentlicher Professor für Chemie in Göttingen, durch. Das Verfahren wurde später durch mehrere Experimentatoren verbessert. Die Goldtonung bewirkte – abgesehen von dem als angenehmer empfundenen Farbton – auch eine Kräftigung des häufig recht blassen Bildes sowie eine Steigerung der Brillanz in den Lichtern. Außerdem wurde das Bild dadurch mechanisch widerstandsfähiger und unempfindlicher gegen Berührung. Ferner bot die Goldtonung weitgehenden Schutz gegen Einflüsse von Bestandteilen der Luft, die das Bild allmählich angriffen und beschädigten. Die Goldtonung verdient auch deshalb besondere Erwähnung, weil sie später bei Papierbildern in breitem Maße angewendet wurde, um den Aufnahmen einen wärmeren Farbton zu verleihen.

Erwähnen wir abschließend zum Kapitel der Erfindungsgeschichte der Fotografie der Gerechtigkeit halber aber wenigstens noch einige derjenigen, denen zur etwa gleichen Zeit etwa dasselbe gelang, was Niépce und Daguerre gelungen war, die aber zum Unterschied von den beiden in fast völlige Vergessenheit gerieten und deren Namen nur in speziellen historischen Studien zu finden sind.

Der Schweizer Veterinärmediziner Professor Andreas Friedrich Gerber hatte vor 1839 mit der Camera obscura Bilder auf weißem Papier fotografiert, das mit Silberhalogenid präpariert war und nach dem gleichen Prinzip sogar Kopien angefertigt. Für die Brauchbarkeit der Fotografien Gerbers wurden – nachdem man sie lange Zeit angezweifelt hatte – später von dem schon erwähnten Fotohistoriker H. Gernheim stichhaltige Beweise gefunden. Gerber setzte jedoch aus Mangel an Zeit seine Versuche nicht fort.

Dem englischen Geistlichen J. B. Reade, der »nebenbei« ein so fachkundiger Naturwissenschaftler war, daß er zu den Mitgliedern der Royal Society of Sciences und der Royal Astronomical Society gehörte sowie Präsident der Gesellschaft für Mikroskopie war, gelangen sogar Mikrofotografien. Doch hat er über seine fotografischen Versuche nie etwas veröffentlicht, sondern nur in Briefen davon berichtet.

Ferner ist der französische Jurist und Ministerialbeamte Hippolyte Bayard zu nennen, der in Anerkennung seiner fotografischen Arbeiten 1842 sogar offiziell einen Preis von 3 000 Francs erhielt und später zum Ritter der französischen Ehrenlegion geschlagen wurde.

Diese drei waren nicht die einzigen. Es sind noch von weiteren Experimentatoren mehr oder weniger erfolgreiche Versuche bekannt. Wir wollen ihnen hier aber nicht nachgehen. Und vielleicht gab es darüber hinaus auch noch Erfinder, von denen überhaupt nichts literarisch überliefert ist. In einer Zeit, in der das Informations- und Dokumentationswesen bestenfalls in den allerersten Anfängen steckte, konnten selbst geniale Gedanken und Entdeckungen leicht unbekannt bleiben bzw. in Vergessenheit geraten, wenn ihre Urheber sich nicht selbst um ihre Verbreitung bemühten.

1840: Das erste wissenschaftlich berechnete Foto-Objektiv

Als am dringendsten für die Verbesserung der Daguerreotypie erwies sich zunächst die Verkürzung der Belichtungszeit. Denn dem breiten Publikum kam es besonders darauf an, Porträts auf fotografischem Wege zu erhalten. Dafür waren die viele Minuten langen Belichtungszeiten ein erhebliches Hindernis, das der Popularität der Porträtfotografie enge Grenzen zog. Aber auch für andere Bereiche der bildmäßigen und dokumentarischen Fotografie war es ein schweres Hemmnis, daß nur unbewegte Objekte aufgenommen werden konnten. Das Problem wurde von zwei Seiten angegangen, einmal durch Erhöhung der Lichtempfindlichkeit der Daguerreotypplatten, zum anderen durch größere Lichtstärke der Kameraobjektive.

Ein Wiener Fotoamateur, der Beamte der k. u. k. Hofkriegs-Buchhaltung Franz Kratochwila, hatte schon 1840 entdeckt, wie man die Empfindlichkeit der Daguerreotyp-Platten um mindestens das Fünffache steigern konnte. Er setzte die fertig »geräucherte« Platte nochmals der Bedampfung mit »unvollkommenem Chlorbrom« aus. Darunter verstand er eine Substanz, bei der dem Brom nur die halbe Menge des zur Entstehung von Chlorbrom erforderlichen Chlorgases zugeführt wurde. Hierbei kam also wieder einmal das für die spätere Entwicklung der Fotochemie so wichtige Element Brom ins Spiel.

Kratochwila berichtete, daß er mit diesen Platten und dem

neuen von Petzval berechneten Objektiv Lichtbilder mit Expositionszeiten von nur »wenigen Pulsschlägen« erzeugen konnte. Aufnahmen im Freien erforderten nur noch 8 Sekunden, Porträts bei trüber Witterung im Zimmer eine Minute Belichtungszeit. Unabhängig von Kratochwila gelang auch John Fr. Goddard, Lektor für Optik an der Adelaide-Galerie in London, eine Empfindlichkeitssteigerung durch Bromiod.

Ebenfalls zwei Wiener, die Gebrüder Joseph und Johann Natterer erzielten durch Chlorbedampfung der iodierten Daguerreotypplatte Empfindlichkeitssteigerungen, die bei Anwendung des Petzvalobjektivs Belichtungszeiten von 5 bis 6 Sekunden bei trübem Wetter und bei direktem Sonnenlicht sogar »in der unmeßbaren Zeit des Abnehmens und schnellen Wiederschließens des vor den Linsen angebrachten Deckels« ermöglichten. Kameraverschlüsse brauchte man also auch jetzt noch nicht. Auf diese Weise wurden nun sogar schon ganze Familien auf einer Daguerreotypie festgehalten, wobei »die einzelnen Personen die sprechendste Ähnlichkeit besitzen und daher leicht erkannt werden«. Man darf daraus aber nicht schließen, daß fortan »Sekundenbilder«, wie man diese Aufnahmen nannte, zum Allgemeingut fotografischer Praxis gehörten. Vorerst blieben sie seltene Spitzenleistungen.

Ausschlaggebend für die verkürzten Expositionszeiten waren aber – wie erwähnt – auch die neuen Objektive nach den Berechnungen des Slovaken Josef Max Petzval (1807 bis 1891), Professor für höhere Mathematik an der Universität Wien. Sie ergaben nicht nur eine bessere Schärfenzeichnung als die bis dahin verwendeten einfachen Optiken von Chevallier, sondern waren auch 16mal lichtstärker. Petzvals Objektive erreichten bereits das recht modern anmutende Öffnungsverhältnis von 1:3,2. Ein anderes speziell für Landschafts- und Architekturaufnahmen bestimmtes Petzval-Objektiv war zwar weniger lichtstark, ergab jedoch ein größeres Bildfeld und eine weiter gesteigerte Schärfenzeichnung.

Als Mathematiker konstruierte Petzval seine Objektive nicht handwerkelnd und pröbelnd, sondern berechnete sie im wörtlichen Sinne. Für die erforderlichen sehr umfangreichen Berechnungen ließ er sich vom österreichischen Erzherzog Ludwig zwei Oberfeuerwerker und acht im Rechnen geübte »Bombardiere« zur Verfügung stellen. Außerdem wurde er von seinem Assistenten Reisinger unterstützt.

Ergebnis der Berechnungen waren drei achromatische Linsensysteme, die sich zu zwei sogenannten Doppelobjektiven kombinieren ließen. Beiden gemeinsam war das aus zwei verkitteten Linsen bestehende vordere Glied.

Zum Landschaftsobjektiv, Orthoskop genannt, wurde es mit einem aus zwei freistehenden Linsen gebildeten Hinterglied kombiniert, zum Porträtobjektiv mit einem wesentlich weiter abstehenden , ebenfalls aus zwei freistehenden Linsen zusammengesetzten Hinterglied. Die Kamera, in die das Petzvalsche Porträtobjektiv versuchsweise eingebaut wurde, bestand der Einfachheit halber nur aus Pappdeckeln.

Das deutet bereits an, daß es Petzval nur darum ging, das gestellte optische Problem zu lösen. Um die praktische Fertigung kümmerte er sich nicht, sondern überließ sie vollkommen dem Wiener Optiker Peter Friedrich Voigtländer. Er gab diesem Zeichnungen und benannte die Krümmungsradien der Linsen ohne irgendeine Vereinbarung über die Eigentumsrechte an der Konstruktion. Als Voigtländer daraufhin die Gewinne aus dem Geschäft allzu einseitig in seine Tasche fließen ließ, kam es 1845 zu einem Bruch zwischen beiden. Auch mit dem Optiker Dietzler, dem Petzval später die Fertigung seiner Objektive übertrug, hatte er keinen glücklichen Griff getan.

Porträts mit Sonnenstich

Über den Wert oder Unwert der neuen Muse gab es – wie könnte es anders sein – anfangs recht unterschiedliche Meinungen. Zunächst überwog allerdings deutlich die Begeisterung. Die minutiöse Darstellung aller Feinheiten in den Bildern beeindruckte die Betrachter sehr. In einem Brief Alexander von Humboldts, der in Paris mehrere Daguerreotypien gesehen hatte, heißt es z. B.: »Die Oberfläche des feuchten Gesteins, Gemäuers, hat eine Wahrheit, die kein Kupferstich erreicht.« An anderer Stelle drückte er seine Bewunderung darüber aus, daß in der Abbildung eines fünfstöckigen Hauses, die auf dem Bild nur 3/4 Zoll (etwa 1,9 cm, d. Verf.) groß war, noch deutlich zu erkennen war, daß in einer Dachluke eine Fensterscheibe zerbrochen und mit Papier verklebt war.

Die Schärfenzeichnung der Daguerreotypien war also offenbar sehr gut und hielt einen Vergleich mit heutigen Fotos aus.

Dabei ist allerdings zu bedenken, daß wir vergleichbar große Positive entsprechender Abbildungsschärfe heute durch Vergrößern eines wesentlich kleineren Negativs erreichen.

Paul Delaroche, ein damals berühmter Maler, soll beim Anblick der ersten Daguerreotypien ausgerufen haben: »Die Malerei ist von heute an tot!« Hier hat allerdings wahrscheinlich die Anekdote nachträglich übertrieben. Denn ein Gutachten Delaroches, das Arago in der schon erwähnten Sitzung der Deputiertenkammer verlas, ist nicht so überschwenglich, sondern weit sachlicher gehalten, kommt aber auch abschließend zu der Bewertung: »Kurz gesagt: mit der bewunderungswürdigen Entdeckung hat Herr Daguerre den Künsten einen außerordentlichen Dienst geleistet.« Sir John Herschel erklärte in Paris beim Anblick von Daguerreotypien: »Das ist ein Wunder!«

Es gab aber auch Gegenstimmen. So schrieb der berühmte schwedische Chemiker Jakob Berzelius am 19. November 1839 an seinen deutschen Kollegen Friedrich Wöhler: »Die Daguerreotypie scheint mir in ihrem jetzigen Zustand nur eine physikalische Spielerei zu sein. Kann sie nicht zu etwas Anwendbarem gebracht werden, so hat die französische Kammer sich durch große Worte irreführen lassen.«

Die kritischen Stimmen vermehrten sich, als die erste Welle der Begeisterung nach etwa zwei Jahren abgeebbt war. Dr. Reindl resümierte in der Zeitschrift »Dinglers Polytechnisches Journal« 1842 die Vorbehalte gegen die Daguerreotypie so: »Man klagte über das Starre, Marmorartige des Bildes, über den fahlen Ton, und die Totenstille, die darüber verbreitet zu sein scheint, statt daß man Plätze und Straßen mit dem Gewühl, das in der Wirklichkeit dort herrscht, abgebildet sehen wollte.« Hierin bekundete sich der Mangel, der durch die erforderlichen langen Expositionszeiten bedingt war.

Heinrich Heine meinte: »Die Daguerreotypie ist ein Zeugnis gegen die irrige Meinung, daß die Kunst eine Nachahmung der Natur sei.« Diesen Satz muß man zweimal lesen! Er ist jedenfalls kein Kompliment an die Fotografie. Daguerres Landsmann Amédée du Bast nannte anläßlich der Weltausstellung 1855 die Fotografie »eine Landplage und eine Geißel für die Augen« und postulierte: »Zehn von dem mit so leichtem und wahrem Pinsel des Herrn Daguerre geschaffene Gemälde würden uns weit mehr entzücken als die 12 Hunderttausend mehr oder weniger häßlicher und gemeiner Gesichter, die seine Erfindung in Umlauf gesetzt hat.«

Versteht sich, daß auch in Karikaturen, Satiren und Theaterstücken die neue Kunst verspottet wurde. Manches entsprang nur einer liebenswürdig gemeinten Ironie, manches auch überwiegend primitiven Auffassungen und schließlich kam besonders in späterer Zeit, als sich immer mehr Leute fotografieren und nicht mehr malen ließen, der Brotneid der Maler als ein wesentliches Motiv der Kritik hinzu.

Einige Musterexemplare solcher kritischen Sprüche sind insofern geeignet, eine Geschichte der Fotografie zu würzen, als man darüber heute nur noch herzhaft lachen kann. So schrieb der französische Dichter Charles Baudelaire: »Talent und Fotografie sind eine ehebrecherische Mischung.« Eduard Schreiber, ein Maler und Lithograf aus München, urteilte 1864: »Die Fotografie bringt nur den tierischen Teil des Menschen zur Anschauung.« – »Die Fotografie steht zur Malerei wie die Drehorgel zur Orchestermusik«, meinte die französische Dichterin Anais Segalas. Und in einem amtlichen Gerichtsurteil, 1893 zu Brüssel gefällt, heißt es kurz und bündig: »Die Kunst hört da auf, wo die Fotografie anfängt.«

Georg Bernhard Shaw war der Ansicht: »Der Fotograf ist wie der Kabeljau, der eine Million Eier legt, damit eins reif werden möge.« Um die Kritik an den späteren Amateurfotografen bei dieser Gelegenheit gleich noch mit vorwegzunehmen, sei die Stimme eines Profis von anno 1898 zitiert: »Die Herren Amateure vergessen, daß sie unter 100 Aufnahmen oft kaum ein einziges, wirklich brauchbares Resultat haben. Solch Amateur ist wie die Henne, die ein Ei gelegt hat und es nun mit riesigem Geschrei der Welt verkündet. Der Fotograf dagegen ist wie der Karpfen, der stumm Tausende von Eiern legt, und doch müssen sämtliche Aufnahmen treffend sein.«

Denen, die in den ersten Jahren nach der Veröffentlichung des fotografischen Verfahrens die neue Kunst ausübten, konnte man eine künstlerische Qualität ihrer Bilder aber jedenfalls kaum absprechen. Denn für ein bloßes »Knipsbild« waren die Umständlichkeiten und der Materialaufwand viel zu groß. Sorgfältig durchdachte Bildgestaltung verstand sich dabei von selbst. Außerdem betätigten sich besonders Maler in der neuen Muse. Sie hatten schließlich von Berufs wegen ein Auge dafür, wie man ein Bild »baut«. Daher bewegte sich die Daguerreotypie gerade in ihren Anfängen auf einem hohen künstlerischen Niveau.

Interessanterweise hatten weder Daguerre noch die beiden wissenschaftlichen Befürworter der Veröffentlichung des Verfahrens, Arago und Gay-Lussac, seine Anwendung für das Porträtieren versprochen, obwohl von Daguerre auch in dieser Richtung Versuche unternommen worden waren. Infolge der langen Belichtungszeiten schienen Porträts nicht möglich zu sein. Doch Mister John W. Draper, der eigentlich Doktor der Medizin, aber als Professor für Chemie und Physik an der New Yorker Universität tätig war, hatte ein Gespür dafür, welch ein »Knüller« es für das Publikum sein müßte, auch das menschliche Gesicht auf die fotografische Platte zu bannen.

Noch im Herbst 1839 begann er auf dem Dach der Universität mit den ersten Experimenten, bei denen sein Assistent das Versuchskaninchen spielen mußte. Das lichtstarke Petzvalobjektiv gab es damals noch nicht, und auch die geschilderten etlichen chemischen »Tricks« zur Steigerung der Lichtempfindlichkeit waren noch unbekannt. Eine ausreichende Belichtung war mithin das größte zu lösende Problem. Damit das Gesicht möglichst viel Licht reflektierte, wurde es weiß gepudert. Eine halbe Stunde mußte das Opfer in praller Sonne sitzen. Die Augen durfte der Mann allerdings geschlossen halten. Das Bild »gelang«. Zum Dank für die Strapaze durfte besagter Assistent als der erste Mensch, der fotografisch porträtiert wurde, in die Geschichte eingehen. Anläßlich der Weltausstellung in Chicago 1893 wurde zwar ein Bildnis der Schwester von Sir William Herschel als erstes Foto-Porträt der Geschichte bezeichnet. Doch war das mehr als höfliche Huldigung an eine große Dame gemeint. Historisch steht außer Zweifel, daß auf dem ersten Daguerreotyp-Porträt Drapers Assistent konterfeit ist.

Als Zeichenlehrer war an der New Yorker Universität damals auch Professor Samuel Morse, bereits berühmt durch die Erfindung des Schreibtelegrafen, tätig. Draper und sein Kollege Morse eröffneten im April 1840 auf dem Dach des Universitäts-Gebäudes schließlich das erste Porträtatelier der Welt. Trotz der Quälerei, lange Zeit starr in gleißender Sonne sitzen zu müssen, den Hinterkopf fest gegen eine Stütze gelehnt, zahlten die Yankees und ihre Damen für eine kleine Daguerreotypie fünf Dollar, in dieser Zeit eine recht erhebliche Summe.

Um die Sitzungen wenigstens etwas abzukürzen, wurden die Kunden des Porträt-Ateliers nicht nur in direktem Sonnenlicht gebraten, sondern mit Spiegeln wurde noch zusätzliches Licht auf sie reflektiert. Damit diese Überfülle von Licht für die Augen etwas erträglicher war, filterte man das Licht durch blaue Gläser oder durch Küvetten, die mit blauer ammoniakalischer Kupferlösung gefüllt waren. Denn fotografisch wirksam war ja ohnehin im wesentlichen nur der blaue Spektralanteil.

Es versteht sich, daß solche Marterstühle mit Kopfstütze und Schulterhaltern, die ja allein ein langes Ausharren in gleicher Stellung ermöglichten, den Karikaturisten reichlichen Stoff boten, als später mehr und mehr Porträtateliers auch in europäischen Ländern eröffnet wurden.

Ausgesprochen lästig wurde die neue Mode, sich daguerreotypieren zu lassen für prominente Leute, die von vielen um ein solches Bildnis gebeten wurden. Da sich die Daguerreotypien nicht vervielfältigen ließen, mußten sie so viele »Sitzungen« über sich ergehen lassen als Bilder von ihnen verlangt wurden. Monsieur Daguerre und viele seiner Zeitgenossen sahen in der fehlenden Möglichkeit, eine Daguerreotypie durch Kopieren zu vervielfältigen, indessen überhaupt keinen Mangel. War man doch daran gewöhnt, daß jedes gemalte oder gezeichnete Bild auch ein Unikat ist. Daguerre protestierte sogar energisch gegen Versuche, Daguerreotypien zu vervielfältigen.

Solche Experimente wurden schon unmittelbar nach der Veröffentlichung des fotografischen Verfahrens unternommen. Bereits am 23. September 1839 berichtete der französische Mediziner Dr. Alfred Donné, daß es ihm gelungen sei, nach der Methode der Graveure Daguerreotypien mit verdünnter Salpetersäure zu ätzen und sie dadurch in eine druckfähige Platte umzuwandeln. Daguerre wies darauf hin, daß auch Niépce und er solche Versuche durchgeführt hätten, daß man dabei aber ohne zusätzliche Bearbeitung der Platte durch einen Kupferstecher zu keinen brauchbaren Resultaten gelangte. Donné schickte ihm daraufhin als Beweis dafür, daß dies doch möglich sei, eine Kollektion von Drucken, die nach geätzten Daguerreotypien angefertigt worden waren.

Außer Donné beschäftigten sich noch einige andere mehr oder weniger erfolgreich mit entsprechenden Versuchen, wobei nicht nur Ätz-, sondern auch galvanische Verfahren angewandt wurden. Einer dieser Experimentatoren, der Londoner Physikprofessor William Robert Grove, schloß seinen Bericht mit dem humorvollen Vorschlag, die so angefertigten Drucke mit den Worten zu signieren: »gezeichnet vom Licht, graviert von der Elektrizität!« Damit hatte sich der ursprüngliche Wunschtraum Niépces eigentlich erfüllt, allerdings noch nicht in so vollkommener Weise, daß dadurch die Technik, Bilder zu drucken, sofort revolutioniert worden wäre.

Vom Unikat zum Negativ-Positiv-Verfahren

Während man sich noch bemühte, auf verschiedene Weise aus Daguerreotypien Druckplatten zu gewinnen und so vom positiven fotografischen Bild wiederum positive gedruckte Bilder zu erhalten, war der Prozeß der Erfindung eines zweiten fotografischen Verfahrens, bei dem – wie heute üblich – beliebig viele Positive nach einem fotografischen Negativ kopiert oder vergrößert werden, bereits in vollem Gange. Allerdings vermochte dieses Negativ-Positiv-Verfahren zunächst nicht der Daguerreotypie den Rang abzulaufen, weil die Bildqualität wesentlich schlechter war. Nach erheblichen Verbesserungen und Weiterentwicklungen verdrängte das Negativ-Positiv-Verfahren die Daguerreotypie aber schließlich so vollständig, daß sie zur bloßen historischen Reminiszenz verblaßte.

Erfinder dieses ganz anderen fotografischen Verfahrens, das bis in die Gegenwart kontinuierlich weiterentwickelt und noch heute praktiziert wird, ist der Engländer William Henry Fox Talbot (1800 bis 1877). Er entdeckte auch als erster, daß unsichtbare, latente Veränderungen in der lichtempfindlichen Schicht schon eingetreten sind, wenn das Bild noch nicht einmal spurenweise erkennbar ist, und er begriff, daß dieses latente Bild durch die nachfolgende Entwicklung zur Sichtbarkeit verstärkt wird. Praktiziert wurde dies zwar auch bereits von Daguerre als dem Erfinder des Entwickelns, aber – soweit wir wissen – ohne Einsicht in den Kausalzusammenhang.

Talbot war sehr reich und konnte es sich leisten, aus reiner Liebhaberei wissenschaftliche Forschungen als Privatgelehrter zu betreiben, ohne ein Lehramt zu versehen. Trotzdem war er Mitglied der angesehenen Royal Society of Sciences. Mit Fotografie beschäftigte er sich eigentlich nur nebenbei. Seine hauptsächlichen Interessen lagen auf den Gebieten der Physik und Mathematik. Für seine mathematischen Arbeiten über Integralrechnung erhielt er 1838 sogar eine Medaille.

Auch bei ihm entsprangen die fotografischen Versuche einem praktischen Bedürfnis. Er reiste viel und benutzte, um Bilder von Landschaften und Architekturen festzuhalten, die Zeichenkamera. Doch hatte er für das Nachzeichnen wenig Geschick und außerdem war es ihm lästig und zeitaufwendig. Das brachte ihn auf die Idee, das vom Objektiv entworfene Bild auf lichtempfindlich gemachtes Papier durch das Licht selbst aufzeichnen zu lassen.

Er studierte die bereits über die Lichtempfindlichkeit bestimmter Stoffe vorliegende Literatur, kannte also auch die Versuche von Wegdwood und Davy. Im Sommer 1834 begann er mit einfachen Experimenten, bei denen er mit Silbernitrat präpariertes Papier benutzte. Er legte Blätter und Blüten auf das Papier und setzte es so der Sonne aus. Wie zu erwarten erhielt er negative Kopien, Kontaktkopien, wie wir heute sagen würden. Die Äderchen der Blätter zeichneten sich erstaunlich gut ab. Noch im Winter des gleichen Jahres experimentierte er auch mit der umgekehrten Variante. In geschwärzte Platten ritzte er Zeichnungen ein und erhielt so positive Kopien. Diese fotografischen Abbildungen entstanden noch ohne Entwicklung durch einfaches Auskopieren und waren nicht lichtbeständig.

Im Sommer 1835 fotografierte er erstmals mit der Camera obscura und erhielt durch Fixieren mit verschiedenen Substanzen, darunter Kochsalz, lichtbeständige Bilder. Als erster benutzte er als Fixiermittel auch das heute dafür gebräuchliche Natriumthiosulfat (Fixiernatron), dessen Wirksamkeit er aber nicht entdeckte, sondern von der er durch Sir John F. W. Herschel erfahren hatte. Er berichtete über die Versuche in einer Mitteilung an die Royal Society vom 31. Januar 1839 mit dem Titel »Über die Kunst der photogenischen Zeichnung«. Von Niépces und Daguerres Verfahren wußte er also nicht, da es zu diesem Zeitpunkt noch geheimgehalten war.

Eine erste Andeutung über die Möglichkeit, nach den erhaltenen Negativen Positive zu kopieren, findet sich in diesem Bericht bereits bei der Beschreibung der Methode, Kopien von Zeichnungen und Stichen anzufertigen. Es heißt darin: »Da Lichter und Schatten vertauscht sind, ist die Kopie dem Original nicht gleich. Sind Papier und Stich vollkommen trocken, so besteht keine Gefahr für die Beschädigung des Stiches. Ist die Kopie gegen die Wirkung des Sonnenlichtes geschützt« (er meinte damit, daß sie fixiert ist), »so kann sie selbst als Objekt zum Kopieren dienen. Dieser zweite Prozeß gibt Lichtern und Schatten ihre alte Bedeutung wieder.«

Talbot hatte nach anfänglichen Versuchen mit Silbernitrat bald auch Silberchloridschichten verwendet. In der Empfindlichkeit und Feinheit der Detailwiedergabe blieb Talbots Verfahren allerdings zunächst hinter der Daguerreotypie zurück. Das lag unter anderem an der faserigen Struktur des als Schichtträger verwendeten Papiers. Alexander von Humboldt beurteilte Talbots Bilder in einem Brief an Arago vom 25. April 1839 als »armselige Chlorsilberbilder, weiße Silhouetten scheinbar nach alten Drucken, über die man mit dem Ellenbogen gefahren ist«.

Erst durch seine späteren Arbeiten schuf Talbot wesentliche neue Grundlagen der Fotografie. Das latente Bild und die Möglichkeit seiner Entwicklung mit Gallussäure entdeckte er bei Experimenten vom 20. und 21. September 1840. Dadurch konnte die Belichtungszeit auf den etwa hundertsten Teil, von einer Stunde auf eine halbe Minute verkürzt werden. Um sein Verfahren auch durch den Namen von der Daguerreotypie abzugrenzen, nannte er es Kalotypie (von griechisch kalós = schön). Er nahm darauf ein englisches Patent. Als Aufnahmematerial benutzte er gutes Schreibpapier, das zuerst mit Silbernitratlösung und dann mit Kaliumiodid präpariert wurde. Dabei entstand zunächst nur das wenig lichtempfindliche Silberiodid. Kurz vor der Exposition behandelte Talbot das Papier dann nochmals in einer Lösung, die mit Essigsäure versetztes Silbernitrat als lichtempfindliche Substanz und Gallussäure (3,4,5-Trihydroxybenzoesäure) als Entwickler enthielt. (Eine wässrige Lösung von Gallussäure mit Eisen(II)-sulfat und geringen Zusätzen von Schwefelsäure und Gummi wurde früher als Tinte verwendet.) Talbot nannte sein Gemisch Gallosilbernitrat.

Seltsam mutet uns heute an, daß Talbot Entwickler schon während der Exposition in die lichtempfindliche Schicht gab. Nach der Belichtung wurde dann nochmals durch Bestreichen des Papiers mit Gallosilbernitrat entwickelt. Ein noch grundsätzlicher Unterschied gegenüber heute bestand darin, daß dies eine physikalische Entwicklung war. Dabei lagert sich an die durch die Belichtung entstandenen Entwicklungskeime der fotografischen Schicht Silber an, das nicht aus der Schicht stammt, sondern aus dem Entwickler. Physikalische Entwickler sind saure Lösungen von Silberhalogeniden, die im Entwickler zu Silber reduziert werden, das sich dann an die Bildkeime anlagert. Heute ist dagegen im allgemeinen die chemische Entwicklung gebräuchlich. Dabei wird das belichtete Silberhalogenid, das in der fotografischen Schicht enthalten ist, durch den Entwickler zu schwärzlichem Silber reduziert.

Zum Unterschied von der Daguerreotypie war das Bild, das bei der Kalotypie primär entstand, stets ein Negativ. Durch Behandlung mit Wachs machte Talbot das Papier, auf dem sich das Negativ befand, transparent, so daß man das Negativ auf ein anderes Kalotyp-Papier zum Positiv kopieren konnte. Als Positivmaterial benutzte er Papier, das mit Silberchlorid beschichtet war. Nach diesem Verfahren schuf er die Illustrationen seines 1844 erschienen Buches »Pencil of Nature« (sinngemäß übersetzt: Zeichenstift der Natur). Es war das erste auf rein fotografischem Wege illustrierte Buch der Literaturgeschichte. Ihm folgte bereits im nächsten Jahr ein ebenfalls fotografisch illustriertes Buch »Sun pictures in Scotland« (Sonnenbilder in Schottland).

Die Konkurrenz, welche die Kalotypie der Daguerreotypie bereitete, schränkte Talbot selbst dadurch wesentlich ein, daß er Patente nahm und streng darüber wachte, daß niemand sie verletzte. Als man ihm später vorhielt, daß er zum Unterschied von der freigegebenen Daguerreotypie die Anwendung seiner Erfindung zum Nutzen von Kunst und Wissenschaft behindere, gab er das Verfahren für diese Zwecke frei, jedoch nicht für die gewerbliche Nutzung.

Erstmals benutzte Talbot auch das heute als lichtempfindliche Substanz unserer modernen Fotomaterialien dominierende Silberbromid, worüber er ebenfalls bereits 1839 berichtete. Doch hatte dies vorerst keine revolutionierende Auswirkungen. Einen weiteren Meilenstein in der Erfindungsgeschichte der Fotografie setzte Talbot 1843 durch ein Patent über die Herstellung von Vergrößerungen nach dem Kalotypie-Prozeß. Allerdings praktizierte er das Vergrößern noch nicht in der heute üblichen Form. Vielmehr wurde von einem kleinen Kalotyp-Positiv mittels Vergrößerungslinsen ein vergrößertes Papier-Negativ angefertigt und dieses kopiert – ein uns heute schwer verständlicher Umweg. Doch muß man dabei bedenken, daß es für ein Vergrößern nach heutiger Technik an einer Lichtquelle fehlte, die hinreichend stark war, um die noch wenig empfindlichen Positivmaterialien zu belichten.

Trotz der noch relativ großen Mängel der Kalotypie wagte ein englischer Miniaturmaler, Henry Collen, bereits im August 1841, nach diesem Verfahren Porträts zu fotografieren und noch im Herbst des gleichen Jahres eröffnete er das erste Kalotypie-Porträt-Atelier. Der Maler David Octavius Hill schuf nach Talbots fotografischem Verfahren sogar Bildnisse, die bis heute als besondere künstlerische Spitzenleistungen der Fotografie gewertet werden. Im Mutterland der Daguerreotypie fand die Kalotypie zunächst allerdings wenig Zuspruch. Daran war ein objektiver Nachteil gegenüber der Daguerreotypie wesentlich mit schuld: die schon erwähnte durch die Faserstruktur des Papiers bedingte

Einschränkung der Feinheit der Detailwiedergabe. Auch die Empfindlichkeit war nicht über die ganze Schichtfläche gleich, da die Inhomogenitäten des Papiers zu einer ebenfalls ungleichmäßigen Beschaffenheit der lichtempfindlichen Schicht führten.

Trotzdem beschäftigten sich freilich auch französische Fotografen mit Talbots Verfahren, wobei es ihnen gelang, diese Nachteile schrittweise zu mildern. Louis-Désiré Blanquart-Evrard, ein Tuchhändler aus Lille, entdeckte, daß der nachteilige Einfluß der Rauheit und Ungleichmäßigkeit der Papieroberfläche weitgehend auszuschalten ist, wenn man sie durch eine Art »Leim«-Schicht glättet. Er benutzte zunächst dafür Stärke, fand dann aber, daß Albumin (Eiweiß) noch besser geeignet ist. Eiweiß behielt bis um die Jahrhundertwende für die Fabrikation fotografischer Papiere Bedeutung.

1847 ging Blanquart-Evrard dazu über, den Entwickler nicht schon während der Belichtung anzuwenden, sondern erst danach. Er präparierte Papier mit Silberbromid und -chlorid sowie mit Silbernitrat und entwickelte sofort nach der Exposition mit Gallussäure. Schließlich erfand er sogar eine Modifikation der Herstellung des Negativpapiers, die es ermöglichte, das Aufnahmematerial auf Vorrat und nicht erst kurze Zeit vor der Aufnahme anzufertigen.

Das darf uns allerdings nicht zu der Annahme verleiten, daß man nun fertiges Negativpapier in Geschäften kaufen konnte. Die Zeitspanne zwischen der Präparierung des Papiers und seiner Belichtung durfte nur kurz sein, höchstens wenige Tage betragen. Der Fotograf war also auch weiterhin notgedrungen stets zugleich »Fabrikant« seiner Aufnahme- und Kopiermaterialien. Das begünstigte natürlich die Experimentierfreudigkeit und bot Gelegenheiten zu Zufallsentdeckungen, wenn einmal unabsichtlich ein »guter Fehler« bei der Bereitung der fotografischen Materialien begangen wurde.

In seinem Stolz über die erreichten Verbesserungen ging Blanquart-Evrard allerdings so weit, daß er »vergaß« bei der Beschreibung seines Verfahrens darauf hinzuweisen, daß es auf der Kalotypie Talbots basierte, was ihm begreiflicherweise nicht nur dieser, sondern auch die übrige fotografische Fachwelt verübelte. Ein anderes Verfahren der Glättung des Papiers durch Wachs erfand 1851 der französische Maler Gustave le Gray. Außerdem modifizierte er das Aufnahmematerial so, daß die Entwicklung des belichteten Negativpapiers nicht mehr sofort erfolgen mußte, sondern auch noch zwei Tage später vorgenommen werden konnte. Das erleichterte das Fotografieren auf Reisen beträchtlich. Auch die Transparenz der Papiernegative war inzwischen so gut, daß sich die Abbildungsschärfe nur wenig von Glasnegativen unterschied.

1847: Fotografieren auf Glasplatten

Aus heutiger Sicht ist man freilich geneigt zu fragen, warum Talbot seine Negative nicht von Anfang an auf Glas fotografierte. Hat Glas doch die beste Transparenz. Vielleicht mag der Umstand dafür mit ausschlaggebend gewesen sein, daß man jahrhundertelang gewohnt war, auf Papier zu zeichnen, das in die Zeichenkamera eingelegt war. Nun auch für die Selbstaufzeichnung des Bildes durch das Licht Papier zu benutzen, lag also ganz auf der Linie des Gewohnten. Es kam aber noch ein anderer Grund hinzu, der vermutlich schwerer wog. Es ist nämlich nicht ohne weiteres möglich, die lichtempfindliche Schicht, wie immer sie zusammengesetzt sein mag, fest haftend und gleichmäßig auf Glas zu bringen.

Aber auch dieses Problem wurde im Prinzip noch im gleichen Jahr 1847 gelöst und zwar durch Claude Felix Abel Niépce de St. Victor, einen Vetter Nicéphore Niépces. Streng genommen war er nicht der erste, der Glas als Schichtträger benutzte. Hatte doch schon Nicéphore Niépce 1822 mit Glas gearbeitet und darauf einen Kupferstich kopiert. Sir John Herschel benutzte 1839 Glasplatten. Aber beide gingen davon wieder ab, weil sie noch nicht die richtige Methode fanden, bei der das Glas seine Vorzüge als Schichtträger erwies.

Erwähnenswert ist jedoch der katholische Pfarrer Johann Augustin Pucher (slowenische Schreibweise: Janez Puhar), der bereits 1842 auf Glasplatten fotografierte und seine Aufnahmen 1851 auf der Londoner Weltausstellung zeigte. Er erhielt dafür eine Bronzemedaille. Doch benutzte Pucher als lichtempfindliche Substanzen keine Silberhalogenide, sondern Schwefelverbindungen. Damit befand er sich auf einem Abweg, der nicht in die Linie der weiteren Entwicklung einmünden konnte.

Niépce de St. Victor überzog, um eine Haftung der lichtempfindlichen Schicht auf der Glasplatte zu erreichen, diese zunächst mit Stärke. Das erwies sich jedoch nicht als die beste Lösung. Er ging deshalb zu Albumin über und entdeckte damit das Bindemittel, das lange Zeit nicht nur für die Herstellung von Fotoplatten, sondern mehr noch von Fotopapieren eine große Bedeutung behielt. Er mischte Iodkalium in dem eiweißhaltigen Wasser von Hühnereiern, goß diese Flüssigkeit über die Glasplatten und ließ sie bei normaler Temperatur antrocknen.

Auch heute noch kann man die lichtempfindliche Emulsion nicht direkt auf Glasplatten und Filme aufbringen. Vielmehr müssen beide Schichtträger zuerst durch eine sogenannte Substratschicht, auch Haftschicht genannt, für die Aufnahme der eigentlichen Emulsion präpariert werden. Eine solche Präparation erhalten beide Seiten des Schichtträgers, da auch auf der Rückseite eine Beschichtung mit gefärbter Gelatine erfolgt. Sie dient als Reflexionslichthof-Schutzschicht. Ohne Präparation würden weder die lichtempfindliche Emulsion noch die Lichthofschutzschicht zuverlässig haften, da der Film bzw. das Glas wasserabweisend und sowohl die Emulsion als auch die Schutzschicht wasserhaltig sind. Für die Präparation wird nicht dieselbe Gelatine wie für den Ansatz der lichtempfindlichen Emulsion benutzt, sondern eine Lösung von Gelatine oder synthetischen Hochpolymeren, die außerdem ein Lösungsmittel enthält, das die Filmoberfläche bis zu einer geringen Tiefe angreift und auflöst.

Die Lichtempfindlichkeit erzeugte Niépce de St. Victor durch Übergießen mit bzw. Baden der Platte in »essigsalpetersaurem Silber«. Dabei wurde zugleich das Eiweiß wasserunlöslich und es entstand eine gute Haftung der Schicht auf dem Glas. Das Eiweiß erwies sich nicht nur als gutes Bindemittel, sondern ermöglichte auch eine feine Detailzeichnung des Bildes, die nicht wie bei Verwendung von Papier durch dessen Struktur gestört und zerrissen wurde. In der Feinheit der Zeichnung war das Eiweiß auch der Stärke als Bindemittel überlegen. Deshalb entschied sich Niépce de St. Victor für Albumin, obwohl die damit hergestellten Schichten etwas längere Belichtungs- und Entwicklungszeiten erforderten. Er benutzte auch schon das heute gebräuchliche Bindemittel Gelatine, ging aber wieder davon ab, weil sich dabei die Schicht zu leicht in Wasser auflöste.

Der Erfinder bezeichnete sein Verfahren als Niépcotypie. Doch setzte sich dieser Name praktisch nicht durch. Niépce de St. Victor war Berufsoffizier, beschäftigte sich aber recht erfolgreich mit chemischen Arbeiten und wurde für seine wissenschaftlichen Leistungen zum Ritter der Ehrenlegion geschlagen.

Er erhielt auch einen Preis der »Society d'encoragement«, einer Vereinigung, die sich die Förderung wissenschaftlich-technischer Pionierleistungen zur Aufgabe gemacht hatte. Seine chemischen Versuche erlangten insofern sogar militärische Bedeutung, als er durch Zufall entdeckte, daß durch Behandlung mit Ammoniak die damalige krapprote Farbe der französischen Uniformen aufgefrischt werden kann.

Bei fotografischen Versuchen mit Uraniumsalzen stieß er – wie aus seinen Beschreibungen vermutet werden kann – wahrscheinlich als erster auf die Wirkung der Radioaktivität des Uraniums. Offenbar erkannte er aber die Zusammenhänge nicht, verfolgte sie auch nicht weiter. Das blieb seinem Landsmann Henri Becquerel vorbehalten, dem 1896 erstmals die eindeutige Entdeckung gelang, daß eine von den Uraniumsalzen ausgehende unsichtbare Strahlung auf Fotoplatten wie Licht wirkt.

Dem Papier-Schichtträger der Kalotypie war das Glas als Schichtunterlage einmal schon dadurch überlegen, daß es völlig transparent ist, während sich Papier nur mehr oder weniger transparent machen läßt. Durch Kopieren der Niépcotypien erhielt man daher bessere Klarheit und größere Feinheit der Detailzeichnung in den Positiven. Außerdem ist Glas ein mechanisch so haltbares Material, daß es durch beliebig oft wiederholte Kopierprozesse nicht in Mitleidenschaft gezogen wird wie Papier. Damit war der Zahl der möglichen Positivkopien nun buchstäblich keine Grenze mehr gesetzt, zumal sich auch die entwickelte und fixierte Schicht auf der unbiegsamen Glasunterlage als mechanisch widerstandsfähiger erwies.

Zum andern wirkte sich die Gleichmäßigkeit der Schichtoberfläche günstig auf die Bildqualität aus. Eine so gute Qualität war bei dem damaligen Entwicklungsstand der Papierfabrikation selbst auf einer guten Papierunterlage nicht zu erreichen. Die Niépcotypie wurde deshalb von vielen Fotografen aufgegriffen. Ein weiterer Vorteil bestand darin, daß man die Platte sowohl im noch nassen als auch im trockenen Zustand belichten konnte. Ferner brauchte die Entwicklung – ebenso wie bei den Negativpapieren Blanquart-Evrards – nicht sofort, sondern konnte erst später erfolgen.

Die Niépcotypie baute damit die Brücke von Talbots Verfahren zum sogenannten nassen Kollodium-Verfahren, das schließlich sowohl die Kalotypie als auch die Daguerreotypie vollständig ablöste und für Jahrzehnte in der fotografischen Praxis dominierte.

Mit Dunkelkammerzelt und Chemikalienkoffer

Trotz der schrittweisen Verbesserungen der Negativmaterialien auf Papier waren die Vorteile der Glasplatte als Träger der lichtempfindlichen Schicht auf die Dauer nicht zu leugnen. So konnte die Koexistenz von Papier und Glas als Schichtträger nicht lange währen. Aber nicht nur die Ablösung des Papiers durch die Glasplatte prägte die auf die Daguerreotypie und Kalotypie folgende Epoche. Auch die Zusammensetzung und Herstellung der lichtempfindlichen Schicht wurde bei den Platten noch einmal wesentlich verändert mit dem Ergebnis, daß man nicht nur höhere Empfindlichkeiten, sondern auch beträchtliche Verbesserungen der Bildqualität erreichte.

Die neuen Aufnahmeschichten, die etwa seit der Mitte der 50er Jahre des vorigen Jahrhunderts aufkamen und für längere Zeit die dominierende Rolle spielten, hatten eine steilere Gradation und ergaben dadurch einen gesteigerten Kontrastumfang sowie eine höhere Brillanz des Bildes. Ferner war der Schleier verringert. Unter dem Schleier versteht man eine durchgehende schwache Schwärzung, die nach der Entwicklung an allen Stellen der Schicht, also auch an solchen, auf die überhaupt kein Licht einwirkte, vorhanden ist. Wenn wir ein Stück unbelichteten und entwickelten Schwarzweißfilm gegen das Licht halten, sehen wir, daß er nicht ganz klar durchsichtig ist. Der leichte graue Anflug ist der Schleier. Er beruht nicht nur auf der eingeschränkten Transparenz der Filmunterlage. Beim Blick durch eine unbelichtete entwickelte Schwarzweiß-Platte würden wir den Schleier ebenfalls sehen, obwohl Glas völlig transparent ist. Schließlich ergab der neue Typ fotografischer Aufnahmematerialien ein höheres Auflösungsvermögen und damit eine gesteigerte Schärfenzeichnung.

Diese neuen Negativmaterialien sind unter der Bezeichnung nasses Kollodiumverfahren in die Geschichte der Fotografie eingegangen. Darunter dürfen wir uns aber wiederum nicht etwa eine einheitliche, standardisierte Rezeptur und Technologie vorstellen. Vielmehr gab es das nasse Kollodium-Verfahren in vielen Varianten, die von verschiedenen Fotografen nebeneinander eingeführt und praktiziert wurden.

Als naß bezeichnete man es deshalb, weil die Platten erst kurz vor der Aufnahme mit der lichtempfindlichen Schicht präpariert wurden und in noch nassem Zustand belichtet werden mußten. Trocknete die Schicht ein, so ging die Empfindlichkeit sehr stark zurück. Das Silberhalogenid kristallisierte dabei aus. Es schlossen sich die Poren der Schicht, so daß der Entwickler nicht intensiv in die Schicht eindringen konnte. Dies wirkte sich praktisch wie eine Empfindlichkeitsverminderung aus.

Das Kollodium, nach dem das Verfahren benannt ist, fungierte als Bindemittel, welches das Haften der Schicht auf der Glasunterlage bewirkte und zugleich Träger der lichtempfindlichen Substanz war. In dieser Eigenschaft spielte es also die Rolle, die später und bis heute von der Gelatine übernommen wurde. Doch hat die Gelatine darüber hinaus noch andere wichtige Funktionen für den fotografischen Prozeß, wie noch zu berichten sein wird. Man könnte das nasse Kollodiumverfahren daher als eine Übergangsstufe zur heutigen Silberhalogenid-Gelatine-Emulsion bezeichnen.

Kollodium ist eine zähflüssige Lösung von Nitrozellulose. Auch diese Substanz weist bereits auf einen Schritt in die folgende Entwicklung der Fotochemie hin. Aus Nitrozellulose bestand nämlich der Schichtträger der später aufgekommenen Filme. Inzwischen ist er allerdings schon seit Jahrzehnten durch die Acetylzellulose abgelöst. Nitrozellulose ist leicht entflammbar und daher feuergefährlich, während Acetylzellulose nicht lebhafter brennt als etwa Papier und daher als Sicherheitsfilm bezeichnet wird.

Nitrozellulose ist ein Salpetersäureester der Zellulose. Man nannte sie auch Zelluloid. Übrigens war das einer der ersten, wenn nicht überhaupt der erste »Kunststoff«. Löst man Nitrozellulose in gleichen Teilen von Ether (bis vor kurzem Äther geschrieben) und Alkohol, so erhält man Kollodium. Kollodiumwolle, auch Schießbaumwolle genannt, weil sie gleichfalls leicht entflammbar ist und sogar als Sprengstoff dienen kann, entsteht durch Nitrierung von Baumwolle in einem Gemisch aus Schwefelsäure und Salpetersäure. Sie wurde 1846 von dem Baseler Chemieprofessor Schönbein und dem Frankfurter Chemiker Böttger erfunden.

Beim nassen Kollodiumverfahren versah man Kollodiumwolle mit Zusätzen von Iodsalzen und vergoß sie dann über die Glasplatten. Nach dem Verdunsten des Ethers entstand eine erstarrte Schicht, die aber noch nicht lichtempfindlich war. Vielmehr mußte die Kollodiumschicht erst in einer Lösung von Silbernitrat ($AgNO_3$) gebadet werden. Dabei bildete sich oberflächlich aus dem in der Kollodiumschicht enthaltenen Iod und dem Silber des Nitrats Silberiodid als lichtempfindliche Substanz.

Da die Belichtung der Platten in noch nassem Zustand erfolgen mußte, hatten unsere fotografierenden Urgroßväter außer der behäbigen Kamera und einem schweren Holzstativ noch Kästen mit Chemikalienflaschen, Schalen und, nicht zu vergessen, ein Dunkelkammerzelt als fotografische Ausrüstung zu tragen. Fotografen, die von Ort zu Ort zogen, um die Leute zu konterfeien, trugen das alles per Huckepack auf dem Rücken. Erfolgreichere Vertreter der neuen Zunft konnten sich einen von Pferden gezogenen komfortablen Wagen leisten, der außer allen erforderlichen Materialien auch die Dunkelkammer enthielt.

Aus der Phase der Eigenfabrikation der fotografischen Materialien war man damit also noch keineswegs heraus. Aber – abgesehen von den schon erwähnten anderen Vorteilen – waren die Umständlichkeiten der Plattenpräparation doch nicht mehr so umfänglich wie bei der Niépcotypie. Das Verfahren setzte sich daher in zunehmendem Maße durch.

Wie damals fast alle Neuerungen in der Fotografie hatte auch das nasse Kollodium-Verfahren mehrere Erfinder, die daraufhin in einen Prioritätsstreit gerieten. Zu nennen sind u. a. der schon erwähnte französische Maler Gustave le Gray sowie die Engländer Fredrick Scott Archer und Robert J. Bingham, wobei Archer, einem versierten Kalotypisten, für die praktische Ausarbeitung und Weiterentwicklung des Verfahrens die größte Bedeutung beigemessen wird.

Er tat übrigens auch bereits einen ersten Schritt in Richtung auf den späteren Film, indem er das Kollodiumhäutchen mit einer Guttaperchalösung von der Glasplatte abzog und so eine Negativfolie gewann, die leicht aufzubewahren war. Auf dieses Verfahren nahm er 1855 ein englisches Patent. Man kann es als die erste Vorstufe des Films betrachten.

Anfänglich benutzte man für die Anfertigung der nassen Kollodium-Platten nur Iodsalze. Später fand man, daß sich die Empfindlichkeit noch erhöht, wenn auch komplexe Iodbromverbindungen des Silbers verwendet werden. Auch Sondertechniken wurden entwickelt, die eine direkte Erzeugung des Positivs ohne Kopierprozeß ermöglichten. Daran war man interessiert, weil es ein für das Publikum zugkräftiges Verfahren darstellte. Die Kunden des von Ort zu Ort ziehenden oder seine Künste auf einem Jahrmarkt feilbietenden Fotografen brauchten dabei nicht lange auf das fertige Bild zu warten.

Bei der sogenannten Ferrotypie wurde als Schichtträger schwarzlackiertes Eisenblech benutzt – daher die Bezeichnung. Vor dem dunklen Hintergrund wirkt das in der Kollodiumschicht erzeugte Bild positiv. Ferrotypien setzte man auch in Broschen und Medaillons ein. An Ausflugs- und Vergnügungsorten wurden sie als Souvenirs verkauft. Erfinder des Verfahrens war der Franzose Adolphe Alexandre Martin, Professor am College St. Barbe in Paris.

Bei einer anderen Variante diente schwarze Wachsleinwand als Schichtunterlage. Fotografien auf textiler Unterlage, wie sie neuerdings in Mode kamen, sind also nicht so absolut neu, wie es scheinen mag. Damals nannte man sie Pannotypien von lateinisch pannus = Tuch. Die Haltbarkeit der Pannotypien ließ zum Unterschied von heutigen Bildern auf Fotoleinwand allerdings noch sehr zu wünschen übrig.

Solche Sondertechniken mußten freilich Randerscheinungen bleiben, welche die Fototechnik nicht revolutionierten. Ein dringendes Bedürfnis, das die Richtung der folgenden Weiterentwicklung nach dem nassen Kollodium-Verfahren entscheidend bestimmte, war dagegen das Bemühen, die Umständlichkeit zu eliminieren , jede Platte erst kurz vor der Exposition präparieren zu müssen. Zahlreiche Experimentatoren suchten intensiv nach einer Lösung des Problems. Die Marseiller Photographische Gesellschaft setzte 1862 einen hohen Preis aus für den, der ein Verfahren zur Herstellung von Trockenplatten erfand, die aber trotzdem so empfindlich sein mußten, um »im vollen Sonnenschein ein Bild einer Straße in Bewegung zu erhalten«. Leider konnte der Preis mangels einer diesen Anforderungen entsprechenden Erfindung nicht vergeben werden.

Für manche Zwecke war das Bedürfnis, mit Trockenplatten zu fotografieren, indessen aber so dringend geworden, daß man den Nachteil stark verminderter Empfindlichkeit dafür in Kauf nahm. So kamen schließlich Trockenplatten in Gebrauch. Aber es war zunächst noch nicht jener Typ von Silberbromid-Gelatine-Trockenplatten, der später für gut ein halbes Jahrhundert dominierend werden sollte und für spezielle Zwecke bis heute aktuell ist. Man griff andererseits aber auch nicht auf die schon bekannten Albuminplatten der Niépcotypie zurück, sondern blieb beim Kollodium, nur jetzt in trockener Version, genauer gesagt: in künstlich etwas klebrig-feucht gehaltener Abwandlung. Die Substanzen, die zum Feuchthalten der Schicht dienten, nannte man Präservative. 1855 publizierte der französische Professor für Physik und Chemie Taupenot ein Verfahren, bei dem er die Silberiodid-Kollodiumschicht mit Eiweiß überzog.

Diese Methode wurde bis zum Beginn der 60er Jahre hauptsächlich in der Landschaftsfotografie angewendet, da man hierfür einerseits besonders dringend Platten wünschte, die auf Vorrat anzufertigen waren, und andererseits lange Belichtungszeiten eher in Kauf nehmen konnte. Taupenot-Platten durfte man bis zu einigen Wochen nach der Herstellung belichten. Die Expositionszeit betrug allerdings wieder einige Minuten und bedeutete damit einen Rückschritt. Da inzwischen die Porträtfotografie ziemlich im Schwange war, bei der sich solche minutenlangen Belichtungszeiten von selbst verbaten, stellte dieses sogenannte Bade-Kollodium-Trockenverfahren insgesamt gesehen noch keine ins Gewicht fallende Konkurrenz gegenüber der nassen Kollodiumplatte dar.

Andere Experimentatoren benutzten zum Feuchthalten der Schicht Zusätze von Harz, so Robiquet, Duboscq und der Abbé Desprats. Nach dieser Methode präparierte anfangs auch der durch zahlreiche Landschaftsaufnahmen der Sächsischen Schweiz besonders bekannt gewordene Dresdener Fotograf Hermann Krone seine Platten, bevor er zum Taupenotverfahren überging. Der Engländer Richard Will Norris nahm ein Patent auf die Verwendung von Gelatine oder Gummi arabicum zum Feuchthalten der Kollodiumtrockenplatten. Damit erlangte die heute zu den Standardrohstoffen der Fotochemie zählende Gelatine erstmals spezifische Bedeutung in der Fotografie, und es kam jetzt sogar erstmals zur fabrikmäßigen Herstellung fotografischer Trockenplatten in größeren Mengen. Sie konnten 1862 in allen größeren Städten Englands gekauft werden und ergaben gute Resultate.

Als weiteres Präservativ wurde Tannin gebräuchlich. Es verdrängte das Eiweiß, da es in der Anwendung einfacher war. Um den damit erreichten Stand der Entwicklung an einem konkreten Beispiel zu demonstrieren, sei erwähnt, daß der Fotograf W. Burger 1868 bei einer seiner Reisen in Japan Tanninplatten belichtete, die neun Monate vor der Exposition in Wien präpariert worden waren. Bei kleiner Blende erforderten die Landschaftsaufnahmen sieben Minuten Belichtungszeit.

Geblieben war jedoch sowohl beim nassen wie beim trockenen Bade-Kollodium-Verfahren die Notwendigkeit, die Platte nach dem Begießen mit Kollodium nochmals in Silbernitrat zu baden, daher der Name. Ein Wunschtraum aller Fotografen war daher das, was Marc-Antoine Gaudin am 20. August 1853 in der Zeitschrift »La Lumiere« in die Worte faßte: »Die ganze Zukunft der Fotografie scheint in einem lichtempfindlichen Kollodium zu liegen, welches man in eine Flasche tun und auf Glas, Papier usw. ausgießen kann, um damit unmittelbar oder am anderen Tage positive oder negative Bilder zu erhalten.« Damit hatte Gaudin die Zielstellung für ein praktikables Verfahren im Prinzip richtig vorausgesehen: Die lichtempfindliche Substanz mußte – mochte sie auch viele verschiedene Stoffe enthalten – doch in einem Gemisch zusammengefaßt und in einem einzigen Vorgang als Schicht auf die Unterlage vergossen werden können. Dieses Prinzip wurde mit der Kollodium*emulsion* erstmals verwirklicht.

Dasselbe Grundprinzip liegt der heutigen Fabrikation von Fotomaterialien zugrunde, wenn man davon absieht, daß infolge erforderlicher Zwischen- und Hilfsschichten sowie der für die Farbenfotografie nötigen drei verschiedenen lichtempfindlichen Schichten eine mehrmalige Wiederholung des Begießvorgangs erforderlich sein kann. Aber die für *eine* Schicht bestimmte fotografische Emulsion enthält bereits alle für den fotografischen Prozeß erforderlichen Substanzen.

Merken wir bei dieser Gelegenheit gleich an, daß der Begriff Emulsion in der fotografischen Fotochemie – damals wie heute – falsch verwendet wird. Denn die sogenannte fotografische Emulsion ist in Wirklichkeit eine Suspension, also ein System, bei dem in einem flüssigen Dispersionsmittel feste Teilchen in der Schwebe gehalten werden, so daß sie nicht zu Boden sinken, sondern eine sehr gleichmäßige Verteilung innerhalb der Flüssigkeit beibehalten. Demgegenüber ist die Emulsion ein System, in dem eine Flüssigkeit in Form feiner Tröpfchen in einer anderen, mit der vorigen nicht mischbaren Flüssigkeit sehr gleichmäßig verteilt bleibt. Beispielsweise ist Milch eine Emulsion, in der winzige Fetttröpfchen in Wasser verteilt sind. In der fotografischen Emulsion sind die festen Silberhalogenidkristalle in dem Dispersionsmittel – damals Kollodium, heute Gelatine – verteilt, suspendiert (was eigentlich soviel wie aufgehängt bedeutet) und behalten diese Verteilung auch beim Trocknen und Erstarren des Dispersionsmittels bei.

Das Ziel, das Gaudin 1853 postuliert hatte, wurde jedoch erst nach längerem Bemühen erreicht. 1861 beschrieb er eine von ihm als »photogéne« bezeichnete Silberiodid- und Silberchlorid-Kollodium-Emulsion, die er durch Vermischen von Iodsalz-Kollodium bzw. Ammoniak-Kollodium mit Silbernitrat oder Silberfluorid herstellte. Wenn die Emulsion gut gelungen war, hatte sie dieselbe Empfindlichkeit wie nasse Platten. Im selben Jahr erzielten auch noch andere Experimentatoren vergleichbare Trokkenplatten mit Kollodiumemulsionen.

Einen weiteren wichtigen Schritt in Richtung auf die heutige Fotochemie vollzogen die beiden jungen englischen Amateurfotografen B. J. Sayce und W. B. Bolton aus Liverpool. Sie führten das Silber*bromid*-Emulsionsverfahren mit Kollodium ein. Die ersten Erfolge erzielten sie damit 1864. Sie bereiteten aus einer Mischung von Alkohol, Cadmium- und Ammoniumbromid, Kollodium und Ether eine Kollodiumlösung, die sorgfältig gefiltert wurde. Dann lösten sie pulverisiertes Silbernitrat in etwas destilliertem Wasser und füllten dies in eine mit schwarzem Papier umhüllte Flasche. Bei gelbem Licht wurde sodann die Kollodium-Lösung in das Silbernitrat gegeben. Dabei entstand als milchigtrübe Flüssigkeit die lichtempfindliche Kollodiumemulsion. Nach kräftigem Durchschütteln wurden damit die Platten begossen, die man vorher mit einer Haftschicht aus schwacher Gummilösung präpariert hatte. Anschließend wurden die Platten kurz gewässert und abgespült, dann noch eine Minute in Tannin behandelt und nach Ablaufenlassen der Flüssigkeit in einem Küchenofen getrocknet.

Bei gutem Tageslicht und Blendenwert 24 war im Freien eine Belichtungszeit von 30 Sekunden erforderlich. Hätte es damals schon Objektive gegeben, die bei einer relativen Öffnung von 1:2,8 sehr scharfe Aufnahmen ermöglichen, dann wäre mithin eine Expositionszeit von $1/4$ s ausreichend gewesen. Daraus kann man – mit einigen Vorbehalten – nun sogar zurückrechnen, daß diese damaligen Fotoplatten etwa den 200. Teil der Empfindlichkeit heutiger Filme von 21 DIN hatten. Wollte man dies auf eine DIN-Zahl umrechnen, so käme man allerdings bereits in den Bereich der negativen Zahlen. Doch ist es ohnehin nicht möglich, die definitionsgemäße DIN-Empfindlichkeitsbestimmung auf die damaligen Fotomaterialien anzuwenden.

Vom nassen Kollodium-Verfahren zur Gelatine-Trockenplatte

Mit der Silberbromid-Kollodium-Emulsion war man dem Prinzip heutiger Fotomaterialien schon sehr nahe gekommen. Doch fehlten noch zwei grundlegende Schritte. Der erste wurde am 8. September 1871 getan. Dieser Tag verdient als einer der bedeutendsten Meilensteine der Geschichte der Fotochemie vermerkt zu werden. Damals übergab der englische Arzt und Amateurfotograph Dr. Richard Maddox (1816 bis 1908) dem British Journal of Photography die ersten Aufnahmen auf Silberbromid-*Gelatine*-Trockenplatten. Zwar war vereinzelt schon vorher Gelatine als Bindemittel und Trägersubstanz der lichtempfindlichen Silberhalogenide verwendet worden. Wie erwähnt, benutzte Niépce de St. Victor 1848 Gelatine, verwarf sie aber schnell wieder, weil sich die Schicht leicht auflöste, vermutlich infolge der damals angewandten sehr hohen Entwicklertemperaturen. Jedenfalls erkannte er nicht die hervorragende Eignung des Systems Silberhalogenid-Gelatine. Auch Maddox dürfte noch kaum geahnt haben, welche Möglichkeiten in diesem System schlummerten.

Doch erwies sich seine Silberbromid-Gelatine-Trockenplatte keinesfalls schlagartig den früheren Aufnahmematerialien überlegen. Das ist nicht verwunderlich. Denn hinsichtlich der Eignung für den fotografischen Prozeß bestehen zwischen Gelatinen verschiedener Art und Herkunft enorme Unterschiede. Das wurde erst im Verlauf der späteren Fabrikationspraxis in vollem Umfang erkannt, und es erklärt, warum fast ein Jahrzehnt verging, bis nach Maddox' prinzipieller Entdeckung eine fabrikmäßige Herstellung brauchbarer Gelatinetrockenplatten gelang. Daß die Ergebnisse so unterschiedlich, ja scheinbar widersprüchlich ausfielen, beruht darauf, daß mit der Gelatine ein Rohstoff in die fotografische Fotochemie eingeführt wurde, der einerseits ihren großen Aufschwung überhaupt erst ermöglichte, sich andererseits aber als »launisch wie eine Diva« erwies.

Noch 1881 schrieb z. B. der Fabrikant J. B. Obernetter aus München: »Emulsionstrockenplatten verschicke ich nicht. Bis sie verpackt sind, sind sie auch verdorben; wenn sie nicht vom Trockenkasten direkt in die Kassette kommen, sind sie verdorben.« Die Gelatine hat Generationen von Emulsionären der Herstellerwerke fotografischer Platten und Papiere häufig bis an den

Rand der Verzweiflung gebracht. Immer wieder mußten ganze Chargen von Emulsion als Ausschuß verworfen werden, ohne daß man auch nur die geringste Ahnung hatte, warum, und obwohl man streng dieselbe Ansatz-Rezeptur befolgte hatte wie bei vorangegangenen Emulsionen, die hervorragende Eigenschaften ergaben. Gelatine ist chemisch nicht stets einheitlich zusammengesetzt, sondern eine komplizierte organische Substanz, die in unzähligen Varianten vorkommt, die sich in Feinheiten unterscheiden. Durch chemische Analysen war man lange Zeit nicht imstande vorherzusagen, ob eine Gelatine gute fotografische Eigenschaften ergeben würde oder nicht. Und auch heute noch wird jede Charge Gelatine unbeschadet des Umstandes, daß sie inzwischen chemisch weit genauer durchschaubar ist, erst in einem kleinen Versuchsansatz auf ihre fotografischen Eigenschaften geprüft, bevor man sie für einen größeren Fabrikationsansatz verwendet.

Gelatine wird aus Knochen und Häuten von Tieren gewonnen. Die Feinheiten der chemischen Zusammensetzung hängen dabei nicht etwa nur von der Art des Herstellungsprozesses, sondern sogar von der Art der Tiere, ihrer Lebensweise und Ernährung sowie von den klimatischen und sonstigen Bedingungen ab, unter denen die Tiere lebten. So stellte sich später z. B. heraus, daß man die besten Fotogelatinen aus den Knochen indischer Kühe erhält, die wenig zu fressen hatten, deren Knochen von den Geiern sorgfältig abgenagt und dann unter der sengenden Tropensonne ausgedörrt wurden. Als zeitweilig der Suezkanal nicht passierbar war und die Knochen aus Indien über dem Umweg um das Kap der guten Hoffnung verfrachtet werden mußten, hatte auch das nachteiligen Einfluß auf die Eignung der daraus hergestellten Gelatine für den fotografischen Prozeß.

Es bedurfte eines enormen Aufwands an Forschungsarbeiten und gelang erst in den 20er Jahren unseres Jahrhunderts, die für die Fotografie ausschlaggebenden Komponenten der Gelatine zu ermitteln. Abgeschlossen sind diese Forschungen bis heute nicht. Die Ergebnisse werden noch laufend verfeinert. Aber es ist mittlerweile möglich, fotografisch weniger aktive Gelatinen durch bestimmte Zusätze zu verbessern. Insofern sind die Fotochemiker heute von den indischen Kühen nicht mehr ganz so abhängig wie früher. Aber noch immer ist es ein schwieriges Problem für den Emulsionär, trotz der nie ganz konstanten Eigenschaften des Rohstoffs Gelatine jahrelang fotografische Standardmaterialien von gleichbleibenden Eigenschaften herzustellen.

Daß die Gelatine die sensitometrischen Daten einer Emulsion so stark mitbestimmt, liegt daran, daß sie keinesfalls nur als Bindemittel sowie als Trägersubstanz und Dispersionsmittel der eigentlich lichtempfindlichen Silberhalogenidkristalle dient, sondern auch deren Feinbau beeinflußt. Heute weiß man, daß absolut reine und fehlerfrei gebaute Silberhalogenidkristalle praktisch lichtunempfindlich wären. Erst der Einbau von Störstellen in das Kristallgitter verleiht ihnen die Lichtempfindlichkeit. Solche Störstellen entstehen aber gerade durch den Einbau einzelner den Kristall »verunreinigender« Fremdatome aus der Gelatine. Nach den Untersuchungen, die Dr. S. E. Shepard in den 20er Jahren in den Laboratorien der Eastman Kodak Company durchführte, handelte es sich bei der aktivierenden Komponente der Gelatine um Allylsenföl oder Allylsulfid. Dieser Stoff ist nur spurenweise in der Gelatine enthalten, ein Teil auf etwa 300 000 bis 1 000 000 andere Stoffteile. Trotzdem ist seine Wirkung beträchtlich.

Die Gelatine hat aber nicht nur die beschriebene chemisch sensibilisierende Wirkung auf die Silberhalogenidkristalle, sondern übt in der fotografischen Emulsion noch mehrere weitere Funktionen in optimaler Weise aus. Moleküle aus der Gelatine lagern sich bei der Herstellung der Emulsion wie eine Schutzhülle um die entstandenen Silberhalogenidkristalle. So dient die Gelatine als Schutzkolloid, das verhindert, daß die Teilchen zu immer größeren Körnern anwachsen, was eine zu grobkörnige Emulsion ergeben würde. Andererseits dürfen die Körner aber auch nicht zu klein bleiben, weil erst von einer gewissen Größe an die Wahrscheinlichkeit einer Veränderung des Kristalls durch Lichteinwirkung ausreichend groß wird. Deshalb verdünnt man die Gelatine bei der Herstellung der fotografischen Emulsion zunächst stark mit Wasser, und erst später, wenn die Körner genügend groß sind, wird sie durch weitere Zugabe von Gelatine verdickt.

Ferner bewirkt die Gelatine, daß die Körnchen – wie schon erwähnt – in gleichmäßiger Verteilung suspendiert bleiben und nicht etwa als Bodensatz nach unten sinken. Auch mit der Gleichmäßigkeit der Kornverteilung steht und fällt die Brauchbarkeit eines Fotomaterials. Wäre sie ungleich, dann entständen trotz gleicher Lichteinwirkungen an verschiedenen Stellen unterschiedliche Schwärzungen, je nach der Korndichte.

Die starke Wasseraufnahmefähigkeit der Gelatine ermöglicht, daß die fotografischen Bäder beim Entwickeln, Fixieren und

Wässern gut in die Schicht eindringen und an die Silberhalogenid- bzw. Silberteilchen herankommen. Schließlich fungiert die Gelatine, die ja eine Art Leim ist, noch als Bindemittel, das die Emulsion fest auf dem entsprechend präparierten Schichtträger haften läßt.

Die Gelatine wäre also nur noch durch eine synthetische hochpolymere Substanz zu übertreffen, die sich leicht mit genau konstanten Eigenschaften herstellen läßt und die dabei alle Eigenschaften bester fotografischer Gelatinen hat. An diesem Problem wird gearbeitet, aber offenbar bisher ohne durchschlagenden Erfolg.

Alle diese Vorzüge der Gelatine konnten damals weder Maddox noch andere von vornherein in vollem Umfang erkennen oder auch nur vorausahnen. Es war mehr ein Glücksumstand, daß Maddox – wie es der Fotochemiker und langjährige Leiter der Forschungs- und Entwicklungsabteilung des VEB Filmfabrik Wolfen, Akademiemitglied Professor Dr. Kurt Meyer einmal ausdrückte – »bei seinem Griff in den Sack der vielen möglichen Substanzen auf Anhieb das große Los gezogen« hatte.

Im übrigen entdeckte Maddox auch nur das Prinzip. Die Überführung in die Produktion, wie wir heute sagen würden, konnte er wegen der Inanspruchnahme durch seinen ärztlichen Beruf nicht selbst vornehmen. Er offenbarte aber ohne jede Geheimhaltung seine Erkenntnisse und zog daraus keinerlei finanziellen Nutzen. Im Alter verarmte er so, daß Fotografen eine größere Geldsumme sammelten, um seine Lage etwas zu erleichtern. Maddox hatte auch bereits versucht, Fotopapiere mit Silberbromid-Gelatine-Emulsion herzustellen. Diese Arbeiten führte Peter Mawsdley fort und produzierte außer Platten auch Fotopapiere.

Ein weiterer Schritt, der die bahnbrechende Entdeckung Maddox' wirksam ergänzte, gelang Charles Bennet. Er beschrieb 1878 das Verfahren der sogenannten Reifung. Dabei wird die Emulsion vor dem Vergießen auf die Platten längere Zeit erhöhter Temperatur ausgesetzt. Dadurch verändert sich zwar die Größe der Silberhalogenidkörner nicht mehr. Aber es treten bestimmte für die fotografischen Eigenschaften vorteilhafte Veränderungen der Kristalle ein. Desire van Monckhoven entdeckte schließlich noch, daß die Reifung durch Zusatz von Ammoniak zu beschleunigen ist. Damit waren die Grundlinien des Emulsionierungsprozesses, wie er auch heute noch aktuell ist, gegeben. In Deutschland wurden Silberbromid-Gelatine-Trockenplatten ab 1879 fabrikmäßig hergestellt.

Aber abgesehen von der noch wesentlich geringeren Lichtempfindlichkeit der damaligen Fotomaterialien gab es noch einen grundlegenden Unterschied gegenüber den heutigen. Die Fotoplatten waren nach wie vor nur für die Farben am kurzwelligen Ende des sichtbaren Spektralbereiches empfindlich. Für Gelb, Orange und Rot waren sie fast völlig unempfindlich. Diese »Farbenblindheit« zu überwinden, bildete den nächsten großen Schritt in der Weiterentwicklung.

Waren die bahnbrechenden Pioniere der Fototechnik und fotografischen Fotochemie bis dahin Franzosen oder Briten, so verband sich dieser nächste Schritt erstmals mit dem Namen eines deutschen Chemikers, Hermann Wilhelm Vogel. Man hat seine Entdeckung die zweite Erfindung der Fotografie genannt, um damit zum Ausdruck zu bringen, eine wie fundamentale Bedeutung sie für die Fotografie hat.

Bevor wir uns diesem nächsten Kapitel der Entwicklungsgeschichte der Fotochemie zuwenden, sei aber noch einem Mißverständnis vorgebeugt, das sich möglicherweise aus der Nennung der Jahreszahlen für die verschiedenen Verbesserungen ergeben könnte. Wir dürfen daraus nicht schließen, daß mit jedem neuen Verfahren die älteren sofort aufgegeben wurden. Es gab keine schlagartigen Verdrängungen. Das lag einmal schon an der noch mangelnden Information und Dokumentation des Neuen. Hersteller der Fotomaterialien blieben ja – auch als bereits die Anfänge industrieller Fabrikation vorhanden waren – in weit überwiegendem Maße die einzelnen Fotografen selbst. Deshalb existierten in der Praxis stets die vielen verschiedenen Varianten fotografischer Verfahren nebeneinander.

Wesentlich mitbegründet durch diese »Hausmacherart« der Anfertigung fotografischer Platten war ein anderer wesentlicher Unterschied gegenüber der gegenwärtigen fotografischen Praxis. Wer heute einen Belichtungsmesser benutzt, kennt zumindest in der Schwarzweißfotografie die Befürchtung, daß seine Aufnahmen technisch mißlingen könnten, so gut wie überhaupt nicht mehr. In dieser vorteilhaften Lage befanden sich die Fotografen von damals noch nicht. Schuld daran war keineswegs nur, daß es noch keine modernen fotoelektrischen Belichtungsmesser gab und somit die Bestimmung der Expositionszeit trotz gesammelter Erfahrungen immer ein bißchen Glücksache blieb. Ein noch größerer Unsicherheitsfaktor lag in der fehlenden Konstanz der fotografischen Eigenschaften der einzelnen Platten selbst.

Bei der Eigenfabrikation fielen nicht nur die einzelnen Platten verschieden aus, sondern auch auf derselben Platte waren manchmal die Eigenschaften nicht auf der gesamten Fläche gleich. Das war bei der handwerkelnden Begießtechnologie kein Wunder. Auch kleine Unterschiede zwischen einer alten und neuen Lieferung der einzelnen Substanzen hatten häufig große Wirkung und die Befolgung einer vermeintlich genau gleichen Rezeptur garantierte noch nicht stets gleichbleibende Resultate. Die feinen Unterschiede der Ausgangsstoffe, vielleicht auch schon bei derselben Lieferung durch Alterung bedingt, vermochte der Fotograf, der sich seine Platten selber goß, mangels eines gut ausgerüsteten chemischen Analysen-Labors freilich nicht zu erkennen.

Wir sollten das wissen, um den Vorteil richtig einschätzen zu lernen, den uns die moderne fotochemische Fabrikation durch die hohe Konstanz der Eigenschaften aller Fotomaterialien über Jahre hinweg bietet.

Verzweiflung vor Blondhaar und Sommersprossen

Wie farbenblind, das heißt: wie gering empflindlich alle fotografischen Materialien bis in die siebziger Jahre des vorigen Jahrhunderts für die Farben Grün, Gelb, Organe und Rot waren, das demonstrierte der Fotograf O. G. Rejländer einmal sehr anschaulich auf folgende Weise: Er fotografierte eine Person im rötlichen Licht der untergehenden Sonne unter dem Dach einer freistehenden Laube so, daß die eine Hälfte des Gesichts nur von der Sonne, die andere von dem zu dieser Tageszeit noch sehr schwachen blauen Streulicht des wolkenlosen Himmels beleuchtet wurde. Trotzdem war die im Schatten liegende Gesichtshälfte hell und die von der Sonne beschienene dunkel abgebildet. Das Foto ergab also eine genaue Umkehrung der Beleuchtungsverhältnisse.

Mit Fotomaterialien einer solchen spektralen Empfindlichkeitsverteilung hätte es niemals tonwertrichtige Schwarzweißaufnahmen geben können. Das heißt: Die Farben des Objekts konnten nicht in Grauwerte transponiert werden, deren Helligkeit dem Helligkeitseindruck entsprach, den unser Auge von den verschiedenen Farben hat. Und – was für die heutige fotografische

Praxis vielleicht noch schwerer wiegt – es hätte nie zu einer praktikablen Farbenfotografie kommen können!

Bleiben wir aber zunächst nur bei der Schwarzweißfotografie. Die erheblichen Beschränkungen, welche die Farbenblindheit fotografischer Materialien auch hierbei brachte, können wir uns heute kaum noch konkret veranschaulichen, weil es solche Negativ-Materialien in Konfektionierungen für normale Amateurkameras nicht mehr gibt. Um uns wenigstens eine angenäherte Vorstellung davon zu verschaffen, müßten wir den längst in der normalen bildmäßigen Fotografie einzig gebräuchlichen panchromatischen Schwarzweißfilm hinter einem strengen Blaufilter belichten.

Die Farbenblindheit der anfänglichen Fotomaterialien stellte die Fotografen vor große Probleme. Sie finden unter anderem in einer satirischen Sentenz jener Zeit Ausdruck: »Wie schön könnte die Fotografie sein, wenn es keine blonden Haare und Sommersprossen gäbe!« Da gelbliche, bräunliche und rötliche Farbtöne im Foto fast schwarz wiedergegeben wurden, markierten sich alle Hautunreinheiten überdeutlich. Erklärlich daher, daß es in einem rückschauenden Bericht auf diese Epoche der Lichtbildkunst hieß: »Man verbrauchte manches Pfund Reismehl mit und ohne Farbenbeimischung, um der Laune der Camera, die gelblichen Farben schwarz zu bringen, ein Schnippchen zu schlagen.« Der Porträtfotograf mußte sich wohl oder übel zugleich als Schminkmeister betätigen, um Sommersprossen und andere Hautunreinheiten seiner Kunden und vor allem der Kundinnen unter einer Schicht von Puder vor dem Auge der Kamera zu verbergen.

Ebenso gehörte die Retusche unabdingbar zu den Künsten des Fotografen und zwar gar nicht unbedingt, um seine Kunden schöner zu machen als sie waren, sondern auch um sie einigermaßen naturgetreu abzubilden. Hatte man aber erst einmal den Retuschierpinsel in der Hand, so war es freilich nicht mehr weit bis zu dem »Entgegenkommen«, einer Kundin damit noch mehr Schönheit zu verleihen als ihr von Natur aus mitgegeben war. Es soll ja – wie Chronisten berichten – manchmal eine Dame dem Fotomeister hinter vorgehaltener Hand zugeflüstert haben: »Ähnlich braucht's nicht zu sein, aber schön!« Doch auch die echte natürliche Schönheit eines Blondschopfs bedurfte, um auf dem Foto in Erscheinung zu treten, des Retuschierpinsels. Ohne ihn verfälschte die Platte das blonde zum dunklen Haar.

Probleme gab es sogar bei der Kleidung. Den Fotografen blieb nichts weiter übrig, als ihren Kunden zu empfehlen, Kleidung »mit fotografisch ungünstigen Farben« zu meiden. Dazu gehörte nicht etwa nur Rot, sondern in gewissem Maße auch Blau, weil blaue Kleider auf dem Foto nicht selten wie weiße aussahen. Der Rat, sich »fotografisch günstig« anzuziehen, war außerdem nur für Zivilisten geeignet. Denn das uniformierte Publikum legte größten Wert darauf, durch seine bunte Uniform möglichst unverwechselbar als Angehöriger dieser oder jener Truppengattung auf dem Bild erkannt zu werden. So kam es dann zu solchen Kuriositäten und Geschmacklosigkeiten wie jener, bei der auf ein gedrucktes buntes Standardbild eines in einer Uniform steckenden Menschenkörpers lediglich der fotografierte Kopf aufgeklebt wurde.

Aber nicht nur in der Porträt-, sondern auch in der Landschaftsfotografie bildete die fehlende Allfarbenempfindlichkeit des Fotomaterials ein Hindernis, das nur durch umständliche Manipulationen einigermaßen zu kompensieren war. Laub wurde infolge der fehlenden Grünempfindlichkeit als schwarzer Klecks abgebildet. Es kostete die Fotografen viel Einfallsreichtum und Mühe, wenigstens ein bißchen Zeichnung in Laubwerk zu bringen. Aussichtslos war es, ohne nachträgliche Kunstgriffe Wolken wiederzugeben. Zwar war es möglich, durch äußerst knappe Belichtung Wolken zu fotografieren. Doch stand der Himmel dann gegen eine nur silhouettenhaft schwarze Landschaft, da die Platten sowohl für das Grün der Vegetation als auch für das Braun des Bodens unempfindlich waren.

Belichtete man aber so, daß die Landschaft als solche brauchbar zur Abbildung kam, dann »brannte« stets der Himmel. Er war so weit überbelichtet, daß er auf dem Positiv kalkweiß zur Abbildung kam, selbst wenn ihn malerische Wolken zum Zeitpunkt der Aufnahme verzierten. Wolken konnten nur mit Hilfe von dafür geschaffenen Schablonen, sogenannten Wolkenblenden, künstlich einkopiert werden. Ein unlösbares Problem bildete auch die Verschleierung der Ferne infolge des blauen Streulichts.

Besonders drastisch wirkte sich die Farbenblindheit der Materialien bei der Reproduktion von Gemälden aus. Solche Reproduktionen gewannen nach dem Aufkommen der Fotografie ziemliche Verbreitung. Da Originalgemälde für die meisten Menschen unerschwinglich waren, kaufte man gern Fotos davon, um so wenigstens einen schwachen Abglanz des kostbaren Originals zu besitzen.

Aber selbst solche auf die Skale von Schwarzweißabstufungen reduzierten Repros konnten nicht durch direktes Fotografieren des farbigen Originals gewonnen werden. Vielmehr mußten besonders befähigte Kopisten erst »orthochromatisch gemalte Kopien« anfertigen, die nur in Grautönen gehalten waren. Der Ausdruck orthochromatisch war hierbei nicht im heutigen Sinne der Fotofachsprache gemeint, sondern besagte, daß die Grautöne der Kopien so abgestuft waren, daß das farbenblinde Fotomaterial sie in Schwärzungsstufen wiedergab, die nach dem Kopieren zum Positiv dem Helligkeitseindruck entsprachen, den das menschliche Auge von den verschiedenen Farben des Originalgemäldes hat. Häufig mußten dann aber auch die Negative der Graukopien noch retuschiert werden, wobei die Kunstwerke allmählich immer mehr von ihrer Originalität verloren.

Übrigens wurde noch 1916 in der Kinefilm-Studiotechnik der Versuch unternommen, den Schauspielern nur in Grautönen gehaltene Kostüme zu verpassen und sie sogar grau zu schminken. Daraus ist zu ersehen, daß die tonwertrichtige Wiedergabe der Farben auf der Schwarzweißskale erst sehr allmählich im Verlaufe langer Zeit völlig befriedigend gelöst werden konnte.

Aus heutiger Sicht fragt man sich natürlich, warum das Problem nicht durch Filter wenigstens bis zu einem gewissen Grade zu mildern war. Erstaunlicherweise gab es jedoch bei vielen Fotografen falsche Vorstellungen über die Wirkung der Farbfilter. Denn für die sowieso nur blauempfindlichen Aufnahmeschichten wurden häufig ausgerechnet blaue und nicht etwa rote oder gelbe Filter verwendet. Das konnte das Übel also nur noch verschlimmern. Möglicherweise beruhte die irrige Filterwahl darauf, daß das Auge beim Blick durch ein Farbfilter stets eine Helligkeitsminderung empfindet. Auch Blau erscheint dem Auge durch ein blaues Filter dunkler. Außerdem erschien die Verwendung roter oder gelber Filter sinnlos, weil die Platten für diese Farben gar nicht empfindlich waren. Tatsächlich hätten gelbe und rote Filter auf die damaligen Platten nicht annähernd so gewirkt wie auf heutige Schwarzweiß-Aufnahmematerialien.

Ins Fegefeuer fotografischer Mißgeburten

Nach alledem ist verständlich, warum Vogels Entdeckung als die »zweite Erfindung der Fotografie« bezeichnet wird. Ihre Bedeutung kann gar nicht hoch genug eingeschätzt werden. Hermann Wilhelm Vogel wurde 1834 in Dobrilugk in der Niederlausitz als Sohn eines Materialwarenhändlers geboren. Wie mancher andere, der später die Wissenschaft oder Technik durch bahnbrechende Fortschritte bereicherte, war er kein guter Schüler. Die einseitige Ausrichtung der Dresdener Internatsschule auf die alten Sprachen paßte in keiner Weise zu seinen Interessen, und der militärische Drill, der dort herrschte, ekelte ihn an. Sein Schuldirektor hielt ihn für nicht sehr begabt. Eine naturwissenschaftliche Ausbildung stand für ihn außer Diskussion, da in der Familie Vogel die Naturwissenschaft als brotlose Kunst galt. Nur über viele und zum Teil dramatische Umwege erlangte Vogel schließlich eine wissenschaftliche Ausbildung.

Mit 24 Jahren kam er nach einem Studium der Physik und Chemie als Assistent an die Berliner Universität, wo er sich am Mineralogischen Institut u. a. mit fotografischen Aufnahmen von Gesteinsdünnschliffen befaßte. 1863 gründete er den »Photographischen Verein zu Berlin« und 1864 die »Photographischen Mitteilungen«, die bald zu einer der führenden Foto-Fachzeitschriften der Welt wurden. 1879 wurde er ordentlicher Professor für Photochemie an der Berliner Technischen Hochschule.

Er hat bis zu seinem Tode 1898 auf dem Gebiet der Fotografie wissenschaftlich mit großen Erfolgen gearbeitet. Außer seinen Forschungen und Fotoexpeditionen war Vogel auch ein vielseitiger Initiator in anderen mit der Fotografie zusammenhängenden Angelegenheiten. So wurden beispielsweise auf sein Betreiben 1876 die Urheberschutzrechte an Fotos geschaffen. Anläßlich einer Berliner Fotoausstellung im Jahre 1865 führte er erstmals so etwas wie einen Personalausweis mit Lichtbild ein. Mitglieder des Fotovereins hatten zu der Veranstaltung freien Eintritt. Um eine mißbräuchliche Weitergabe auszuschließen, wurde als Ausweis ein Porträtfoto des betreffenden Vereinsmitgliedes benützt, das auf der Rückseite mit einem Stempel versehen war. Das Beispiel wurde bald nachgeahmt und führte zur Lösung eines seit langem bestehenden Problems. Bevor es Personalausweise mit Lichtbild gab, mußte man auf recht kuriose Methoden zurückgreifen, um die Identität einer Person zu sichern. Um einen Kontoinhaber gegen Abhebung durch Unbefugte zu schützen, vermerkten z. B. manche Banken auf dem Ausweis die Körperlänge des Abhebungsberechtigten. Bevor ihm das Geld ausgehändigt wurde, mußte er sich an eine Meßlatte stellen. Zuverlässigen Schutz bot das aber freilich nicht.

Die mit Abstand bedeutendste Leistung Vogels war allerdings die Entdeckung, daß man durch spurenweise Zusätze bestimmter Farbstoffe die fotografische Emulsion auch für die übrigen Farben des sichtbaren Lichts außer Blau und Violett empfindlich machen, »sensibilisieren« kann. Man bezeichnet dies zum Unterschied von der bereits früher erwähnten chemischen als optische Sensibilisierung. Die Farbstoffe, welche die Sensibilisierung bewirken, heißen Sensibilisatoren.

Bei den sensibilisierten Materialien wird heute unterschieden zwischen orthochromatischen, deren Empfindlichkeit bis zum Gelb reicht, panchromatischen mit Empfindlichkeit bis zum Rot, superpanchromatischen mit besonders hoher Empfindlichkeit für Gelb und Rot und den infrarot-sensibilisierten, deren Empfindlichkeit bis zu einer bestimmten Wellenlänge des Infrarot reicht. Übrigens sind diese Begriffe – leider – bis zum heutigen Zeitpunkt weder eindeutig definiert, geschweige denn standardisiert. Dadurch finden sich zum Teil recht unterschiedliche Benennungen des Materials wie z. B. »orthopanchromatisch«, »rectepanchromatisch«, »höchstpanchromatisch« u. a., die oft mehr Unklarheiten schaffen, als den Fotografen über die tatsächlichen Farbempfindlichkeitsverhältnisse Auskunft zu geben. Die Wirkung der Sensibilisatoren beruht darauf, daß die Farbstoffmoleküle an den Silberhalogenidkristallen adsorbieren, sich ihnen also anlagern und als eine Art Vermittler bei der Wechselwirkung zwischen Lichtquanten und Kristall fungieren.

Das erste Experiment, das Vogel zu seiner bahnbrechenden Entdeckung führte, erfolgte am 25. August 1873. Er experimentierte damals über die in der Fachliteratur noch umstrittene Frage, wie weit die spektrale Empfindlichkeit der Silberhalogenide überhaupt reicht. Er benutzte dafür einen Spektrografen und einen Heliostaten. Dies ist eine Vorrichtung, durch die mittels beweglicher Spiegel das Licht der Sonne unabhängig von deren wechselnder Position am Himmel stets in ein feststehendes Instrument projiziert wird. Vogel verglich Bromiodkollodium-Platten mit Silberbromidkollodium-Trockenplatten der englischen Firma Stuart Wortley und entwickelte diese alkalisch, da ihm aufgrund früherer Versuche schon bekannt war, daß sich Silberbromid-Platten bei dieser Verarbeitung als besonders empfindlich erwiesen.

Dabei bestätigte sich, daß auch unsensibilisierte Silberhalogenide eine – allerdings extrem geringe – Empfindlichkeit bis in den Bereich von Gelb und Rot haben, die bis etwa 540 nm reicht. Doch ergab sich ein markanter Unterschied zwischen den beiden Plattensorten. Bei den Bromiodkollodiumplatten nahm die Empfindlichkeit von Blau nach Gelb hin gleichmäßig ab. Die Wortleyplatten zeigten dagegen nach einem relativ steilen Empfindlichkeitsabfall vom Maximum im Blau bis zu etwa 490 nm nochmals einen zweiten Empfindlichkeitsanstieg der Kurve, der allerdings schwächer als im Blau war.

Zunächst vermutete Vogel die Ursache in der Anwendung des alkalischen Entwicklers und interpretierte seine Versuchsergebnisse in diesem Sinne bei einem Vortrag am 17. Oktober des gleichen Jahres. Doch kamen ihm bald Bedenken. Er experimentierte weiter und verglich die Ergebnisse bei alkalischer und saurer Entwicklung. Da das seltsame Ergebnis bestehen blieb, konnte es nicht auf die alkalische Entwicklung zurückzuführen sein. Jetzt bat Vogel das Herstellerwerk um Angaben über evtl. Zusätze zur Emulsion. Er erhielt die Auskunft, daß man Uraniumnitrat, Gummi und Gallussäure sowie möglicherweise einen schwachen Überzug aus einem gelben Farbstoff verwendet hatte. Die erstgenannten drei Stoffe waren damals zur Steigerung der Haltbarkeit der Schicht gebräuchlich, der gelbe Farbstoff wurde als Lichthofschutz benutzt, um die unangenehm schmutzige Arbeit der Anfärbung der Plattenrückseiten zu vermeiden. Vogel stellte nun sofort die richtige Vermutung auf, daß der gelbe Farbstoff die Verbesserung der spektralen Empfindlichkeit bewirke. Hierbei kam ihm insofern das Glück zu Hilfe, als man bei der Herstellung der Platten zufällig einen sensibilisierenden Farbstoff gewählt hatte. Denn nicht alle gelben Farbstoffe sind Sensibilisatoren. Das Herstellerwerk hatte diese günstige Nebenwirkung freilich weder gekannt noch geahnt.

Um sich von der Richtigkeit seiner Vermutung zu überzeugen, wusch Vogel den gelben Farbstoff mit Wasser und Alkohol aus. Dabei war ihm ein zweites Mal das Forscherglück hold. Denn normalerweise kann man einen Farbstoff, der an den Silberhalogenidkristallen adsorbiert ist, durch kurzes Auswaschen nicht wieder vollständig entfernen. In diesem Falle aber hatte der nach dem Auswaschen verbliebene Farbstoffrest nur noch eine so geringfügig sensibilisierende Wirkung, daß sie bei den Versuchen nicht mehr festzustellen war.

Für eine Gegenprobe beschaffte sich Vogel den Farbstoff Korallin, der im Bereich zwischen 510 und 590 nm absorbiert, löste ihn in Alkohol und setzte eine geringe Menge davon dem Bromkollodium zu. Auch das war ein glücklicher Griff, da dieser Farbstoff eine ausgeprägte Sensibilisatorwirkung hat. Die Platten zeigten jetzt eine Empfindlichkeit für Gelb, die fast so hoch wie die im blauen Spektralbereich war. So sah sich Vogel in seiner Hypothese bestätigt und interpretierte das Ergebnis seiner Versuche entsprechend in Vorträgen, die er am 10. November 1873 vor der Deutschen Chemischen Gesellschaft und am 17. November des gleichen Jahres im Berliner »Verein zur Förderung der Photographie« hielt. Er publizierte sie auch unter dem Titel »Über die Lichtempfindlichkeit des Bromsilbers für die sogenannten chemisch unwirksamen Farben«.

Vogel experimentierte weiter mit einem grünen Farbstoffzusatz – nach Ansicht des Vogel-Biografen E. Röll war es Methyl- oder Aldehydgrün- und erzielte wiederum die erwarteten Resultate. »Aus diesen Versuchen«, so schrieb er, »glaube ich, mit ziemlicher Sicherheit schließen zu dürfen, daß wir imstande sind, Bromsilber für jede beliebige Farbe lichtempfindlich zu machen resp. die bereits vorhandene Empfindlichkeit für gewisse Farben zu steigern ... Vielleicht kommen wir noch dahin, Ultraroth zu photographieren, wie man bisher Ultraviolett photographierte ... Freilich werden noch viele Untersuchungen nötig sein, um dieses neu entdeckte Gebiet für die praktische Photographie auszunutzen. Das Prinzip aber, mit dessen Hilfe wir endlich das älteste Übel der Photographie, die falsche Wirkung der Farben, überwinden können, ist gefunden und dadurch ein hoffnungsreicher Blick in die Zukunft eröffnet.«

Was die noch nötigen vielen Untersuchungen betrifft, so hatte Vogel allerdings leider nur allzu recht. Denn die erfolgreiche Überführung in die Praxis ließ lange auf sich warten. Ja, sogar die Richtigkeit der Erkenntnis als solcher wurde vorerst von etlichen anderen Experimentatoren bestritten. Selbst ein so angesehenes Fachblatt wie das »British Journal of Photography« druckte 1874 die Stellungnahme eines anonymen Autors ab, in der es hieß: »Der Einfluß, den nach Dr. Vogels Behauptung färbende Substanzen auf die Reduktion der Silbersalze ausüben, ist nunmehr endgültig erledigt. Die Herren M. Carey Lea, Spiller und andere haben dieser Ansicht Dr. Vogels den endgültigen

Gnadenstoß versetzt, und seine schöne Theorie muß nunmehr in das Fegefeuer fotografischer Mißgeburten verwiesen werden.« Sorgfältiger prüfte Monckhoven Vogels Behauptung nach, kam aber ebenfalls zu einem negativen Resultat. Er verfügte über eine wesentlich bessere experimentelle Ausrüstung als Vogel, so z. B. über einen Spektrografen, der ein 40 cm breites Spektrum entwarf, während Vogels Apparat nur ein sechs Zentimeter langes ergab. Da auch Monckhoven keine Wirkung der Farbstoffe feststellen konnte, erklärte er den Effekt damit, daß die Schwärzung im langwelligen Teil bei Vogels Spektralaufnahmen durch Streulicht entstanden sei.

Vogel jedoch erkannte sofort mit bemerkenswertem Scharfsinn die Ursache von Monckhovens Fehlresultat. Dessen Spektrum war zwar breiter, dafür aber zu lichtschwach, um noch im langwelligen Teil eine Schwärzung zu ergeben. Außerdem vermutete Vogel, daß Monckhoven eine zu große Farbstoffmenge benutzt haben könnte. Bei der Nachprüfung dieses Verdachts klärte er experimentell den ebenfalls für die Sensibilisierung grundlegenden Sachverhalt, daß die beste sensibilisierende Wirkung nur bei sehr geringen Farbstoffmengen entsteht, während größere lediglich Filterwirkung haben. Außerdem hatten die Kritiker einen anderen wichtigen Umstand übersehen, auf den Vogel aufgrund weiterer Versuche bereits im März 1874 hingewiesen hatte, nämlich daß das Gelb im Sonnenlicht etwa 1 000mal heller als das Indigo ist, während demgegenüber gelbe Pigmentfarbe bestenfalls fünf- bis zehnmal heller als die Pigmentfarbe Ultramarin ist.

Schließlich kamen vorübergehend aber sogar Vogel selbst Zweifel darüber, ob seine an Kollodiumplatten erzielten Resultate überhaupt auf Gelatinetrockenplatten zu übertragen seien. Doch allmählich lernte man, die Entdeckung nicht nur in experimentellem Maßstab, sondern auch in der industriellen Produktion von Trockenplatten nutzbringend anzuwenden. Seit 1884 gelangen Vogel auch bei Gelatinetrockenplatten gute Sensibilisierungsresultate mit dem Farbstoff Eosin.

Die Bezeichnung »orthochromatisch« wurde erstmals 1884 für Trockenplatten verwendet, die nach Eder mit Erythrosin sensibilisiert waren. Im gleichen Jahr entdeckte Vogel, daß eine Mischung von Cyanin und Chinolinrot, von ihm Azalin genannt, Gelatineplatten sogar bis zum Rotorange sensibilisiert. Panchromatische Trockenplatten kamen nach der Entdeckung zahlreicher weiterer Sensibilisatoren durch mehrere Forscher wie Valenta, Miethe, Traube und König in den Jahren um die Jahrhundertwende auf. Aufbauend auf Forschungen von Sir William de Wiveleslie Abney sensibilisierte im Jahre 1900 Hans Lehmann auch bereits Platten, die für Infrarot bis 920 nm und bei längerer Belichtung sogar bis 1 000 nm empfindlich waren.

Bis heute nehmen in der Forschungs- und Entwicklungsarbeit jedes Herstellerwerkes fotografischer Materialien Untersuchungen zur Gewinnung immer weiter verbesserter Sensibilisatoren breiten Raum ein. Einen großen Teil der hohen Empfindlichkeiten moderner Filmmaterialien verdanken wir diesen kontinuierlichen Fortschritten der Sensibilisierung. Denn mit der Erweiterung des spektralen Empfindlichkeitsbereichs wurde nicht nur die tonwertrichtige Wiedergabe aller Farben in Graustufen möglich, sondern auch die Empfindlichkeit des Materials insgesamt beträchtlich angehoben.

Kampf um mehr Empfindlichkeit und Schärfe

Mit der Silberbromid-Gelatinetrockenplatte und der optischen Sensibilisierung waren die prinzipiellen Eigenschaften von Schwarzweiß-Negativemulsionen, wie wir sie heute noch verwenden, realisiert. Was nach den grundlegenden Entdeckungen zu tun blieb, war ein zäher Kampf um die allmähliche weitere Erhöhung der Empfindlichkeit und um die Steigerung der Schärfenzeichnung, so daß selbst bei so kleinen Aufnahmeformaten, wie sie inzwischen gebräuchlich wurden, eine hervorragende Bildqualität möglich ist.

Da die Methoden der Empfindlichkeitsbestimmung im Verlaufe der Geschichte der fotografischen Fotochemie häufig wechselten, ist es nicht möglich, die Empfindlichkeiten älterer Aufnahmematerialien in den heute üblichen DIN-Zahlen anzugeben. Es sind auch keine exakten Umrechnungen möglich. Doch gibt es eine grobe Faustformel, nach der zwischen den längere Zeit gebräuchlichen Scheinergraden und den DIN-Graden die Beziehung besteht, daß die Empfindlichkeit in °Scheiner minus 10 etwa der Empfindlichkeit in °DIN entsprach. (Heute wird die Empfindlichkeit nicht mehr in °DIN, sondern in DIN angegeben. Dem liegt ebenfalls eine Modifikation des Empfindlichkeitsbestimmungs-Verfahrens zugrunde.)

Aus diesem Umrechnungsverhältnis, das – wie nochmals betont sei – jedoch keine exakte Beziehung herstellt, kann man nun die Empfindlichkeiten früherer Materialien ungefähr rekonstruieren. Im Jahre 1903 wurden für die Plattensorte »Extrem Rapid« 13 bis 16 °Scheiner, für »Rapid« 10 bis 12, für »Gewöhnlich« 8 bis 9 und für »Langsam« 1 bis 4 °Scheiner angegeben. Subtrahieren wir hiervon die Zahl 10, um auf einen Vergleichswert mit °DIN zu kommen, so zeigt sich, mit wie geringen Empfindlichkeiten die Fotografen damals auskommen mußten. Da sich die Belichtungstabellen in der Zeit zwischen etwa 1885 und 1903 kaum veränderten, kann man weiter schließen, daß diese Empfindlichkeiten nicht erst 1903, sondern schon seit 1885 erreicht wurden und sich innerhalb von zwei Jahrzehnten nicht nennenswert erhöhten. 1914 erreichten die empfindlichsten Agfa-Platten 18 °Scheiner, bis 1929 wurde die Empfindlichkeit der Negativmaterialien mehrerer deutscher Herstellerwerke auf 21 bis 23 °Scheiner angehoben. Die mittleren Empfindlichkeiten normaler Platten lagen erst bei 16 bis 17 °Scheiner.

Ein sprunghafter Fortschritt gelang 1936 Dr. Robert Koslowsky in der Filmfabrik Wolfen. Er entdeckte, daß sich bei gleicher Korngröße die Empfindlichkeit durch winzige Zusätze eines Goldsalzes um das Drei- bis Vierfache steigern läßt. Durch diese sogenannte Goldsensibilisierung, die keine optische, sondern eine chemische ist, also auch die Eigenempfindlichkeit des Silberhalogenids erhöht, konnte die Wolfener Filmfabrik die damals höchstempfindlichsten Schwarzweißfilme der Welt mit $\frac{23}{10}$ °DIN auf den Markt bringen. Nach dem Zweiten Weltkrieg wurde die Goldsensibilisierung von allen Filmherstellern der Welt übernommen.

Sie führte nicht nur zur Steigerung der Empfindlichkeit, sondern ermöglichte indirekt auch eine beträchtliche Verbesserung der Schärfenzeichnung. Denn nun konnte die Empfindlichkeit der besonders feinkörnigen Materialien, die zwar sehr scharfe Abbildungen ergaben, wegen ihrer geringen Empfindlichkeit aber praktisch nur begrenzt einsatzfähig waren, auf normale Werte angehoben werden. Das trug wesentlich zum Aufschwung des heute in der Amateurfotografie weitaus dominierenden Kleinbildformats bei.

Inzwischen konnte die Empfindlichkeit bei Spitzenfabrikaten des Weltmarkts auf 30 bis 33 DIN gesteigert werden. Die theoretisch mögliche, aber vermutlich praktisch nie völlig zu erreichende Grenze wurde vor etwa zehn Jahren noch mit etwa 40

DIN angegeben. Nach neueren wissenschaftlichen Abschätzungen, die auf Initiative der Royal Photographic Society erfolgten, liegt sie sogar bei 60 ± 5 DIN. Mit einem Aufnahmematerial dieser Empfindlichkeit könnte man in einer sternklaren mondlosen Nacht, also allein mit Sternenlicht ohne Mondschein, bei Blende 2 mit $1/50$ s Belichtungszeit fotografieren und mindestens die Schärfenzeichnung und den Tonwertumfang eines Fernsehbildes erreichen!

Die Empfindlichkeit eines fotografischen Materials ist allerdings nicht sein einziges Qualitätskriterium. Sehr wichtig ist auch die erreichbare Schärfenzeichnung (die selbstverständlich von der Güte des Objektivs mit abhängt). Daß sie nicht allein durch die Korngröße des Materials und die Körnigkeit des entwickelten Silberbildes begrenzt wird, sondern daß auch die Lichthofbildung dafür eine ausschlaggebende Rolle spielt, wurde schon in den 60er Jahren des vorigen Jahrhunderts bemerkt. Den Lichthof als solchen stellte 1850 Niépce de St. Victor bei Aufnahmen der Sonne und des Mondes auf Eiweißplatten fest. Um die Abbildung der Sonne entstand dabei trotz kleiner Blende eine Aureole, wie er es nannte.

1861 hielt Marlow vor der Photographischen Gesellschaft in London einen Vortrag über »den Lichthof, seine wirkliche Ursache und ein Mittel zur Abhilfe«. Er erklärte das Entstehen eines Lichthofs richtig dadurch, daß das Licht nach Durchtritt durch die Aufnahmeschicht und die darunter befindliche Glasplatte von der Rückseite der Platte teilweise wieder zurück in die Schicht geworfen wird. Er konnte demonstrieren, daß die Lichthofbildung unterbleibt, wenn die Glasplatte rückseitig mit einem schwarzen Anstrich versehen oder als Unterlage für die Emulsion überhaupt rotgefärbtes Glas verwendet wird. Das rote Glas bzw. die schwarze Rückschicht absorbiert das Licht, so daß es nicht wieder in die Emulsion zurückgeworfen werden kann.

Eine ebenfalls zutreffende Erklärung dieses Reflexionslichthofs gaben später auch andere Autoren. Wortley brachte den als Reflexionslichthof-Schutzschicht dienenden Anstrich nicht auf der Rückseite der Platte, sondern auf der Schichtseite, also direkt unter der fotografischen Emulsion an, was – wie beschrieben – Vogel zur Entdeckung der sensibilisierenden Wirkung des verwendeten Lichthofschutzfarbstoffs führte.

1891 führte der Engländer John Sandell eine Neuerung ein, die in zweifacher Weise von Bedeutung war. Er goß auf derselben Platte zwei Schichten unterschiedlicher Empfindlichkeit übereinander. Die untere hatte die geringere Empfindlichkeit. Später wurden sogar drei Schichten mit abgestuften Empfindlichkeiten übereinander gegossen. Dabei fungierten die unteren einmal als Reflexionslichthofschutz für die oberen und ergaben somit eine verbesserte Lichthofreinheit. Zum anderen vergrößerte sich dadurch der Belichtungsspielraum.

Das war zu einer Zeit, in der es noch keine fotoelektrischen Belichtungsmesser gab, besonders wichtig, weil in der Praxis häufig »sicherheitshalber« überbelichtet wurde. In einer einschichtigen Emulsion entstand dadurch nicht nur ein Lichthof, sondern ein Bild, das überhaupt zu stark geschwärzt war und folglich keine kopierbar großen Kontraste zwischen hellen und dunklen Teilen des Objekts mehr ergab. In einer zwei- oder dreischichtigen Emulsion entstand dagegen auch bei Überbelichtung in den unteren weniger empfindlichen Schichten noch ein in den Grauwerten abgestuftes Bild, sofern die Überexposition nicht zu extrem war.

Solche mehrschichtigen Schwarzweiß-Negativmaterialien blieben bis zur allgemeinen Verbreitung des fotoelektrischen Belichtungsmessers gebräuchlich. Als jedoch das in der Amateurfotografie deutlich dominierende Kleinbildformat zu erhöhten Ansprüchen an die Schärfenzeichnung zwang und außerdem der Gebrauch des Belichtungsmessers weitgehend vorausgesetzt werden konnte, ging man von den mehrschichtigen Schwarzweiß-Aufnahmematerialien wieder ab. Denn außer dem Reflexionslichthof entsteht in der fotografischen Emulsion selbst noch ein anderer, die Schärfenzeichnung einschränkender Lichthof durch Streuung des Lichts an den Silberhalogenidkristallen. Physikalisch-optisch erklärt sich diese Lichtstreuung durch den ungleichen Lichtbrechungsindex der Silberhalogenidkörnchen und der Gelatine, in die sie eingebettet sind. Die Körner absorbieren das einfallende Licht nicht restlos, sondern ein Teil des Lichts wird von der Oberfläche der Kristalle nach allen Seiten gestreut. Dadurch werden Nachbarkristalle, die eigentlich nicht belichtet werden dürften, mitbelichtet. Folglich kann keine ideale Konturenschärfe resultieren. Die Grenze zwischen Schwärzung und Nichtschwärzung verläuft nicht abrupt-diskontinuierlich, sondern kontinuierlich-fließend, »verwaschen«, unscharf.

Dieser Diffusionslichthof breitet sich in der Tiefe der Schicht immer weiter aus und ist folglich bei mehrschichtigen Materialien größer als bei einschichtigen. Deshalb werden heute Aufnahmematerialien geringer und mittlerer Empfindlichkeiten nur noch mit einer Emulsionsschicht begossen. Nur höchstempfindliche Aufnahmematerialien erhalten einen zweiten geringer empfindlichen Unterguß. Daher haben sie einen besonders großen Belichtungsumfang. Das heißt: Sie können eine besonders breite Skale von Helligkeitswerten des Objekts in deutlich abgestufte Grauwerte umsetzen. Die höhere Schärfenzeichnung haben dagegen die geringer empfindlichen einschichtigen Emulsionen.

Mitte der 60er Jahre gelang dem VEB Filmfabrik Wolfen eine weitere wesentliche Steigerung der Schärfenzeichnung durch erhöhten Reflexions- und Diffusions-Lichthofschutz.

Dabei wurde in die fotografische Emulsion in völlig gleichmäßiger Verteilung ein Lichthofschutzfarbstoff mit eingebettet. Die Farbstoffmoleküle absorbieren das von den Silberhalogenidkörnchen gestreute Licht und machen es dadurch fotografisch unwirksam. Daß auf diese Weise der Diffusionslichthof wirksam zu bekämpfen ist, war an sich bereits bekannt. Das Problem bestand jedoch darin, die an solche Farbstoffe zu stellenden Anforderungen zu erfüllen.

Da alle normalen Filme heute panchromatisch sensibilisiert sind, müssen die Lichthofschutzfarbstoffe Licht im gesamten Spektralbereich, für den das Material empfindlich ist, absorbieren. Sie dürfen ferner nicht an den Silberhalogenidkristallen adsorbiert werden, weil sie sonst mit den adsorbierten Sensibilisatorfarbstoffen in Konkurrenz träten.

Ferner müssen sie in den normalen fotografischen Verarbeitungsbädern irreversibel zerstörbar sein, dürfen also nicht in dem fertig entwickelten und fixierten Film verbleiben, weil sie sonst die Minimaldichte erhöhen würden, also jene Dichte, die das Negativ auch ohne jede Lichteinwirkung an allen Stellen besitzt. Denn dies hätte eine Verlängerung der Expositionszeiten des Positivmaterials beim Kopieren oder Vergrößern zur Folge und würde sich außerdem ungünstig auf die Abstufung der Kontraste im Bereich der dunkleren Partien des Objekts auswirken. Die Zerstörung der Farbstoffe erfolgt bei den Wolfener Orwo-Negativfilmen im sauren Fixierbad.

Um diesen Diffusionslichthofschutz zu realisieren, mußte ferner die Empfindlichkeit des Systems Silberhalogenid-Gelatine erhöht werden, da die Farbstoffe unvermeidlich insofern in Konkurrenz zu den Silberhalogenidkörnchen treten als sie auch einen Teil des direkten, also nicht nur des gestreuten Lichts absorbieren und damit der fotografisch wirksamen Substanz entziehen. Nach Abzug des hierdurch bedingten Empfindlichkeitsverlusts müssen trotzdem die heute allgemein geforderten Empfindlichkeiten verbleiben.

Der Reflexionslichthof entsteht dadurch, daß das Licht, das bis zur Rückseite des Schichtträgers – Film oder Glas – vorgedrungen ist, dort an der Grenzfläche zwischen Schichtträger und Luft teilweise, von einem bestimmten Einfallswinkel an sogar total reflektiert wird und somit erneut in die Emulsionsschicht gelangt. Das Resultat ist ebenfalls ein Lichthof: Um jeden Lichtpunkt wird ein Lichtring, auch Halo genannt, erzeugt. Der übliche und bei manchen Materialien weiter beibehaltene Reflexionslichthofschutz besteht darin, daß bei Roll- und Planfilmen sowie bei Platten die Rückseite des Schichtträgers mit einer farbstoffhaltigen Gelatine- oder Lackschicht versehen wird. Sie löst sich bei der Verarbeitung des belichteten Films ebenfalls wieder auf. Bei Kleinbild- und Kine-Negativ-Filmen dient als herkömmlicher Reflexionslichthofschutz eine graue Anfärbung des Schichtträgers bis zu einer gewissen Dichte.

Zugleich mit dem neuen Diffusionslichthofschutz wurde auch der Reflexionslichthofschutz verbessert und unmittelbar unter der fotografischen Emulsion eine Farbstoffschicht angeordnet. Sie absorbiert ebenfalls im gesamten Empfindlichkeitsbereich des Aufnahmematerials. Die höhere Wirksamkeit liegt darin begründet, daß das von der Rückseite der Unterlage reflektierte Licht nunmehr zweimal die absorbierende Schutzschicht durchdringen müßte, um erneut in die Emulsion zu gelangen. Bei den für diese Schutzschicht verwendeten Farbstoffen kam es weiterhin darauf an, daß sie diffusionsfest sind, also nicht in die Emulsion hinüberwandern. Sie werden gleichfalls im sauren Fixierbad bis auf einen unwesentlichen Rest zerstört.

Von einem modernen Fotomaterial verlangt man unter anderem aber auch eine möglichst lange Lagerfähigkeit, ohne daß sich die Eigenschaften nachteilig verändern. Diese Forderung konnte lange Zeit nicht erfüllt werden. Noch um die Jahrhundertwende war es etwas Außergewöhnliches, wenn eine panchromatische Platte bis zu einem Jahr nach ihrer Herstellung brauchbare Resultate ergab. Während der Lagerung ging die Empfindlichkeit zurück, der Schleier nahm zu und die Gradation verschlechterte sich. Auch die Sensibilisierung blieb nicht in vollem Umfang aufrechterhalten. Die Verschlechterung aller dieser Eigenschaften war um so größer, je höher empfindlich und um so weiter bis in den langwelligen Spektralbereich hinein das Material sensibilisiert war.

Erste Erfolge in dem Bemühen, die Lagerfähigkeit zu verbessern, gelangen 1926 Dr. Otto Matthies und Dr. Bruno Wendt durch den Zusatz von Imidiazolen zur Emulsion. Man bezeichnet die Stoffe, welche der Emulsion eine lange Lagerfähigkeit verleihen und dabei ihre anfänglichen Eigenschaften stabilisieren als Stabilisatoren. Durch die sprunghafte Empfindlichkeitssteigerung infolge des von Koslowsky entdeckten Goldeffekts mußten aber nochmals erhöhte Anforderungen an die Stabilisierung gestellt werden. Dafür geeignete wesentlich verbesserte Stabilisatoren hatte bereits im November 1935 der damals in der Forschungsabteilung der Filmfabrik Wolfen tätige Dr. Emil-Joachim Birr in Form der Aza-indolizine entdeckt. Erst dadurch konnten die neuen hochempfindlichen Filme, die man unter Ausnutzung des Goldeffekts herzustellen begann, voll praxiswirksam werden.

Von der Glasplatte zum Film

Um die stetige Verbesserung der fotografischen Emulsion der Schwarzweiß-Aufnahmematerialien in ihrer Kontinuität darzustellen, mußte der sonstigen Entwicklung weit vorgegriffen werden, so daß wir noch einmal ins vorige Jahrhundert zurückblenden müssen, um die Entwicklung der Emulsionsunterlage, also des Schichtträgers von der Glasplatte bis zum modernen Film zu verfolgen. Der Übergang von der Platte zum Film war insbesondere für die Verbreitung der Amateurfotografie von ganz entscheidender Bedeutung. Müßten wir noch heute auf Platten fotografieren, dann dürfte die Amateurfotografie nicht halb so viel Verbreitung gefunden haben. Um sie zu dem heutigen Massenhobby werden zu lassen, genügten allerdings die inzwischen fast ein Jahrhundert zurückliegende Erfindung des Films und all die anderen Vereinfachungen der Handhabung allein nicht. Dafür bedurfte es als einer weiteren wesentlichen Voraussetzung auch der Steigerung des materiellen Lebensstandards breiter Bevölkerungsschichten in den industriell hoch entwickelten Ländern.

Glas war hinsichtlich der Transparenz zwar ein idealer Schichtträger für Negativmaterialien. Doch hatte es auch erhebliche Nachteile. Die heute in der wissenschaftlich-technischen Fotografie zum Teil noch gebräuchlichen Spezialplatten von

6 cm × 9 cm oder 9 cm× 12 cm sind relativ klein, leicht und handlich. Bei den großen Aufnahmeformaten in den Anfängen der Fotografie machten sich aber das hohe Gewicht und die Zerbrechlichkeit des Glases besonders nachteilig bemerkbar. Außerdem ermöglichte die Verwendung von Platten keine kontinuierliche Aufnahmefolge bzw. nur mit Kamerakonstruktionen, die entweder sehr groß und kompliziert waren oder aber nur Miniformate ermöglichten.

Als leichter und unzerbrechlicher Schichtträger wurde alternativ zur Gasplatte – wie geschildert – vielfach das Papier verwendet. Aber auch die verschiedenen Methoden, das Papier transparent zu machen, vermochten ihm nicht die gleiche Durchsichtigkeit, wie sie dem Glas eigen ist, zu verleihen. Außerdem machte sich die Struktur des Papiers beim Kopieren bemerkbar.

Scott Archer, der Pionier des nassen Kollodiumverfahrens, beschrieb deshalb bereits 1851 die Möglichkeit, die lichtempfindliche Schicht nach dem Entwickeln als Häutchen von der Papierunterlage abzuziehen und zum Kopieren auf Glas zu bringen. Das Wort Film soll sich übrigens von »felmen« herleiten, was soviel wie dünnes Häutchen bedeutet. So kann man in dieser Abziehfolie sowohl sprachlich wie sachlich bereits den ersten Vorläufer des Films sehen. Einen Vorläufer der Filmpack-Kassette gab es schon 1852. Damals ließ sich der Fotograf Plaut ein »chassis multiple« patentieren, das mit Papierblättern gefüllt war, die nach der Exposition durch einen herausragenden Papierstreifen zurückgezogen wurden.

1855 kontruierte der französische Fotograf Relandin eine Rollkassette. Sie bestand aus zwei drehbaren Walzen, die ein Tuch transportierten, auf dem sich hintereinander zwölf Blatt Papier befanden, die mit einer lichtempfindlichen Schicht versehen waren. Allerdings hatte die Vorrichtung eine Masse von 15 kg, wobei wir wieder die damals großen Aufnahmeformate berücksichtigen müssen. Die Rollkassette konnte sich – wahrscheinlich schon wegen ihrer großen Masse – allerdings nicht durchsetzen.

Die Methode, eine Gelatinehaut – stripping-film genannt – von der Papierunterlage abzustreifen und auf Glas zu legen, war aber noch in den 70er-Jahren in geringem Maße verbreitet. Sie brachte 1884 den amerikanischen Geschäftsmann Georg Eastman schließlich bis an die Schwelle der Erfindung des Rollfilms, zunächst allerdings noch nicht über die Schwelle. Eastman erkannte, daß mit der Fotografie ein Riesengeschäft zu machen wäre, wenn das Verfahren für die breiten Massen einfacher handhabbar würde. Er konstruierte deshalb eine spezielle Maschine zum Begießen längerer Papierstreifen mit einer lichtempfindlichen gelatinehaltigen Schicht und brachte 1888 die ersten »Kodak«-Kameras heraus, die mit einem solchen Papierstreifen für 100 Aufnahmen geladen waren. Die Bilder waren rund und hatten jeweils 6,35 cm (2½ Zoll) Durchmesser.

In den ersten Rollfilmkameras wurden also im Gegensatz zu einer weit verbreiteten Annahme noch keine Rollfilme im heutigen Sinne verwendet. Außerdem hatte man zum Entwickeln und Kopieren nicht etwa nur den Film, sondern die ganze Kamera einzuschicken. Man erhielt sie dann neu mit dem Papier-Rollfilm geladen und zusammen mit den fertigen Bildern zurück. Für diese Kamera wurde der Slogan geschaffen: »You press the button, we do the rest.« (Sie drücken aufs Knöpfchen, wir erledigen den Rest.)

Der Name »Kodak« ist übrigens ein von Eastman frei erfundenes Kunstwort, das nicht – wie heute üblich – eine abkürzende Zusammenziehung von Anfangssilben oder -buchstaben einer ausführlicheren Bezeichnung darstellt. Vielmehr suchte Eastman, der nicht nur ein cleverer Geschäftsmann, sondern auch ein einfallsreicher Verkaufspsychologe war, lediglich ein Wort, das kurz, bündig und in allen Sprachen der Welt leicht auszusprechen ist. Er entschied sich für die beiden Silben kodak. Die ersten Aufnahmen mit der Kodak-Rollfilmkamera Nr. 1 auf einer 100-Bilder-Spule in Europa sollen am 6. April 1889 belichtet worden sein.

In der Lösung des technischen Problems war Eastman mit seinem abziehbaren »Stripping-film« aber schon nicht mehr auf dem laufenden. Denn bereits 1887 hatte der amerikanische Pfarrer – man nennt ihn dort Reverend – Hannibal Goodwin (1822 bis 1900) ein Patent auf einen biegsamen und sehr transparenten Rollfilm mit Zelluloidschichtträger erhalten. Ihm fehlten aber die Mittel und Möglichkeiten, die Erfindung industriell zu verwerten. Das Zelluloid selbst hat Goodwin nicht erfunden. Dieser erste »Kunststoff« wurde schon 1869 John Wesley Hyatt in Amerika patentiert. Anlaß für die Erfindung war die Verknappung des Elfenbeins. Eine New Yorker Firma, die Billardkugeln herstellte, schrieb deshalb in den 60er Jahren einen Preis dafür aus, Ersatz für das Elfenbein zu finden. Hyatt und seinem Bruder gelang es, einen solchen Ersatzstoff aus Nitrozellulose (Schießbaumwolle) und Kampfer herzustellen.

Folien aus diesem Material – der Name Zelluloid wurde erst

viel später gebräuchlich – wurden auch bereits 1869 als Schichtträger für Fotomaterialien verwendet. Die industrielle Herstellung von Planfilmen mit 1/100 Zoll (0,25 mm) dickem Zelluloidschichtträger begann allerdings erst 1888 in Philadelphia, also nach der Patentanmeldung Goodwins. Inzwischen hatte auch Eastman damit begonnen, das Papier durch Zelluloid zu ersetzen. Damit verletzte er die Patentansprüche Goodwins. Es kam zu einem elf Jahre dauernden Gerichtsverfahren, das 1898 zugunsten Goodwins entschieden wurde. Um in den Besitz der daraus erwachsenden finanziellen Entschädigung zu gelangen, mußten seine Erben aber nochmals bis 1914 klagen.

Die heutige problemlose Handhabung war mit den ersten wirklichen Rollfilmen, die also eine Zelluloidunterlage hatten, aber noch nicht verwirklicht. Denn zunächst konnte der Film nur in der Dunkelkammer in den Apparat eingelegt und nach der Belichtung wieder herausgenommen werden. Rollfilmspulen, die man bei Tageslicht einlegen und wieder aus der Kamera entnehmen kann, weil sie einen langen Papier-Vor- und Nachspann haben und außerdem mit schwarzrotem Schutzpapier hinterlegt sind, das zugleich die durch ein Fenster in der Kamerarückwand sichtbare Numerierung der einzelnen Bildlängen trägt, erfand erst 1889 der Bostoner Kamerafabrikant S. N. Turner. Er erhielt darauf 1894 ein Patent, das Eastman für 40 000 Dollar – eine damals sehr stattliche Summe – ankaufte. Denn durch dieses Schutzpapier wurde das Fotografieren nochmals sehr wesentlich erleichtert, weil man den Film bequem selbst einlegen konnte und nicht mehr die ganze Kamera einzuschicken brauchte.

Damit waren die Voraussetzungen für eine erste große Welle der Popularisierung des »Knipsens« beisammen. Um den Filmumsatz tüchtig anzukurbeln, brachte Eastman 1898 eine Klappkamera zum Preise von nur einem Dollar auf den Markt. Was er dabei an der Kamera zusetzte, holte er durch das Geschäft mit dem Film vielfach wieder herein – nicht anders als bei den heute in zahlreichen Ländern vertriebenen einfachen Modellen von Sofortbildkameras, die sehr billig verkauft werden, um einen breiten Markt für das sehr teure Filmmaterial zu schaffen.

Die spezielle Konfektionierung des beiderseitig perforierten Kleinbildfilms von 35 mm Breite ist älter als die Kleinbildfotografie selbst. Denn diese besondere Art des Rollenfilms wurde ursprünglich von Thomas A. Edison für sein Kinetoskop geschaffen. Dies war eine Art Guckkasten für bewegte fotografierte Bilder, worauf später noch ausführlicher einzugehen sein wird.

Kurz nach Erscheinen der ersten Rollfilme führte Edison 1889 eine Art Standardisierung des Kinetoskop-Filmmaterials ein. Wie er dabei auf die konkreten Abmaße des Film und seiner Perforation kam, darüber gibt es zwei verschiedene Versionen.

Die eine besagt, er habe den Rollfilm einfach halbiert. Die andere will wissen, daß er sorgfältige Überlegungen zur »Optimierung« des Formats anstellte. Es sollte einerseits nicht zu klein sein, weil sonst die Körnigkeit der fotografischen Schicht die Bildqualität zu sehr beeinträchtigt hätte. Andererseits durfte es nicht so groß sein, daß die Mechanik der schrittweisen Weiterschaltung des Films erschwert wird. Dies hätte keinen ruhigen Bildstand ermöglicht. Um das Optimum zu finden, habe Edison eine Reihe von Experimenten unternommen und sich schließlich für den 35 mm breiten Film entschieden. Die etlichen Erfinder und Pioniere der Kinetechnik benutzten bei ihren Versuchen aber nicht etwa einheitlich dieses Filmmaterial, sondern zum Teil davon erheblich abweichendes.

1913 schließlich wurde mit der Schaffung der Ur-Leica durch Oskar Barnack der 35-mm-Kinefilm, der sich inzwischen als Standardmaterial für Kine-Negativ- und Positivfilme durchgesetzt hatte, auch zum Aufnahmematerial der Fotografie, also für Stehbildaufnahmen. Barnack übernahm dabei einfach diese bereits eingeführte und durch den internationalen Gebrauch praktisch standardisierte Filmart.

Eine sehr nachteilige Eigenschaft des Nitrozellulosefilms war seine leichte Entflammbarkeit. Überall, wo mit größeren Mengen Filmmaterial gearbeitet wurde, angefangen von den Herstellerwerken, den Filmstudios und Kopierwerken, bis zu den Kinotheatern und Krankenhäusern mit ihren Röntgenfilmdepots waren aufwendige Sicherheitsmaßnahmen gegen die erhöhte Feuergefahr erforderlich. Doch trotz aller Vorkehrungen kam es gelegentlich immer wieder zu schweren Brandkatastrophen in Fabriken, Kinos und sogar in Krankenhäusern, denen viele Menschen zum Opfer fielen. Auch der Fotoamateur mußte beim Umgang mit Filmen vorsichtig sein.

Der Wunsch nach einem Filmmaterial, das nicht leicht entflammbar ist, sondern nicht lebhafter als etwa Papier brennt, kam deshalb schon sehr früh auf. Seine Erfüllung zog sich aber jahrzehntelang hin.

Zwar wurde schon sehr bald ein schwerer brennbares nicht entflammbares Material aus Azetylzellulose geschaffen. Aber die mechanischen Eigenschaften dieser Sicherheitsfilme waren insbesondere den in der Kinetechnik bestehenden Anforderungen nicht gewachsen. Hierbei wird das Material infolge der vielen schnell aufeinanderfolgenden Transportvorgänge mit abrupter Beschleunigung mechanisch recht stark beansprucht. Außerdem darf sich der Film in den verschiedenen Verarbeitungsbädern nicht längen und beim Trockenprozeß nicht schrumpfen, weil sonst kein einwandfreier Lauf in den Kinoprojektoren mehr möglich ist. Alle diese Eigenschaften konnten beim Sicherheitsfilm aus Azetylzellulose nur allmählich durch schrittweise Verbesserungen erreicht werden.

Heute liegen die Längung und Schrumpfung innerhalb hinreichend enger Toleranzen. Eine absolute Maßhaltigkeit haben aber weder der Nitrozellulose- noch der Azetylzellulosefilm. Sie ist für die Kinematografie und die normale bildmäßige Fotografie aber auch nicht erforderlich, wohl aber für einige wissenschaftlich-technische Anwendungen, bei denen keinerlei Veränderungen der Bildgeometrie eintreten dürfen, z. B. weil aus den Abmaßen des Bildes genaue Rückrechnungen auf die Abmaße des Objekts möglich sein müssen. Die von dieser Seite her gestellten Ansprüche führten schließlich dazu, daß auch der Azetylzellulose-Sicherheitsfilm inzwischen teilweise durch Schichtträger aus Polyesterfolie ersetzt wurde, die außer hervorragender mechanischer Beanspruchbarkeit auch in den flüssigen Verarbeitungsbädern und den Trockenprozessen eine verläßliche Maßhaltigkeit bewahrt.

Der Erwähnung bedarf unbedingt noch ein weiterer äußerst schwerwiegender Nachteil der Nitrozellulosefilme für die Aufbewahrung in historischen Archiven. Die Nitrofilmunterlage unterliegt einer langsamen, aber unaufhaltsamen Selbstzersetzung durch Abspaltung nitroser Gase. Besonders schädlich wirkt sich dabei das Stickstoffdioxid (NO_2) aus. Es verbindet sich mit dem in der Gelatine der Schicht enthaltenen Wasser zu salpetriger Säure (HNO_2) oder Salpetersäure (HNO_3). Die Säure bleicht das Silberbild aus und beschleunigt außerdem die weitere Zersetzung der Filmunterlage bis zur völligen Vernichtung. Diese Wirkung erzeugen die nitrosen Gase aber nicht nur innerhalb derselben Filmrolle, sondern auch bei allen anderen Filmmaterialien, die im gleichen Raum lagern. Selbst der Azetatfilm wird von den nitrosen Gasen angegriffen. Deshalb muß für eine ständige Abführung der Gase gesorgt werden.

Da die erwähnten chemischen Vorgänge exotherm, also unter Freisetzung von Wärme verlaufen, kommt es zur Selbsterhitzung der Nitrofilmrollen. Frischer Nitrofilm entzündet sich bei 130 °C, gealterter aber schon ab etwa 41 °C. Schon bei niedrigen Temperaturen kann sich Nitrofilm daher von selbst entzünden. Dabei verbrennt er explosionsartig, man sagt: er verpufft. Innerhalb von nur drei Minuten können 20 t Nitrofilm verbrennen. Das entspricht 8 000 Rollen zu je 300 m. Dabei entsteht ein Gas, das bei Erreichen eines bestimmten Mischungsverhältnisses mit der Luft ein explosibles Gasgemisch bildet und dadurch alle weiteren im gleichen Raum befindlichen brennbaren Materialien entflammt. Die übrigen im Raum lagernden Nitrofilme würden daher nicht erst durch die Flammen, sondern schon durch die entstehende hohe Temperatur entzündet.

Jede Lagerung von Nitrofilm erfordert deshalb äußerst aufwendige Sicherheitsvorkehrungen. Außerdem darf sie nicht inmitten von Wohngebieten oder in der Nähe von Industrieanlagen erfolgen. In manchen Ländern ist die Lagerung von Nitrofilmen inzwischen sogar generell verboten. Aber selbst wenn allen Explosionsgefahren bestens vorgebeugt ist, bleibt das Silberbild auf der Nitrofilmunterlage nicht unbegrenzt haltbar. Dokumentarfilme sowie auch Spielfilme, die von filmkünstlerisch-geschichtlichem Wert sind und der Nachwelt erhalten bleiben sollen, müssen deshalb auf Sicherheitsfilm umkopiert werden.

Die Lagerung von Sicherheitsfilm ist weit weniger problematisch. Was die Haltbarkeit des Silberbildes auf Azetatunterlage betrifft, so sind die Alterungserscheinungen bei Langzeitlagerung allerdings noch nicht so gründlich untersucht wie beim Nitrofilm. Die früher gestellten Prognosen, daß Sicherheitsfilm 200 bis 300 Jahre haltbar sei, werden inzwischen ebenfalls angezweifelt. Aus dem Azetatfilm spaltet sich Essigsäure ab. Doch verläuft diese Abspaltung derart langsam, daß eine hierdurch bedingte Beschleunigung der Selbstzersetzung bisher nicht festgestellt werden konnte. Problematischer ist, daß durch den Einfluß des Luftsauerstoffs Weichmacher entweicht. Dadurch schrumpft der Film, wird spröde und brüchig.

Würde man den Film bei hoher relativer Luftfeuchtigkeit lagern, so käme es zur Auskristallisation von Weichmacher. Wollte man dieser Gefahr durch Aufbewahrung unter Luftabschluß begegnen, so tauschte man sie nur gegen eine andere ein: bei plötzlicher Erwärmung könnte sich Kondenswasser bilden, das den Film völlig verdirbt. Es gibt noch weitere Probleme, die für die Langzeitlagerung sowohl von Nitro- wie von Azetatfilm bestehen. Doch würde es zu weit führen, hier darauf einzugehen. Als

Fazit ergibt sich jedenfalls, daß auch mit der Herstellung des Azetatfilms das Bemühen um einen optimalen Träger der fotografischen Schicht noch nicht als abgeschlossen betrachtet werden konnte. So bietet auch das Zeitalter des modernen Films noch keine Gewähr dafür, daß Bilddokumente ohne besonderes Bemühen, insbesondere ohne mehrfaches Umkopieren, für viele Jahrhunderte oder gar Jahrtausende der Nachwelt erhalten bleiben können. Dabei ist zu beachten, daß die Schwierigkeiten bei Farbfilmen noch größer sind, weil hier das Problem der Haltbarkeit der Farbstoffe hinzukommt.

Farben – fast gezaubert

Sofern Fotolehrbücher für Amateure überhaupt etwas über die Geschichte der Farbenfotografie kurz berichten, wird meist 1868 als Geburtsjahr erwähnt. Damals gelangen dem Franzosen Ducos du Hauron nach einem Verfahren, dessen Mühseligkeit heute selbst jeden Berufsfotografen abschrecken würde, die ersten farbigen Fotografien. Richtig ist, daß damit die Entwicklung der indirekten Farbenfotografie begann, die allen heutigen Verfahren zugrunde liegt. Aber die Geschichte des Bemühens um das farbige Lichtbild begann mit Versuchen eines ganz anderen direkten Prinzips, und zwar schon viel früher als 1868.

Bereits Nicéphore Niépce gab sich keineswegs damit zufrieden, nur die Schwarzweißfotografie zu erfinden, sondern betrachtete es von Anfang an als sein Ziel, auch farbige Bilder zu erhalten. Ebenso stand ihm sein Miterfinder Daguerre darin nicht nach. Niépce sah sich zu der Hoffnung durch die damals schon bekannten Newtonschen Ringe bestärkt. Daguerre hoffte, das Ziel mit Phosphoren zu erreichen, also mit Stoffen, die nach Einwirkung von Licht selbst eine Zeitlang in einer bestimmten Farbe nachleuchten. Sie haben übrigens chemisch nichts mit dem Element Phosphor zu tun. Ursprünglich nahm man das jedoch fälschlich an, daher die Bezeichnung, die – wie viele sachlich falsche Ausdrücke – auch nach der Aufklärung des Irrtums nicht mehr geändert wurde.

Sogar in seinem Vortrag vor den kritischen Ohren der Herren von der Pariser Akademie am 19. August 1839 wagte Arago die Hoffnung zu verbreiten, daß dermaleinst auch die Fotografie in natürlichen Farben möglich werde. Er erwähnte in diesem Zusammenhang, daß Daguerre ein Pulver entdeckt habe, das nach der Bestrahlung mit rotem Licht rot nachleuchtet, ebenso ein solches, das nach Einwirken blauen Lichts blau und ein anderes, das durch Exposition mit grünem Licht grün nachleuchtet. »Vielleicht kann man auf diese Art durch Mischen verschiedener Harze einmal zu einer Schicht gelangen, der jedes Licht seine Farbe aufprägt, nicht als Phosphoreszenz, sondern auf photogenischem Wege ...«, hieß es in Aragos Plädoyer.

Damit hatte er das Grundprinzip der direkten Farbenfotografie angedeutet, das heute allerdings keine praktische Bedeutung mehr hat, sondern nur noch von historischem Interesse ist. Aber es stand am Anfang der farbenfotografischen Versuche. Man suchte also nach lichtempfindlichen Substanzen, welche direkt die Farben des Lichts annehmen, das auf sie einwirkt. Wir müssen zugeben: Wenn das ginge, wäre es die ideale Lösung des Problems Farbenfotografie!

Man sollte es kaum glauben, aber etwas Ähnliches ist sogar bis zu einem gewissen Grade gelungen. Entsprechende Versuche begannen schon seit 1848. Edmond Becquerel erzeugte galvanisch auf einer gut polierten Silberplatte, die er während des Stromflusses eine Minute in Salzsäure (HCl) hing, eine äußerst dünne Silberchloridschicht. Darauf ließen sich farbige Vorlagen farbig kopieren und später mit Expositionszeiten von zehn bis zwölf Stunden bei greller Sonne sogar mit der Kamera fotografieren. Allerdings war es nicht möglich, die Bilder über einige Tage hinaus lichtbeständig zu erhalten. Die in der Schwarzweißfotografie gebräuchlichen Fixiermittel taugten dafür nicht.

Niépce de St. Victor gelang 1863 sogar eine Verbesserung der Lichtbeständigkeit, so daß auf der Pariser Weltausstellung 1867 seine »Heliochromien« von jedem Besucher bewundert werden konnten. Allerdings durften sie nicht frei an der Wand hängen. Sie waren vorsichtshalber an einem abgedunkelten Platz deponiert, und man mußte zum Betrachten einen Deckel hochheben, der nach dem Loslassen wieder herabfiel und das Bild vor Lichteinwirkung schützte. Trotzdem verschlechterten sich die Farben innerhalb kurzer Zeit. Damit das Publikum es nicht merkte, wurden von Zeit zu Zeit die Bilder gegen neue ausgewechselt.

Wer auch nur ein wenig mit den heutigen farbenfotografischen Verfahren vertraut ist, wird sich fragen, wie eine solche direkte Farbenfotografie überhaupt möglich ist. Des Rätsels Lösung liegt in der Interferenz, also jener physikalischen Erscheinung, bei dem sich Lichtwellen unterschiedlicher Phasenlage ganz oder teilweise auslöschen bzw. bei gleicher Phasenlage verstärken. Diese Erklärung dürfte aber sowohl Becquerel als auch Niépce de St. Victor noch unbekannt gewesen sein. Sie wurde erst richtig vermutet von dem Professor für Physik an der Pariser Sorbonne und Nobelpreisträger Gabriel Lippmann (1845 bis 1921), der dieses Verfahren der Farbenfotografie 1891 zu seiner höchsten Vollendung brachte.

Lippmanns Platten enthielten keinerlei Farbkomponenten oder gar Bildfarbstoffe, sondern waren reine Schwarzweißplatten. Allerdings unterschieden sie sich von normalen Schwarzweiß-Fotomaterialien in zweifacher Weise. Erstens mußten sie eine kontinuierliche, also nicht körnige lichtempfindliche Schicht haben. Genauer gesagt: Der Durchmesser der Silberhalogenidkörnchen mußte im Vergleich zu den Wellenlängen des Lichts vernachlässigbar klein und sie mußten vollkommen gleichmäßig in dem als Bindemittel benutzten Albumin oder in der Gelatine verteilt sein. Eine solche kontinuierliche Schicht ist, abgesehen von einer leichten bläulichen Opaleszenz, durchsichtig. Zweitens muß sich unmittelbar an diese Schicht eine spiegelnde Oberfläche anschließen. Lippmann erzeugte sie mit Quecksilber. Belichtung und Entwicklung einer Lippmannplatte erfolgen wie bei einer Schwarzweißaufnahme. Trotzdem sieht man auf der fertig entwickelten und getrockneten Platte in der Aufsicht ein positives Bild in den natürlichen Farben und in der Durchsicht ein Farbnegativ. Die Farben des Positivs sind – wenn die Aufnahme gut gelungen ist – sogar äußerst brillant.

Lippmann erklärte den Effekt dadurch, daß das einfallende Licht mit dem am Quecksilber gespiegelten interferiert. Dadurch entstehen im Innern der lichtempfindlichen Schicht die bekannten Interferenzstreifen, also ein System von Lichtmaxima und -minima, von hellen und dunklen Streifen. Bei der Verarbeitung der Platte bleiben die Maxima durch mehr oder weniger spiegelnde Silberabscheidungen markiert. Durch sie wird die Schicht in eine Reihe ganz dünner Lamellen von der Dicke des Abstandes zweier Maxima unterteilt. Diese Abstände entsprechen aber der halben Wellenlänge des eingefallenen Lichts. Sie haben damit genau die Dicke, die nötig ist, um durch Reflexion wieder Licht der Wellenlänge entstehen zu lassen, die bei der Exposition auf die betreffende Stelle fiel.

Bei Becquerels Platten fungierte die polierte Silberfläche als spiegelnde Schicht. Unmittelbar darauf hatte sich in dem galvanischen Bad eine nur 0,0016 mm dicke Schicht Silberchlorid niedergeschlagen. Allerdings repräsentierte Becquerels Verfahren das der Lippmann-Farbenfotografie nicht in reiner Form.

Zunächst nahm Lippmann nur das Spektrum des Lichts auf. Später gelang es aber auch, mit der Kamera farbige Objekte zu fotografieren. Die Farbenfotografie nach Lippmann erregte in der Fachwelt größtes Aufsehen. Daß sie trotzdem in der bildmäßigen Fotografie keine Bedeutung erlangte, beruht auf der infolge des superfeinen Korns beträchtlich zu niedrigen Lichtempfindlichkeit der Platten sowie auch auf anderen sich leicht einschleichenden Fehlerquellen. Man brauchte bei zerstreutem hellem Tageslicht für die Exposition einer Platte, die ein Objekt in etwas sechs bis sieben Zentimeter Größe abbildete, ein bis zwei Stunden Belichtungszeit. Die Lippmannplatten hatten nur etwa ein Zehntausendstel der Lichtempfindlichkeit damaliger Silberbromid-Trockenplatten. Außerdem kam es vor, daß von 25 Aufnahmen 24 mißlangen.

Beruhte Becquerels und Lippmanns Farbenfotografie auf einem physikalischen Prozeß, so gab es auch eine Methode der direkten Farbenfotografie auf der Basis eines fotochemischen Vorgangs. Veranschaulichen wir uns das Grundprinzip zunächst durch einen Vergleich mit dem Anzeichnen eines farbigen Bildes auf einer Wandtafel. Dies ist theoretisch auf zweierlei Weise möglich. Wir können entweder bunte Kreide nehmen und damit die Tafel bemalen. Wir könnten aber auch zunächst die ganze Tafel mit einem Mosaik winziger Tüpfelchen aller Farben einfärben und dann an den einzelnen Stellen bestimmte Farben ablöschen. Um ein Tafelbild zu malen, wäre das zwar ein indiskutables Verfahren. Aber was für den einen Zweck zu umständlich ist, kann unter anderen Voraussetzungen eine elegante Lösung darstellen.

Das Ausbleichverfahren der direkten Farbenfotografie beruht auf dem Grothus-Draperschen Absorptionsgesetz. Es besagt, daß nur Licht derjenigen Farben eine chemische Wirkung auf einen Stoff hat, das von diesem Stoff absorbiert, also nicht reflektiert wird. Da z. B. ein roter Stoff rotes Licht nicht absorbiert, sondern reflektiert – sonst würden wir ihn ja nicht als rot sehen –, wird er durch rotes Licht nicht verändert, bleibt also erhalten und kann daher das Abbild einer roten Blume richtig wiedergeben. Würde dagegen an dieser Stelle blaues Licht einwirken, so könnte dieses, da es von dem roten Stoff absorbiert wird, den roten Farbstoff verändern, bei geeigneter Auswahl des Farbstoffs ihn also ausbleichen und damit zum Verschwinden bringen. An derselben Stelle mit eingelagerter blauer Farbstoff bliebe dagegen erhalten.

Versuche, in dieser Richtung zu farbigen Lichtbildern auf Papier zu gelangen, wurden schon 1865 von dem Ingenieur Alphonse Poitevin und später noch von anderen Experimentatoren unternommen. Das Verfahren eignete sich allerdings mehr für das Kopieren als für Aufnahmen mit der Kamera. Auch fielen die Farben nicht kräftig aus und es bestand ebenfalls das ungelöste Problem, sie lichtbeständig zu machen. Trotzdem hat man sich bis in unser Jahrhundert hinein damit beschäftigt. Ein sogenanntes Uto-Papier, das 1910 in den Handel gebracht wurde, erlangte sogar eine gewisse Bedeutung, allerdings nur im Zusammenhang mit dem inzwischen aufgekommenen indirekten Autochrom-Verfahren der Gebr. Lumiére. Dieses lieferte nur ein Unikat-Positiv auf Glas. Das Uto-Papier bildete dafür eine willkommene Ergänzung zum Kopieren der Unikate.

Das Farbauszugs-Verfahren

Diese zweite Entwicklungslinie der Farbenfotografie, die über viele Stufen zur heutigen führte, ist ein indirektes Verfahren. Die physiologische Grundlage hierfür bildet die von Thomas Young (1773 bis 1829) und Hermann Helmholtz (1821 bis 1894) postulierte Theorie über das Farbensehen. Danach enthält die Netzhaut des menschlichen Auges für das Tagessehen – genauer: für die Wahrnehmung relativ hellen Lichts – drei verschiedene Arten von Sinneszellen, Rezeptoren. Je eine dieser Arten reagiert auf rotes, grünes und blauviolettes Licht, man könnte auch sagen: auf das langwellige, mittlere und kurzwellige Drittel des sichtbaren Lichtspektrums. Man weiß inzwischen, daß diese Rezeptoren bestimmte Substanzen enthalten, die durch Einwirkung von Licht des betreffenden Spektraldrittels zersetzt werden. Die hierbei entstehenden chemischen Reize erregen über die an den Rezeptoren endenden Nervenbahnen Gehirnzellen.

Alle übrigen Farbeindrücke werden durch gleichzeitige Reizung zweier oder aller drei Arten der Rezeptoren erzeugt. Welche Farbnuancen dabei resultieren, hängt davon ab, in welchem Grade die einzelnen Rezeptoren-Arten gleichzeitig gereizt werden. Daher lassen sich aus den drei Grundfarben Rot, Grün und Blau alle übrigen Farben sowie Weiß ermischen. Die Empfindung farblosen »weißen« Lichts entsteht, wenn alle drei Rezeptoren gleichzeitig und etwa gleich stark gereizt werden.

Diese drei nach Farben differenzierenden Arten von Rezeptoren sind die Zapfen genannten Sinneszellen der Netzhaut. Sie enthält darüber hinaus noch als Stäbchen bezeichnete Rezeptoren, die aber nicht zwischen Licht verschiedener Farben unterscheiden. Auf ihrer Funktion beruht das Dämmerungssehen, also die Empfindung und Wahrnehmung schwacher Lichtreize. Da sie nicht farbtüchtig sind, funktioniert unser Farbensehen bei sehr schwacher Beleuchtung nicht mehr.

Die Erkenntnis, daß man durch Mischung einiger weniger Grundfarben alle anderen Farbeindrücke hervorrufen kann, reicht bis ins Altertum zurück. Hinweise darauf gibt es schon bei Plinius. Nur vermochte man es zunächst nicht zu erklären. Praktisch angewandt wurde sie auch schon lange in der Drucktechnik. So fand 1722 der Grafiker Jakob Christoph le Bond, daß man nicht wie anfänglich mit sieben Platten die sieben Regenbogenfarben zu drucken braucht, sondern daß es genügt, mit nur drei Platten die Farben Rot, Gelb und Blau übereinanderzudrucken.

Aus der Theorie des Farbensehens zog der englische Physiker James Clerk Maxwell (1831 bis 1879) eine bahnbrechende Nutzanwendung für die Fotografie. Sein Vortrag »Über die Theorie der drei Grundfarben«, den er am 17. Mai 1861 vor der Londoner Royal Institution hielt, wurde zum ersten Markstein in der Geschichte der Farbenfotografie. Er projizierte dabei drei Diapositive mit je einem Rot-, Grün- und Blauauszug desselben Objekts deckungsgleich übereinander mit dem Ergebnis, daß durch Mischung der drei Grundfarben auch alle übrigen Farbtöne rekonstruiert wurden. Damit war der Weg der Farbenfotografie nach dem sogenannten Farbauszugs-Verfahren vorgezeichnet.

Einen Farbauszug erhält man, wenn das Objekt auf einer Schwarzweiß-Platte mit einem strengen Filter der betreffenden Farbe fotografiert wird. Benutzt man z. B. ein blaues Filter, so registriert die Aufnahme nur diejenigen Teile des Objekts, die blaues Licht reflektieren oder selbst aussenden. Kopiert man nach diesem Negativ ein Positiv, so ist es an allen Stellen, die im Objekt blau sind, mehr oder weniger transparent. Projiziert man das Positiv mit einem Blaufilter, so wird an den transparenten Stellen das blaue Licht hindurchgelassen. Sie werden folglich in blauem Licht sichtbar. Alle nichtblauen Objekt-Details sind dagegen im Blauauszug zugeschwärzt und lassen daher kein blaues Licht durch. Analoges gilt für den Grün- und Rotauszug. Maxwell mußte allerdings die drei Farbauszüge noch von Hand etwas retuschieren – was nicht Kolorieren bedeutet! – also den Grad der Schwärzung stellenweise so korrigieren, daß eine farbrichtige Wiedergabe entstand.

Nach diesem Verfahren versuchten nun mehrere Experimentatoren farbige Fotos herzustellen. Das Objekt mußte dreimal nacheinander auf je einer Platte hinter einem roten, grünen und blauen Filter fotografiert werden. Als schweres Hindernis erwies es sich dafür, daß die damaligen Aufnahmeschichten für Rot und Grün nahezu völlig unempfindlich waren. Dem Franzosen Louis Ducos du Hauron gelang 1868 der erste Erfolg. Noch im gleichen Jahr nahm er ein Patent darauf. Schon zuvor, am 2. Dezember 1867 hatte allerdings sein Landsmann Charles Cros der Akademie in Paris ein versiegeltes Paket mit der Beschreibung eines analogen Verfahrens übergeben. Für du Haurons weitere Versuche kam ihm die Entdeckung der Sensibilisierung durch H. W. Vogel sehr zustatten.

Nicht nur die Anfertigung der drei gesonderten Farbauszugs-Negative, sondern auch die Herstellung der einfarbigen positiven Pigmentbilder und ihre deckungsgleiche Montage waren allerdings so umständlich, daß die Farbenfotografie nach diesem Verfahren keine nennenswerte Popularität erlangen konnte. Noch 1896 hielt ein Arzt aus Brandenburg, Dr. Gustav Selle, in Berlin einen Vortrag, der eine anschauliche Vorstellung von der Mühsal dieser Art Farbenfotografie verschafft. Er kopierte die hinter Filtern aufgenommenen drei Farbauszugsnegative zunächst auf abziehbare Kollodiumhäutchen. Diese Folien färbte er dann in den jeweiligen Farben ein. Dabei wandte er ein schon seit 1881 bekanntes Verfahren an, bei dem nur die transparenten Stellen der positiven Schwarzweißkopie die Anilinfarbstoffe aufsaugen. Abschließend waren die drei Häutchen deckungsgleich auf einer Glasplatte zu plazieren. Man konnte sie auch auf einen Karton aufziehen. Um einen leuchtend weißen Untergrund zu erhalten, wurde unter den Folien noch eine Schicht Zinkweiß-Kollodium angeordnet. Die Farbwiedergabe der Bilder soll allerdings sehr gut gewesen sein.

Einfacher war es, drei (schwarzweiße) Farbauszugspositive mit entsprechenden Farbfiltern deckungsgleich auf eine Bildwand zu projizieren. Einen dafür geeigneten Projektor hatte 1888 der Amerikaner Frederic Eugen Ives konstruiert, einen analogen 1892 auch der Professor für Photographie am Pariser Conservatoire national des Arts et Metiers, Leon Vidal. Doch ließ die Qualität der dabei erreichten Farbwiedergabe noch zu wünschen übrig.

1902 wurde Dr. Adolph Miethe (1862 bis 1927), Professor für Photochemie und Spektralanalyse an der Technischen Hochschule Berlin und Amtsnachfolger H. W. Vogels, bei einem Spaziergang von der herbstlichen Schönheit der Natur so beeindruckt, daß er diese Farbenpracht unbedingt auch im Foto festhalten wollte. Zusammen mit seinem Assistenten Dr. Arthur Traube entdeckte er im gleichen Jahr einen neuen Sensibilisator, das Ethylrot, das nunmehr panchromatische Platten ermöglichte. Von dem Berliner Kameratischler Bermpohl – so hieß diese Berufsbezeichnung damals zu Recht, denn die Kameras der professionellen Fotografen wurden aus Holz gebaut – ließ sich Miethe einen Apparat anfertigen, mit dem durch einfaches und leichtgängiges Verschieben einer Kassette nacheinander drei Farbaufzugsplatten belichtet werden konnten. Auch einen entsprechenden Dreifarbenprojektor baute Bermpohl. Zum Unterschied von Ives »Tripel Lantern« waren die Projektionssysteme übereinander angeordnet. Außerdem benutzte Miethe anstelle von farbigen Gläsern rote, grüne und blauviolette Flüssigkeitslichtfilter in Glaswannen. Sie dienten zugleich zur Kühlung des bereits mit elektrischen Lampen betriebenen Projektors.

1903 führte Miethe damit im Großen Saal der Berliner »Urania« großflächige Farbprojektionsbilder vor. Es waren mit kurzen Belichtungszeiten fotografierte Naturbilder. In der Technischen Hochschule zeigte Miethe die Aufnahmen auch so berühmten Künstlern wie Adolph Menzel und Hans Thoma. Dieser faßte seine Begeisterung gerührt in die Worte: »Als ich noch ein kleiner Junge war und die Schafe hütete, da habe ich von dem geträumt, was ich als alter Mann jetzt hier mit meinen Augen wahrhaftig und leibhaft vor mir sehe.« Im Sommer und Herbst 1913 bereiste Miethe ganz Deutschland und sammelte für die bevorstehende Weltausstellung von St. Louis Farbaufnahmen deutscher Landschaften, Burgen und Städte.

Durch Raster zum farbigen Bild

Trotz der relativ guten Resultate, die mit dem Farbauszugsverfahren zu erzielen waren, konnte man sich damit noch nicht zufriedengeben. Du Hauron hatte bereits in seiner Patentschrift vom Jahre 1868 noch eine andere Methode beschrieben. Dabei sollten die Filter nicht vor dem Objektiv, sondern in Form eines Rasters winziger Farbfilterchen auf der Platte selbst angeordnet sein. Dadurch brauchte man nicht mehr drei, sondern nur noch eine Platte. Die erste praktische Ausführung der Idee erfolgte 1894 durch den Dubliner Professor Joly. Er versah die Platte mit einem Linienraster von sechs bis zehn Linien je Millimeter.

Vergegenwärtigen wir uns das Prinzip! Auf einer Fläche der Platte, auf der beispielsweise ein rotes Objektdetail zur Abbildung gelangt, dringt das rote Licht ungehindert durch alle roten Filterlinien. Die grünen und blauen Linien absorbieren dagegen das rote Licht und lassen es nicht zur fotografischen Schicht hindurch. Folglich sind im entwickelten Negativ nur die unter roten Rasterlinien gelegenen Teile der Schicht geschwärzt. Die unter grünen und blauen Linien gelegenen sind transparent. Dies ergäbe allerdings eine farblich völlig falsche Abbildung. Für ein farbrichtiges Bild müssen ja an der Stelle, an der ein rotes Objekt abgebildet ist, die unter den roten Filterlinien gelegenen Teile der fotografischen Schicht transparent und die unter grünen und blauen Linien gelegenen zugeschwärzt sein.

Um die richtigen Schwärzungsverhältnisse herzustellen, muß daher auf derselben Platte, die in der Kamera belichtet wurde, im Endeffekt kein negatives, sondern ein positives Schwarzweißbild hervorgerufen werden. Dies erreicht man durch eine sogenannte Umkehrentwicklung. Sie brauchte von Joly nicht mehr erfunden zu werden, sondern war schon seit 1862 bekannt. Damals beschrieb Bussel eine Methode der Umkehrentwicklung von Silberbromid-Kollodiumplatten. Er löste das bei der Entwicklung des belichteten Silberbromids entstandene Bildsilber mit Salpetersäure aus der Schicht und tilgte somit das negative Bild wieder. Das bei der Exposition in der Kamera unbelichtet gebliebene und daher bei der ersten Entwicklung nicht in Silber verwandelte Silberbromid wurde nun entwickelt und ergab daher ein positives Bild. 1881 gab Biny ein analoges Verfahren auch für Trockenplatten an, um ohne Kopieren auf derselben Platte, die in der Kamera belichtet war, ein Positiv zu erhalten.

Verschiedene Experimentatoren verbesserten in der Folgezeit die Umkehrentwicklung noch und arbeiteten mehrere unterschiedliche Methoden dafür aus, auf die nunmehr bei Beginn der Farbenfotografie mit Filterrastern zurückgegriffen werden konnte.

Bei der Projektion bzw. in der Durchsicht gelangt bei einer solchen Farbrasterplatte also dort, wo ein rotes Objekt abgebildet ist, Licht nur durch die unter den roten Filterlinien gelegenen transparenten Teile der fotografischen Schicht. Unter den blauen und grünen Filterlinien ist die Schicht dagegen zugeschwärzt. Folglich erscheint die betreffende Stelle in der Projektion und Durchsicht rot. Analoges gilt für die Abbildung der Farben Blau und Grün bzw. für das Ermischen der übrigen Farben.

Jolys Raster von nur sechs bis zehn Linien je Millimeter war allerdings zu grob, um ein scharfes Bild zu ergeben. Folglich kam es jetzt darauf an, bei möglichst gleichmäßiger Verteilung der einzelnen Filterelemente diese noch wesentlich zu verkleinern.

Die Brüder Auguste und Louis Lumière, Besitzer einer Fabrik für fotografische Platten in Frankreich und zugleich Erfinder der Kinematografie, schufen 1904 anstelle von Linienrasterplatten solche mit einem Kornraster. Er bestand aus gefärbten Kartoffelstärkekörnchen von nur 15 bis 20 µm (Tausendstelmillimeter) Durchmesser. Zunächst wurden die Körnchen getrennt nach Farben angefärbt und anschließend die erhaltenen drei Farbpulver so gemischt, daß man in dem Gemisch keine Farbe mehr vorherrschen sah. Mit einem Dachshaarpinsel wurde das Gemisch dann auf einer dünnen Glasplatte so fein verteilt, daß nur eine Lage der Körnchen entstand, die sich zwar gegenseitig berührten, aber nicht überdeckten. Damit die Körner auf der Platte hafteten, wurde diese vorher mit einem klebrigen Überzug versehen. Die Körnchen hatten ovale Form. Auf daß durch die noch verbliebenen Lücken zwischen ihnen kein weißes Licht dringen konnte, wurden diese noch mit gepulverter Holzkohle verschlossen. So entstand eine Schicht, die je Quadratmillimeter 2 000 bis 3 000 Stärkekörnchen enthielt. Auf den Filterraster folgte als Schutzschicht ein Firnisüberzug mit einem Lichtbrechungsindex, der kleiner als der der Stärkekörnchen war. An diesen Firnisüberzug schloß sich eine panchromatische Silberbromid-Gelatine-Emulsion an. Die Belichtung in der Kamera erfolgte – wie auch bei den Linienrasterplatten – von der Glasseite her, so daß das Licht zuerst den Raster durchdringen mußte, bevor es auf die lichtempfindliche Emulsion einwirkte. Die Expositionszeit war infolge des Licht schluckenden Rasters erheblich länger als bei normalen Schwarzweißplatten.

Das komplizierte Herstellungsverfahren in die Fabrikationspraxis zu überführen, bereitete ziemliche Schwierigkeiten. Erst 1907 kamen die ersten »Autochromplatten« dieser Art auf den Markt. Der Verbraucher war also zu keinen schwierigen Manipulationen mehr genötigt. Das war revolutionierend. Ein Nachteil bestand jedoch darin, daß die Aufnahmen Unikate waren, daß man also von jeder Exposition nur ein einziges Bild erhielt. Um es zu vervielfältigen, bedurfte es recht umständlicher Praktiken. 1910 begann nach einem Patent von Robert Krayn auch in Deutschland die Fabrikation von Farbrasterfilmen. 1916 brachte der Vorgängerbetrieb des heutigen VEB Filmfabrik Wolfen Farbrasterplatten heraus. Die Belichtungszeit betrug noch das 80fache einer hochempfindlichen Schwarzweißplatte. Da auf diesen Platten die Körnchen unmittelbar aneinandergrenzten, waren keine Kohleteilchen zur Füllung der Lücken mehr erforderlich. Der Raster fiel dadurch etwas heller und transparenter aus. 1923 erschienen in der Empfindlichkeit und Klarheit der Farben verbesserte Platten des gleichen Herstellerwerks. 1926 begann die Fabrikation eines sogenannten Lignose-Naturfarbenfilms, bei dem durch ein Einstaub-Verfahren je Quadratmillimeter etwa 10 000 Farbteilchen aufgebracht wurden. Seine Empfindlichkeit betrug 13 bis 14 °Scheiner.

Neben dem Kornraster- wurde auch das Linienraster-Prinzip weiter verfeinert und Platten sowie Filme herausgebracht, die einen streng regelmäßigen Raster von Linien bis herab zu 0,02 mm Breite hatten. Das Bedrucken des Films mit einem so feinen Raster war allerdings sehr teuer.

Besonders dringend wurde die Lösung des Problems der farbigen Abbildung auf dem Sektor des Kinefilms. Nachdem sich das Kino einen festen Platz erobert hatte, wurde das Bedürfnis, die Bilder nicht nur in Schwarzweiß, sondern in natürlichen Farben zu sehen, immer mehr zu einer Forderung der Zeit. Einige sporadische farbige Kinovorführungen in den Jahren 1912 und 1913 hatten begeisterten Zuspruch beim Publikum gefunden, obwohl sie in der Wiedergabetreue der Farben nicht befriedigen konnten. Sie basierten auf Abwandlungen eines Verfahrens, das sich bereits 1897 der Berliner H. Isensee hatte patentieren lassen. Dabei sollte auf dem Kinefilmstreifen abwechselnd nacheinander je ein Rot-, Grün- und Blauauszug aufgenommen werden. Das war durch eine synchron mit dem Filmtransport vor dem Kameraobjektiv rotierende Filterscheibe mit je einem roten, grünen und blauen Sektor möglich. In analoger Weise war die Projektion mit einer rotierenden Dreifarben-Filterscheibe vorgesehen.

Das Verfahren sollte also das in der Stehbild-Farbenfotografie bereits gebräuchliche gleichzeitige Übereinanderprojizieren von drei Farbauszügen imitieren. Die Verwirklichung stieß allerdings auf erhebliche Schwierigkeiten. Erstens waren die Kinekameras und -projektoren mechanisch damals noch kaum imstande, die hohen Bildfrequenzen je Sekunde zu leisten. Denn da mindestens 16 Einzelbilder je Sekunde zum Verschmelzen der stehenden Phasenbilder zu einem kontinuierlich bewegten Bild erforderlich sind und von jedem Phasenbild drei Farbauszüge gezeigt werden mußten, wäre eine Bildfrequenz von 48/s nötig gewesen. Zweitens befanden sich bei der Aufnahme bewegter Motive die Objekte im nächstfolgenden Farbauszugs-Teilbild schon nicht mehr an genau derselben Stelle wie im vorangehenden. Die drei Farbauszüge kamen also niemals völlig zur Deckung. Das führte zu farbigen Säumen an den Konturen.

Dem Engländer Smith gelang daher das erste einigermaßen erfolgreiche Farb-Kinefilm-Verfahren, als er sich in weiser Beschränkung auf das damals technisch mögliche mit nur zwei Farbauszügen begnügte und mit einer Bildfrequenz von 32/s abwechselnd je einen Orange- und Blaugrün-Auszug aufnahm und projizierte. Der 1912 nach dieser Methode in London aufgeführte Streifen »The Durbar of Delhi« – ein Film um die Krönung Georg V. zum Kaiser von Indien – wurde ein sensationeller Erfolg. Die Farben konnten zwar nicht ganz natürlich sein. Doch beeindruckt von der Farbigkeit überhaupt, sah das Publikum über die Mängel hinweg.

Ein Dreifarbenverfahren lag dagegen dem 1913 in Paris mit gleichfalls großem Erfolg aufgeführten Gaumont-Colorfilm zugrunde. Dabei wurden alle drei Farbauszüge mit einem Schaltschritt transportiert und nicht mehr nacheinander, sondern mit drei Objektiven und feststehenden Filtern gleichzeitig auf den Filmstreifen belichtet bzw. projiziert. Das technische Problem bestand hierbei darin, daß die drei untereinander auf dem Filmstreifen angeordneten und deckungsgleich zu justierenden Bilder insgesamt eine große Fläche einnahmen. Kinekamera und Projektor mußten daher in einem Schaltschritt ein großes Stück Film transportieren. Da dies die Präzision der damaligen Aufnahme- und Vorführapparate noch überforderte, wurde die Größe der Einzelbilder gegenüber der Norm reduziert.

Da diese Notbehelfe jedoch das entstandene Bedürfnis nicht befriedigen konnten, mußte nach praktikableren Lösungen weiter gesucht werden. So entstand neben dem Korn- und Linienrasterfilm noch eine dritte Variante des Rasterprinzips der Farbenfotografie, der sogenannte Linsenrasterfilm. Er war auch fabrikationsmäßig wesentlich billiger zu realisieren als der Linienrasterfilm, was für die Produktion farbiger Kinefilme schwer ins Gewicht fiel.

Der Linsenrasterfilm basiert auf einer Idee des bereits erwähnten Gabriel Lippmann. Er hatte einen Farbfilm vorgeschlagen, bei dem die Rückseite mit sehr vielen winzigen Linsen analog dem Facettenauge der Insekten versehen ist. Dadurch ist auch mit einer nur schwarzweiß abbildenden Schicht in Verbindung mit farbigen Filterstreifen eine Farbenfotografie möglich. Albert Keller-Dorian griff 1908 den Gedanken auf. Im Verlaufe weiterer Arbeiten an dem Vorhaben gelang es ihm, mit Stahlwalzen kleine linsenartige Gebilde, Wabenlinsen, in die Filmrückseite einzuprägen. Anfangs waren es nur 52 Zellen je Quadratzentimeter, später etwa 22 je Quadratmillimeter.

Die Fabrik Keller-Dorians in Mühlhausen im Elsaß wurde von Berthon üernommen, der das Verfahren für die Farben-Kinematografie weiterentwickelte. 1922 drehte Berthon einen kurzen Versuchsfilm, 1923 einen längeren. 1928 wurde das Keller-Dorian-Berthon-Verfahren, kurz K. D. B.-Verfahren genannt, von Kodak angekauft und für Schmalfilm angewendet. Einen analogen Film, jedoch nicht mit Waben-, sondern mit Zylinderlinsen, entwickelte auch die Filmfabrik Wolfen.

Auf der Vorderseite des Schichtträgers befand sich eine normale panchromatische Schwarzweißemulsion. Es wurde wiederum durch das Raster belichtet. Farbkörnchen oder -linien enthielt der Film überhaupt nicht. Statt dessen wurde vor dem Objektiv der Kamera ein Filter angeordnet, das aus roten, grünen und blauen Streifen zusammengesetzt war. Das Linsenraster bildete dieses Filter, überlagert von dem Aufnahmebild, in der lichtempfindlichen Schicht ab. Nach der Umkehrentwicklung waren dadurch beispielsweise die Abbildungen der roten Filterstreifen an den Stellen, an denen ein rotes Objekt abgebildet war, transparent.

Durch ein gleichartiges bei der Projektion verwendetes Filter erreichte man, daß durch diese transparenten Abbildungen der Filterstreifen wieder rotes Licht durchgelassen wurde, während die Abbildungen der grünen und blauen Filterstreifen zugeschwärzt waren. Die Projektion erforderte allerdings sehr viel Licht und das Kopieren solcher Filme war schwierig. Dennoch erreichte das Verfahren in den dreißiger Jahren einen relativ hohen Entwicklungsstand und es hätte die besten Aussichten gehabt, große Verbreitung in der Kinematografie zu finden, wenn nicht kurz darauf die wesentlich elegantere Lösung in Form des Mehrschichten-Farbfilms heutigen Typs gefunden worden wäre. 1935 entstand nach dem Linsenrasterverfahren jedoch noch ein Versuchsfarbfilm mit dem Titel »Das Schönheitspflästerchen«, der eine recht gute Kritik fand.

In der professionellen Fotografie blieb neben den Linien-, Korn- und Linsenrasterfilmen bzw. -platten allerdings stets auch das »klassische« Farbauszugs-Verfahren unter Verwendung von drei getrennten Schwarzweißplatten gebräuchlich. Dabei ging man später von der Schlittenkassete Miethes, in der die drei Farbauszüge nur nacheinander belichtet werden konnten, großenteils ab und benutzte statt dessen Strahlenteilungskameras. Hinter dem Objektiv befanden sich teildurchlässige Spiegel oder Prismen. Dadurch wurde das gleiche Bild auf drei an unterschiedlichen Stellen angeordnete Platten oder Planfilme entworfen und dort hinter je einem Farbfilter belichtet. Auch das Prinzip dieser Strahlenteilungskamera wurde übrigens schon 1874 von dem genialen Ducos du Hauron beschrieben. Ein wesentlicher Vorteil gegenüber der Kamera mit Schlittenkassette lag darin, daß alle drei Farbauszüge gleichzeitig belichtet wurden. Allerdings entsprachen das zweite und dritte Teilbild häufig nicht ganz dem ersten.

Es gab auch Varianten, die nur zwei Teilbilder erzeugten. Eines davon wurde auf einen sogenannten Bipack projiziert. Darunter versteht man zwei mit ihren lichtempfindlichen Schichten aneinandergelegte Schwarzweißfilme von unterschiedlicher Sensibilisierung. Das Licht wirkte durch die Rückseite eines der beiden Filme auf die Schichten ein. Durch eine weitere Filterschicht oder durch Gelbfärbung des vorn liegenden Films kann man beispielsweise das blaue Licht von dem hinten liegenden Film zurückhalten. Strahlenteilungskameras wurden auch in der Kinematografie gebräuchlich.

Farbige Porträts wurden auf Linien- und Kornrasterplatten zwar schon seit der ersten Dekade unseres Jahrhunderts vereinzelt aufgenommen. Aber für eine breite Anwendung in der Porträtfotografie waren diese Verfahren nicht praktikabel. Abgesehen von den langen Belichtungszeiten war die Anfertigung von

Farbbildern auf Papier so arbeitsaufwendig, daß die breite Masse der Porträtkunden dies nicht bezahlen konnte. Wer trotzdem farbige Porträts wünschte, ließ sich in Schwarzweiß fotografieren und das Bild handcolorieren. Das Verfahren, das man nicht unbedingt als geschmackvoll empfinden muß, war bis in die vierziger Jahre hinein das weitaus gebräuchlichste für farbige Personenbildnisse. Vereinzelt wurde es sogar bei Landschafts- und Sachaufnahmen angewendet.

Der lange Weg zum modernen Farbfilm

Alle bisher geschilderten Verfahren der Farbenfotografie beruhen auf additiver Farbmischung. Sämtliche modernen farbenfotografischen Materialien arbeiten dagegen mit subtraktiver Farbmischung. Um das Entstehen farbiger Bilder zu verstehen, kommt man nicht umhin, sich mit den Gesetzmäßigkeiten und Unterschieden zwischen additiver und subtraktiver Farbmischung vertraut zu machen. Wer sie bereits kennt, kann die betreffenden Ausführungen übergehen.

Bei der additiven Farbmischung addieren, überlagern sich die drei Grundfarben Blau, Grün und Rot. Es ergeben

Blau + Grün = Blaugrün,
Blau + Rot = Purpur,
Grün + Rot = Gelb,
Blau + Grün + Rot = Weiß.

Da Weiß mithin eine »Summenfarbe«, ein Gemisch von Licht aller Farben ist, kann man umgekehrt aus weißem Mischlicht auch wieder Licht aller Farben erhalten, wenn man durch Filter bestimmte Farben (Spektralbereiche) des Mischlichts absorbiert und nur bestimmte andere Farben (Spektralbereiche) durchläßt. Da hierbei von dem weißen Mischlicht, das alle Farben enthält, einige subtrahiert werden, bezeichnet man dies als subtraktive Farbmischung. Hierbei gelten folgende Gesetzmäßigkeiten:

Filterfarbe	absorbiert (sperrt)	durchlässig für
Blaugrün	Rot	Blau und Grün
Purpur	Grün	Blau und Rot
Gelb	Blau	Rot und Grün

Daraus folgt:

Filterkombination	sperrt	ergibt Rest (Mischfarbe)
Blaugrün + Purpur	Rot und Grün	Blau
Blaugrün + Gelb	Rot und Blau	Grün
Purpur + Gelb	Grün und Blau	Rot
Blaugrün + Purpur + Gelb	Rot, Grün und Blau	keine Farbe (Schwarz)

Die übrigen Zwischenfarbtöne entstehen durch Variation der Dichte der einzelnen Filter.

Den additiven Verfahren der Farbenfotografie sind bestimmte Mängel gemeinsam: zunächst der sehr hohe Lichtbedarf bei Aufnahme und Projektion, bedingt durch die strengen Filter. Außerdem waren keine ganz reinen Farben, sondern nur mehr oder weniger verweißlichte oder verschwärzlichte zu erzielen, weil beispielsweise an einer roten Bildstelle stets auch etwas grünes und blaues Licht hindurchtritt, da die grünen und blauen Filterchen nicht völlig durch Silberkörner zugeschwärzt sind. (Diese Nachteile gelten nicht für das Farbfernsehen, das ebenfalls mit additiver Farbmischung arbeitet, da hierbei die einzelnen Leuchtstoffpünktchen der Farbtriplets nicht als Filter dienen, sondern selbst Licht aussenden.) Auch setzt das Filterraster der Konturenschärfe Grenzen. Eine farbige Kleinbildfotografie wäre auf dieser Basis nicht möglich gewesen. Erst in jüngster Zeit gelang es, extrem feine Linienraster herzustellen, worauf noch zurückzukommen sein wird.

Das Grundprinzip des modernen subtraktiven Farbfilms ist eigentlich schon seit 1911 bekannt und seit 1913 sogar patentiert. Aber rund 25 Jahre vergingen, bis es praktisch durchführbar wurde. Der Schlüssel zur modernen Farbenfotografie wurde bei der Lösung einer viel einfacheren Aufgabe gefunden. Es entsprach dem Geschmack der damaligen Zeit, Schwarzweiß-Fotos in einer »stimmungsgemäßen« Farbe zu tonen. Als Resultat entstand ein Foto, das nicht nur aus schwärzlichem Bildsilber bestand, sondern darüber hinaus in *einer* Farbe getönt war. Man konnte das Bildsilber auch ganz entfernen und behielt nur das reine Farbstoffbild. Das Tonen mußte anfangs jedoch nachträglich erfolgen, also nachdem das Foto entwickelt und fixiert war.

Der deutsche Chemiker Dr. Rudolf Fischer (1881 bis 1957), damals in einem kleinen Berliner Herstellerwerk für Fotopapiere beschäftigt, suchte deshalb nach einem Verfahren, den Farbstoff gleichzeitig mit der Entwicklung des Silberbildes entstehen zu lassen und so den Verarbeitungsprozeß zu vereinfachen. Er knüpfte dabei an Gedanken des Österreichers K. Schinzel sowie an erste Ergebnisse über die Möglichkeit einer farbigen Entwicklung an, die B. Homolka 1907 veröffentlicht hatte. Die von Homolka benutzten Farbstoffverbindungen erwiesen sich aber für Fischers Aufgabe ungeeignet.

Auf der Suche nach besseren Möglichkeiten kam Fischer auf die Idee, einen damals bereits bekannten Vorgang der Bildung des Farbstoffs Naphtholblau bei Oxydation von Dimethyl-p-phenylendiamin in Gegenwart von Alpha-Naphthol daraufhin zu untersuchen, ob auch belichtetes Silberhalogenid als Oxydationsmittel zu verwenden sei. Das bestätigte sich. Als Fischer anstelle von Naphtholen Verbindungen mit reaktionsfähigen Methylengruppen einsetzte, konnte er die Farbskale sogar von Blaugrün über Purpur bis Gelb ausdehnen. Damit aber waren alle drei Grundfarben der subtraktiven Farbmischung darstellbar!

Mit Fischers Entdeckung war das Fundament der modernen Farbenfotografie gelegt, nämlich die Farbentwicklung, auch chromogene Entwicklung genannt. Sie ist dadurch gekennzeichnet, daß während der Entwicklung des belichteten Silberhalogenids aus dem Oxydationsprodukt des Entwicklers und einer von vornherein in der fotografischen Emulsion mit enthaltenen sogenannten Farbkomponente, auch als Farbkuppler bezeichnet, ein Farbstoff gebildet wird. So entstehen also gleichzeitig das Schwarzweiß-Silberbild und ein Farbstoffbild. Die Farbkomponente als solche ist noch kein Farbstoff, sondern erst durch ihre Verbindung mit dem Entwickleroxydationsprodukt wird daraus ein Farbstoff.

Fischer erkannte, daß er damit nicht nur das gesteckte Nahziel erreicht hatte, farbig getonte Schwarzweißbilder in einem Arbeitsgang zu erhalten, sondern daß darin die prinzipielle Lösung des Problems der Farbenfotografie steckte. Fischer beschrieb 1912 und 1913 in zwei Patentanmeldungen die Grundzüge der heutigen Farbenfotografie. Je eine für das blaue, grüne und rote Spektraldrittel empfindliche fotografische Emulsion sollten als getrennte Schichten übereinander gegossen werden. Zuoberst war die für Blau empfindliche Schicht anzuordnen, darunter folgten die grün- bzw. rotempfindliche. Zur Herabminderung der Blauempfindlichkeit der beiden unteren Schichten sollte unter der obersten Emulsion als Zwischenlage eine Gelbfilterschicht angeordnet werden, bestehend aus einem mit Bindemittel vermischten gelben Farbstoff. In jede der drei Emulsionen waren geeignete Farbkomponenten mit einzubetten. Um eine Diffusion sowohl der Farbkomponenten als auch der zu bildenden Farbstoffe von einer Schicht in benachbarte zu verhindern, durften die drei Emulsionen nicht unmittelbar aufeinandergegossen werden, sondern mußten durch farblose Zwischenschichten getrennt sein.

Doch war sich Fischer darüber klar, daß damit vorerst nur das Prinzip gefunden, die praktische Realisierung einstweilen jedoch nicht möglich war, weil es an einigen chemischen und technischen Voraussetzungen dafür fehlte. Das Verfahren setzte voraus, daß man Schichten gießen kann, die extrem dünn sind und deren Dicke außerdem über der gesamten Fläche äußerst gleichmäßig ist. Ferner brauchte man Sensibilisatoren, die weit höheren Ansprüchen genügten als die damals bekannten. Außerdem fehlte es an Substanzen, bei denen sich die Farbstoffbildung aus Komponente und Oxydationsprodukt hinreichend schnell vollzieht und trotzdem eine große Ausbeute an Farbstoff entsteht. Andernfalls entständen nur recht blasse Bilder, weil die Farbstoffe keine genügende Dichte erreichen. Die zu wählenden Farbkomponenten müssen sich außerdem gegenüber den Silberhalogeniden indifferent verhalten, dürfen also die Empfindlichkeit und Stabilität der Emulsion nicht ungünstig beeinflussen. Ferner fehlte es an Farbkomponenten, die diffusionsfest sind, also nicht durch die Zwischenschichten wandern können. Schließlich mußten sie noch so hoch dispers sein, daß sie keine merkliche Lichtstreuung in der Emulsion bewirken.

Fischer selbst hat, obwohl er kurz vor dem ersten Weltkrieg an einem kopierfähigen Farbrasterverfahren arbeitete, die Verwirklichung des in seinen Patenten umrissenen Farbfilms nicht versucht. Er war realistisch genug, um zu erkennen, daß die ihm zur Verfügung stehenden Forschungsmöglichkeiten dafür nicht ausreichten, sondern erst allmählich weitere Fortschritte der fotografischen Fotochemie und der Begießtechnik die Voraussetzungen schaffen mußten. So bildet der moderne Farbfilm ein charakteristisches Beispiel dafür, daß nun auch in der Fotografie eine Epoche angebrochen war, in der durch die geniale Leistung eines einzelnen Forschers allein bahnbrechend Neues nicht mehr zu schaffen war, sondern daß es dafür des Ineinandergreifens von wissenschaftlich-technischen Entwicklungen auf vielen Gebieten bedurfte, daß mithin also der Fortschritt auf einem speziellen Gebiet vom allgemeinen wissenschaftlich-technischen Fortschritt der Gesellschaft abhängt.

Das Fischersche Prinzip geriet vorübergehend sogar fast in Vergessenheit, so daß sich nur noch einige Außenseiter damit weiter beschäftigten. Während der gesamten 25jährigen Geltungsdauer der Schutzrechte aus Fischers Patenten stand in den fotochemischen Werken die Weiterentwicklung von Farbrasterverfahren im Vordergrund der Forschungen. Zu den Außenseitern, die sich die Verwirklichung des von Fischer vorgezeichneten Verfahrens zum Ziel setzten, gehörten in den USA zwei Männer, die nicht einmal Berufsfotografen geschweige denn Chemiker, sondern Fotoamateure und von Beruf Musiker waren: Leopold Mannes und Leopold Godowsky. Sie waren übrigens sogar so konsequent, daß sie nach erfolgreicher Lösung der Aufgabe nicht etwa Chemiker blieben, sondern wieder in ihren Musikerberuf zurückgingen.

Welch eine zähe, sich über lange Zeit erstreckende Arbeit erforderlich war, kann man daran ermessen, daß die ersten Patente von Mannes und Godowsky, die Lösungen von Teilproblemen zum Inhalt hatten, bereits 1923 datieren und erst 1935 die ersten Farbfilme des angestrebten Typs auf den Markt kamen. Trotzdem brachte diese erste Variante des Kodachromfilm von 1935 zunächst noch nicht die volle Verwirklichung der Konzeption Fischers. Es fehlte zwar nur eine Kleinigkeit, nämlich die Diffusionsfestigkeit der Farbkomponenten. Doch erzwang dieses eine ungelöste Problem als Tribut eine sehr komplizierte Verarbeitung, die mit äußerster Präzision erfolgen mußte und eine sehr große Zahl von Teilschritten erforderte.

Da man nicht verhindern konnte, daß die Farbkomponenten aus einer Schicht in benachbarte hinüberwandern, durften sie nicht von vornherein in den drei lichtempfindlichen Emulsionen enthalten sein, sondern konnten erst bei der Entwicklung in getrennten Verarbeitungsstufen nacheinander in diese hineingebracht und in Farbstoffe überführt werden. Abgesehen von Wässerungen zwischen den einzelnen Verarbeitungsschritten ergaben sich dabei folgende Prozeßstufen:

Zunächst wurde der belichtete Film einer Schwarzweißentwicklung unterzogen. Dabei entstand in allen drei Schichten ein negatives Schwarzweiß-Silberbild. Danach wurde durch ein Bleichbad dieses Silber wieder entfernt und somit das negative Bild getilgt. Daran schloß sich die erste Zwischenbelichtung mit diffusem Licht, bei der das Silberhalogenid, das bei der Aufnahme unbelichtet geblieben war, exponiert wurde. Den vierten Schritt bildete die erste Farbentwicklung mit einem Entwickler, der die Blaugrün-Farbkomponente enthielt. Wegen der fehlenden Diffusionsfestigkeit entstanden dabei aber in allen drei Schichten positive Schwarzweiß-Silberbilder und positive Blaugrün-Farbstoffbilder.

Im fünften Schritt mußte deshalb durch ein Bleichbad das Blaugrünbild in den beiden obersten Schichten wieder entfernt und zugleich das entwickelte Bildsilber dieser Schichten in lichtempfindliches Silberhalogenid zurückverwandelt werden. Damit das Bleichbad nur bis in die beiden obersten Schichten eindrang, wurde es durch Zusätze etwas verdickt. Infolge der höheren Viskosität diffundierte das Bad nur so allmählich in die Schichten, daß man die Eindringtiefe nach der Zeit dosieren konnte. Man bezeichnete das Verfahren daher als kontrollierte Diffusion.

Als sechster Teilschritt folgte die zweite Zwischenbelichtung, als siebenter die zweite Farbentwicklung mit einer Purpur-Farbkomponente. In der untersten Schicht, in der sich das Blaugrün-Teilbild, aber kein entwickelbares Silberhalogenid mehr befand, blieb die zweite Farbentwicklung daher ohne Wirkung. In den beiden oberen Schichten entstanden jedoch wieder positive Silberbilder und Purpur-Farbstoffbilder.

Der achte Teilschritt der Verarbeitung mußte dementsprechend wieder ein Bleichbad mit kontrollierter Diffusion sein. Es zerstörte in der obersten Schicht das Purpurbild und verwandelte das Bildsilber dort wieder in Silberhalogenid. Als neunter Schritt schloß sich nun die dritte Zwischenbelichtung an, die dann zehntens von der dritten Farbentwicklung gefolgt wurde. Sie rief in der obersten Schicht ein positives Silberbild und zugleich ein Gelb-Farbstoffbild hervor. In einem elften Schritt war schließlich durch ein Bleichbad das Silber aus allen drei Schichten zu entfernen, so daß in allen Schichten nur ein reines Farbstoffbild zurückblieb. Erst später gelang es, den Verarbeitungsprozeß der Kodachromfilme wesentlich zu vereinfachen. Aber auch von diesen anfänglichen Umständlichkeiten waren nun nicht mehr die Benutzer des Films betroffen, da die Verarbeitung zentral in großen Labors mit dafür geeigneten Maschinen erfolgte.

Alle diese Umstände waren nur erforderlich, weil es an diffusionsfesten Farbkomponenten fehlte. Diese wurden erstmals in der Filmfabrik Wolfen von den Chemikern Dr. G. Willmanns, Dr. W. Schneider und Kumetat geschaffen. Das Prinzip kann man sich durch einen Vergleich veranschaulichen, bei dem wir uns die erwähnten Trennschichten zwischen den drei Emulsionen als Netze vorstellen wollen, dessen Maschen so beschaffen sind, daß zwar die Moleküle des Entwicklers ungehindert hindurchschlüpfen können, nicht aber die der Farbkomponenten. Um das zu erreichen, hängten die Wolfener Forscher den Molekülen der Komponenten einen »Schwanz« an, der so sperrig war, daß er nicht durch die Maschen des Netzes geht. Chemisch wurde das durch Substitution der Farbkomponenten mit einem langen aliphatischen Fettrest bewerkstelligt. Außer dem Fettrest mußten die Komponenten noch Sulfo- oder Carboxylgruppen enthalten. Sie verleihen den Komponenten in Form ihrer Alkali- oder Ammoniumsalze Wasserlöslichkeit, ohne daß sie dabei ihre Diffusionsfestigkeit verlieren.

Im Juli 1936 begann die erste größere Versuchsfabrikation von Farbumkehrfilm in Wolfen. Zum Unterschied vom amerikanischen Kodachromfilm war in der Grundkonzeption des Wolfener Verfahrens von vornherein auch der Negativ-Positiv-Prozeß einbezogen, so daß man nicht nur Unikate als Umkehrdiapositive erhalten konnte, sondern auch Farbnegative, nach denen beliebig viele Positive auf Film oder Papier sowie Kinefilmpositive zu kopieren waren. Bereits 1938 liefen die ersten Versuchsfabrikationen von Farb-Negativ- und -Positivfilmen an, ab Januar 1939 die reguläre Produktion. Infolge des zweiten Weltkrieges verzögerte sich jedoch der Fortgang der Arbeiten, so daß der erste nach dem Wolfener Negativ-Positiv-Prozeß gedrehte farbige Spielfilm »Frauen sind doch bessere Diplomaten« erst 1941 uraufgeführt werden konnte. Nach dem zweiten Weltkrieg wurde das Wolfener Verfahren von fast allen Farbfilmherstellern der Welt übernommen.

In den Farbfilmen des Wolfener Typs ist die oberste Emulsion für Blau empfindlich und enthält eine Farbkomponente für Gelb, die mittlere ist für Grün empfindlich und enthält eine Farbkomponente für Purpur, die unterste ist für Rot sensibilisiert und enthält eine Blaugrün-Farbkomponente. Unterzieht man den belichteten Film gleich einer Farbentwicklung, wie es beim Farbnegativfilm erfolgt, so erhält man also kein farbrichtiges, sondern ein Bild in den Gegenfarben: blauer Himmel wird z. B. gelb, grünes Gras purpurn und eine rote Blüte blaugrün abgebildet. Wird dieses Farbnegativ jedoch auf einem gleichartig aufgebauten Positivmaterial (Film oder Papier) kopiert oder vergrößert, so erfolgt wieder eine Umkehrung des komplementärfarbigen Negativs zum farbrichtigen Positiv. Auf eine detaillierte Erläuterung dieses Prozesses kann hier verzichtet werden, da er in jedem Amateur-Lehrbuch über Farbenfotografie ausführlich beschrieben und durch Illustrationen veranschaulicht ist.

Um auf demselben Filmmaterial, das in der Kamera belichtet wird, direkt, also ohne Kopieren oder Vergrößern, ein farbrichtiges Diapositiv zu erhalten, muß grundsätzlich eine Umkehrentwicklung erfolgen. (Auch die geschilderte Verarbeitung des Kodachromfilms ist eine Umkehr-Entwicklung.) Dabei wird der belichtete Film zunächst nur einer Schwarzweißentwicklung unterzogen, bei der keinerlei Farbstoffe entstehen, sondern in allen Schichten nur ein negatives Schwarzweiß-Silberbild. Daran schließt sich die Zweitbelichtung mit diffusem Licht. Sie exponiert das Silberhalogenid, das bei der Belichtung in der Kamera unbelichtet blieb. Die darauffolgende Farbentwicklung läßt daher in den drei Schichten ein positives Silberbild und zugleich die für jede Schicht spezifischen Farbstoffbilder entstehen.

In einem vierten Teilschritt wird durch Bleichen aus allen Schichten sowohl das negative wie das positive Silberbild entfernt, so daß nur noch die Farbstoffe im Film verbleiben. Den fünften Schritt bildet die Fixage.

Die ersten Wolfener Farbumkehrfilme für Diapositive hatten eine Empfindlichkeit wie 6 DIN. (Die Empfindlichkeit von Farbfilmen wird stets nur durch die Formulierung »zu belichten wie ... DIN« angegeben, weil das dieser Empfindlichkeits-Kennzeichnung zugrundeliegende Bestimmungsverfahren definitionsgemäß nicht auf Farbfilme anzuwenden ist.) Bis 1945 war eine Steigerung auf wie etwa 11 DIN beim Umkehr- und wie 13 DIN beim Negativfilm erreicht. Mit der 1954 erzielten Empfindlichkeit des Negativfilms wie 17 DIN wurde erstmals bei einem Farbfilm die gleiche Empfindlichkeit wie bei damaligen normalen Schwarzweißfilmen erreicht.

Eine wichtige von zahlreichen Filmherstellern beim Farbnegativfilm im Verlaufe der jüngsten Jahrzehnte eingeführte Verbesserung bildet die sogenannte Maskierung. Dem subtraktiven Mehrschichtenfarbfilm liegt wie geschildert das Prinzip zugrunde, daß sich die drei lichtempfindlichen und farbstoffbildenden Schichten gewissermaßen die Arbeit teilen: Jede Schicht ist für ein bestimmtes Spektraldrittel und nur für dieses »zuständig«. Eine exakte Übertragung der Bildinformation vom Negativ auf das Positiv setzt daher voraus, daß jede Schicht nur Bildinformationen ihres Spektralbereichs an das Positiv weitergibt. Dies hinwiederum erfordert, daß der Farbstoff der betreffenden

Schicht nur in dem Spektralbereich absorbiert, »eine Dichte hat«, wie es in der Fachsprache heißt, für den diese Schicht empfindlich ist.

Leider ist das in der Praxis nicht ohne weiteres der Fall. Besonders der Purpurfarbstoff der mittleren Schicht absorbiert außer im grünen noch im blauen Spektraldrittel. Diese Nebenabsorption, auch Nebenfarbdichte genannt, ist sogar sehr erheblich und beträgt etwa 40 Prozent der Farbdichte für Grün. Die Folge davon ist, daß die Purpurschicht des Negativs die Bildinformation in Grün nicht nur an die grünempfindliche Schicht des Positivmaterials weitergibt, sondern auch an die blauempfindliche. Das führt zur Herabsetzung der Farbsättigung und -reinheit und somit zu einer gradweisen Verfälschung der Farben.

Den Purpurfarbstoff für blaues Licht völlig transparent zu machen, ist nicht möglich, zumal man für fotografische Materialien nicht auf alle beliebigen Farbstoffe zurückgreifen kann, sondern in der Auswahl auf solche eingeschränkt ist, die sich für den fotografischen Prozeß eignen. Man kann die Weitergabe einer falschen Bildinformation aber auch dadurch verhindern, daß man die Blauabsorption der Purpurfarbstoffe enthaltenden Schicht an allen Stellen gleich groß macht, unabhängig davon, ob an einer Stelle viel oder wenig Purpurfarbstoff gebildet wurde. Das klingt im ersten Moment befremdlich. Daß es trotzdem so ist, läßt sich aber leicht einsehen, wenn wir bedenken, daß beispielsweise ein Blatt Papier von gleichmäßigem Weiß auf der gesamten Fläche kein Bild, sondern nur ein »leeres« Blatt darstellt. Eine auf der gesamten Fläche gleiche Dichte für Blau stellt ebenso kein Bild dar, ist gewissermaßen ein leeres blaues Blatt.

Diese gleichmäßige Dichte für Blau in der Purpurschicht entsteht dann, wenn an jeder Stelle dieser Schicht um so mehr Blau absorbierender gelber Farbstoff gebildet wird, je weniger Purpurfarbstoff dort vorhanden ist. Dann ergänzen sich nämlich die Blauabsorption des Purpurfarbstoffs mit der Blauabsorption des gelben Farbstoffs überall zu einem gleich großen Wert, also zu einer über der gesamten Fläche gleich starken Blauabsorption.

Das beschriebene Ziel ist durch einen Kunstgriff zu erreichen, indem man die Purpurfarbkomponente so abwandelt, daß sie zugleich ein gelber Farbstoff ist. Bei der Farbentwicklung verschwindet dieser gelbe Farbstoff genau in dem Maße, in dem er mit dem Entwickler-Oxydationsprodukt in Purpurfarbstoff überführt wird. Anders ausgedrückt: Die nach der Farbentwicklung nicht zu Purpurfarbstoff gewordene Komponente bleibt als gelber Farbstoff zurück und bildet ein zusätzliches, dem Purpurbild entgegengesetztes Gelbbild. Dieses Gelbbild nennt man auch eine Maske.

In analoger Weise ist die Blaugrünkomponente der rotempfindlichen Schicht so abzuwandeln, daß sich bei der Farbentwicklung automatisch eine Maske bildet, welche die störende Nebenfarbdichte des Blaugrünfarbstoffs kompensiert. Der gelbe Farbstoff der blauempfindlichen Schicht hat nur eine geringe Nebenfarbdichte und bedarf deshalb kaum der Maskierung. Insgesamt wird die Dichte des Negativs durch die Maskierung erhöht. Daraus resultiert ein höherer Lichtbedarf beim Kopieren bzw. Vergrößern. Falsche Bildinformationen können aber nicht mehr übertragen werden. Denn Bildinformationen sind stets nur dann vorhanden, wenn örtliche Dichteunterschiede bestehen. Solche Masken-Farbnegativfilme werden heute außer in der Kinematografie auch in der Fotografie verwendet.

So einfach die modernen Farbfilme in der Handhabung durch den Anwender sind, so relativ kompliziert und schwierig sind sie also in der Konzeption und Herstellung. Nur durch eine Großfabrikation ist es möglich, sie dennoch zu erschwinglichen Preisen auf den Markt zu bringen. Die Pioniere der Farbenfotografie hätten es wahrscheinlich nicht für möglich gehalten, daß man derart diffizile chemische und physikalisch-chemische Prozesse mit einer solchen Präzision in den Griff bekommen würde. Dies gilt noch mehr für die jüngsten Entwicklungen auf dem Sektor der farbenfotografischen Verfahren, den Quasi-Sofortbild-Farbfilmen, von denen man innerhalb von einer oder wenigen Minuten nach der Belichtung bereits das fertige Bild erhält.

Farbfotos – sofort aus der Kamera

War mit dem subtraktiven Mehrschichtenfilm der Wunschtraum nach Fotos in natürlichen Farben auf eine für jedermann praktikable Weise erfüllt, so blieb jedoch als relativer Nachteil die lange »Zugriffszeit«: Um zum fertigen Bild zu gelangen, bedarf es einer Verarbeitung im Fachlabor, die für den Verbraucher Warten auf das Resultat seiner fotografischen Bemühungen bedeutet. Farbfilme dieser »konventionellen« Art selbst zu entwikkeln, wäre dem Amateur zwar möglich, würde aber von der weitaus überwiegenden Zahl der Fotofreunde mit Recht als viel zu arbeitsaufwendig empfunden.

Dr. Edwin Land und Dr. Howard Rogers setzten sich deshalb das Ziel, ein Aufnahmematerial zunächst für die Schwarzweiß- und später auch für die Farbenfotografie zu schaffen, das innerhalb von Sekunden oder einer bis weniger Minuten, mithin quasi sofort nach der Belichtung das fertige Bild ergibt. Für die Verwirklichung dieses Ziels brauchten sie mit Hunderten hochqualifizierter Mitarbeiter etwa 15 Jahre intensiver Forschungen und – nach dem Kosteniveau vor etwa 30 Jahren berechnet – 60 Millionen Mark, und dies allein für die ersten Sofortbild-Filme und -kameras.

Sie kamen 1947 für Schwarzweiß in den Handel und ergaben innerhalb von etwa zehn Sekunden ein fertiges Positiv. Später folgte der PolaColorfilm, bei dem man 50 bis 60 Sekunden nach der Exposition ein fertiges Bild in guter Farbqualität erhält. Beim Polaroid-Color-Sofortbild-Verfahren bleibt die geschilderte Grundkonzeption des subtraktiven Mehrschichtenfilms ebenfalls gewahrt. Es werden also drei für verschiedene Spektraldrittel sensibilisierte Silberhalogenid-Gelatine-Emulsionsschichten verwendet und es entsteht zunächst ein negatives Bild.

Abweichend vom »klassischen« Verfahren wird der Farbstoff jedoch nicht erst durch Verbindung einer im Film enthaltenen Farbkomponente und dem bei der Entwicklung entstehenden Oxydationsprodukt gebildet. Vielmehr ist der Farbstoff von vornherein im Film enthalten, aber an den Entwickler gebunden, der sich gleichfalls bereits mit im unbelichteten Film befindet, aber in einem inaktiven, nicht wirksamen Zustand. Die miteinander verbundenen Entwickler-Farbstoff-Moleküle liegen nicht direkt in den lichtempfindlichen Silberhalogenid-Gelatine-Schichten, sondern in gesonderten Schichten jeweils darunter.

Der Film ist eine Doppelrolle. Die eine enthält das Negativmaterial, die andere das Positivpapier. Nach der Belichtung wird ein Papierstreifen aus der Kamera gezogen und dadurch je eine Bildlänge des Negativ- und Positivmaterials in die Entwicklungskammer der Kamera transportiert. Darin liegen Negativ- und Positivmaterial eng Schicht an Schicht. Auf dem Positivpapier befindet sich vor jeder Bildlänge eine Kapsel mit einer Paste. Bevor das Negativ- und das Positivmaterial in die Entwicklungskammer gelangen, laufen beide zwischen zwei Stahlwalzen hindurch. Dabei wird die Kapsel aufgesprengt und der genau justierte Walzendruck streicht die Paste in sehr dünner Schicht von weniger als einem Hundertstelmillimeter gleichmäßig zwischen Negativ- und Positivmaterial aus. Das Verfahren erfordert also stets eine besondere Kamera mit entsprechenden Vorrichtungen bzw. eine spezielle Filmpack-Kassette, die an normale professionelle Systemkameras des Mittel- oder Großformats angesetzt werden kann.

Die hochviskose Paste aktiviert den Entwickler, läßt die Schichten des Negativmaterials aufquellen und ermöglicht eine gleichmäßige Diffusion von Substanzen, die sich im Verlaufe der Entwicklung bilden. Zwischenschichten halten dabei den Entwicklungs- und Diffusionsprozeß in Grenzen. Der Entwickler reduziert die belichteten Silberhalogenidkörner zu metallischem Silber. Dabei entstehen Reaktionsprodukte, die schwer löslich, daher unbeweglich sind und an der Diffusion nicht teilnehmen, sondern in ihrer Schicht verbleiben. Da sie mit dem Farbstoff verbunden sind, verbleibt auch dieser in der betreffenden Schicht. Die Zuordnung zwischen dem Sensibilisierungsbereich einer Schicht und des in ihr befindlichen Farbstoffs ist dieselbe wie beim normalen subtraktiven Mehrschichtenfilm. Die unbeweglichen, in den jeweiligen Schichten des Negativmaterials zurückgehaltenen Farbstoffe ergeben somit ein Farbnegativ wie beim Negativ-Positiv-Verfahren des Wolfener Farbfilmtyps.

Die Entwickler-Farbstoff-Moleküle an den unbelichtet gebliebenen Stellen der Schicht vollziehen keine Entwicklung der Silberhalogenidkörner. Folglich verwandeln sich diese Entwickler-Farbstoff-Moleküle nicht in schwer lösliche Reaktionsprodukte, sondern bleiben beweglich. Sie diffundieren, wandern deshalb aus dem Negativ- in das Positivmaterial hinüber. Dieses enthält überhaupt keine lichtempfindlichen Schichten oder Farbkomponenten, sondern – außer Hilfsschichten – lediglich eine Empfangsschicht für die aus dem Negativmaterial eintreffenden Farbstoffe. In ihr werden die Farbstoffe eingebettet und außerdem das Alkali abgespalten. Dieses wandert durch eine Zwischenschicht weiter in die Alkali-Empfangsschicht und wird dort neutralisiert und fest eingebaut. Das dabei zurückdiffundierende Wasser löst gegen Ende des Entwicklungsprozesses schließlich die wasserlösliche Zwischenschicht auf und wäscht restliche Alkalibestandteile aus der Farbstoff-Empfangsschicht aus.

Die Zeitdauer der Entwicklung ist temperaturabhängig. Bei 20 Grad C dauert sie 50 bis 60 s, bei wesentlich höherer Temperatur etwa 30 s und bei tiefen Temperaturen wesentlich länger als 60 s. Da für die Erzeugung des Positivs die Farbstoffe und anderen Chemikalien des Negativmaterials verbraucht wurden, ist das entstandene Positiv ein Unikat. Vom selben Negativ kann daher auf gleiche Weise kein weiteres Bild mehr erzeugt werden. Beim Polaroid-Schwarzweißfilm ist der Prozeß einfacher. Hierbei wird nur eine Silberhalogenidschicht benötigt. Das belichtete Silberhalogenid wird durch einen in der ausgequetschten Paste enthaltenen Entwickler zu metallischem Silber reduziert, so daß ein Negativ entsteht. Das gleichfalls in der Paste enthaltene Natriumthiosulfat (Fixiernatron) löst das unbelichtete Silberhalogenid und bildet einen Silber-Thiosulfat-Komplex. Dessen Moleküle diffundieren aus der Negativ- in die Positivschicht hinüber. Sie enthält kolloidales Silbersulfid, an das der Silber-Thiosulfat-Komplex seine Silber-Ionen abgibt. Angeregt durch Katalysatoren wird dabei das Silbersulfid in dem Positivmaterial zu metallischem Silber reduziert. Damit ist die Umkehrung zum positiven Schwarzweißbild vollzogen. Nach Abtrennung des Negativmaterials der betreffenden Bildeinheit verbleibt also ein Positivpapierbild.

Die Sofortbildverfahren der ersten Generation hatten noch eine Reihe von Nachteilen. Die Zeitabhängigkeit des optimalen Verlaufs der Entwicklung schloß bei Temperaturabweichungen mißlungene Bilder nicht aus. Der Fotograf mußte je nach der herrschenden Temperatur die Zeit kontrollieren, wofür als Zubehör eine kleine Kurzzeituhr geliefert wurde. Ferner war das Positiv nach dem Trennen vom Negativ noch etwas feucht und recht empfindlich gegen Kratzer. Das Negativ war mit Chemikalien verschmiert. Wenn man es weder wegwerfen noch in die Tasche stecken wollte, mußte man eigens für die Aufbewahrung einen Behälter mitführen. Das Negativ war auch nur bei einem später herausgebrachten speziellen Schwarzweiß-Filmtyp nach einer zusätzlichen Behandlung, die innerhalb einer bestimmten Zeit erfolgen mußte, zum Kopieren oder Vergrößern weiterer Positive nach konventioneller Methode geeignet. Ferner waren die Kameras recht groß. Denn da das Positiv eine Kontaktkopie ist, durfte das Aufnahmeformat nicht zu klein sein. Für den inzwischen an die Klein- oder neuestens sogar Kleinstbildkamera gewohnten Amateur war das nicht unbedingt attraktiv.

Neuester Stand: die absolute Einstufen-Fotografie

Ein Sofortbild-Kamera- und Farbfilmsystem der zweiten Generation wurde von Land erstmals 1972 als »absolutely one-step-photography« (absolute Einstufen-Fotografie) vorgestellt. 1973 erhielt Land für seine Verdienste um die Sofortbildfotografie und um die Fotografie überhaupt in Prag den Internationalen Interkamera-Preis. Der neue Polaroid-SX-70-Land-Film hat 17 mikroskopisch dünne Schichten. Ohne die Filmunterlage gerechnet haben sie zusammengenommen nur eine Dicke von 0,05 mm. Es handelt sich dabei nicht mehr um Rollfilm, sondern um zehn einzelne Filmblätter, die sich in einer speziellen Filmpack-Kassette befinden.

Die Größe der Filmblätter beträgt 107,5 mm × 88,5 mm, wovon eine Fläche von 78,5 mm × 79,5 mm für das Bild genutzt wird. Die Entwicklung erfolgt nicht mehr innerhalb, sondern nach Herausziehen einer Bildeinheit außerhalb der Kamera bei jedem Licht in vier bis sechs Minuten. Eine Überwachung der Zeit in Abhängigkeit von der Temperatur ist nicht mehr erforderlich. Das Material kann während der Entwicklung jeder Art von Licht ausgesetzt sein: heller Sonne, gedämpftem Licht oder auch nur den spärlichen Lichtspuren, die einwirken, wenn das Material während der Entwicklung in der Jackentasche steckt. Zunächst ist das Bild milchig trübe. Im Verlaufe der Entwicklung kräftigt es sich bis zur vollen Farbtiefe. Das setzte die Lösung eines ungemein schwierigen Problems voraus. Dasselbe Material, das innerhalb der Kamera so hoch lichtempfindlich sein muß, daß die winzige während eines Sekundenbruchteils einwirkende Lichtmenge zur Exposition ausreicht, muß außerhalb der Kamera eine millionenfach größere Lichtmenge vertragen, ohne daß diese nochmals fotografisch wirksam wird.

Die drei für die verschiedenen Spektraldrittel sensibilisierten Silberhalogenid-Gelatine-Emulsionen mit ihren jeweils darunter befindlichen Entwickler-Farbstoff-Schichten bilden beim Polaroid-SX-70-Land-Film nur einen Teil des Gesamtaufbaus des Materials. Hinzu treten zahlreiche weitere Hilfs- und Zwischenschichten, deren ausführliche Beschreibung hier zu weit führen würde. Interessante neue Problemlösungen wurden auch bei der Konstruktion der Polaroid-SX-70-Land-Kamera beschritten mit dem Ziel, trotz des relativ großen Aufnahmeformats von rund

8 cm× 8 cm handlich kleine Abmaße des Apparates zu erzielen. Im zusammengeklappten Zustand ist die Kamera nur 2,5 cm hoch, 10 cm breit und 17,5 cm tief. Beim Öffnen der Kamera vergrößert sich die Bauhöhe auf 13 cm. Die Filmebene steht nicht senkrecht zur optischen Achse des Objektivs, sondern befindet sich im Kameraboden. Das vom Objektiv entworfene Bild wird von einem Spiegel auf die Filmebene entworfen und dabei zugleich seitenrichtig gestellt. Zur Erzeugung des Sucherbilds wird der Strahlengang durch entsprechende Spiegel viermal umgelenkt. Durch Mikroprozessoren ist der Aufnahmevorgang weitgehend automatisiert.

Als Einstufenprozeß wird das Verfahren bezeichnet, weil kein Negativ als Abfall zurückbleibt, sondern Negativ und Positiv im selben Filmblatt integriert sind. Das entstandene Bild ist freilich wieder ein Unikat. Man kann es aber nach demselben Verfahren, nach dem das Original entsteht, in gleicher Größe oder als Vergrößerung vervielfältigen. Dafür sind allerdings entsprechende Zusatzgeräte erforderlich.

1976 brachte Land darüber hinaus ein Großbildsystem gleichen Verfahrens heraus, das innerhalb einer Minute Farbpapierbilder von 18 cm × 24 cm ergibt. Es besteht aus einem elektrisch betriebenen Entwicklungsgerät, dem sogenannten Prozessor, einer Filmkassette, die an Studiokameras dieses Formats ansetzbar ist, und dem PolaColor 2-Land-Film Typ 803. Hier ist für die Verarbeitung also ein besonderes Gerät erforderlich, in das die Filmkassette nach der Belichtung des Filmblatts eingesetzt wird. Bei diesem Material entstehen wieder ein Negativ und ein Positiv.

Nachdem die Sofortbildfilme Lands fast 30 Jahre ohne Konkurrenz geblieben waren, brachte 1976 auch Kodak ein abfallfreies im Einstufenprozeß arbeitendes Colormaterial heraus, den aus 19 Schichten bestehenden Kodak-Instant-Print-Film. Das Grundprinzip der Bildentstehung hat viele Gemeinsamkeiten mit dem PolaColor SX-70. Ein wesentlicher Unterschied besteht jedoch darin, daß die drei lichtempfindlichen Schichten Umkehremulsionen sind, in denen die unbelichteten Silberhalogenidkörner entwickelt werden, so daß sofort und direkt ein positives Bild entsteht. Die Entwickleroxydationsprodukte setzen metallisierte Farbstoffe frei, die in den das Farbbild enthaltenden Komplex des Materials diffundieren. Die Farbstoffe sollen besonders lichtbeständig sein. Auch für diesen Film sind spezielle Kameras erforderlich. Die Bildeinheit wird entweder mittels Handkurbel oder durch elektrisch angetriebene Rollen aus der Kamera befördert, wobei zugleich die Verarbeitungspaste ausgequetscht wird. Die Entwicklung erfolgt ebenfalls außerhalb der Kamera und dauert etwa acht Minuten. Doch ist das Bild bereits nach einer Minute sichtbar.

Die Sofortbildfilme stellen anerkennenswerte Leistungen der Chemie und Technologie dar, doch darf man ihre Vorteile nicht überschätzen. Infolge der äußerst komplizierten Herstellungsprozesse sind Sofortbildfilme wesentlich teurer. Darüber kann der Umstand nicht hinwegtäuschen, daß einfachere Modelle von Sofortbildkameras zu erstaunlich niedrigen Preisen verkauft werden, die wahrscheinlich unter den Herstellungskosten liegen. Dies geschieht aber nur, um für das teure Filmmaterial einen breiten Markt zu schaffen.

Abgesehen von den preislichen Nachteilen, die auch für jede Vervielfältigung eines Sofortbildes gelten, hat sich inzwischen bei vielen anspruchsvolleren Amateurfotografen ein deutlicher Trend zur Bevorzugung des farbigen Diapositivs gegenüber dem Papierbild herausgebildet, da das Strahlbild in Brillanz und Leuchtkraft der Farben einem Aufsichtbild auf Papierunterlage weit überlegen ist. Dies gilt auch bei hoher Qualität eines farbigen Papierbildes. Gegen ein kleines Papierbild von 8 cm × 8 cm würden die meisten Farbfotoamateure ihre Farbdias kaum eintauschen. Großformatige Sofortbilder aber erfordern stets Kameras und Zubehör, deren Anschaffungspreis für eine amateurmäßige fotografische Betätigung nicht zumutbar ist.

Die Erfindung eines Diapositiv-Sofortbild-Verfahrens steht noch aus. Außerdem kann nur ein eingeschränktes Interesse an einem Sofortbild-Dia im wörtlichen Sinne bestehen, da man unmittelbar nach der Aufnahme in freier Natur ohnehin nicht die Möglichkeit hat, das Dia mit einem Projektor zu betrachten. Eine weitere Steigerung des Komforts könnte beim Diafilm allerdings darin bestehen, daß der Amateur die Möglichkeit hat, nach Belichtung des Films diesen auf eine einfache und bequeme, aber trotzdem zu guten Ergebnissen führende Weise selbst zu entwickeln.

Sofortbild-Schmalfilm

Einen ersten Schritt in diese Richtung könnte das in jüngster Zeit ebenfalls von Dr. Land und seinen Mitarbeitern herausgebrachte Polavision genannte Sofortbild-Verfahren für Color-Schmalfilm, also für Laufbildaufnahmen, bedeuten. Interessant ist, daß er dabei wieder auf das mehr als vier Jahrzehnte völlig aufgegebene Linienrasterprinzip mit additiver Farbmischung zurückgriff. Die früher eingeschränkte Abbildungsschärfe von Linienrasterfilmen wurde von Land verbessert. Der Polavisionfilm enthält je Millimeter 180 Linien bzw. 60 komplette Farbtriplets aus je einer blauen, grünen und roten Linie. Ein Triplet ist mithin dreimal kleiner als der für das Kleinbildformat von 24 mm × 36 mm als zulässige geltende Zerstreuungskreisdurchmesser von 0,05 mm. Um die früher sehr hohe Absorption des Expositions- und Projektionslichts durch die Farblinien zu vermindern, schuf Land eine Silberhalogenidemulsion, in der alle Körner gleiche Größe von weniger als einem Tausendstelmillimeter haben und die zur weiteren Verbesserung der Schärfenzeichnung als Einkornschicht ausgebildet ist, also nur eine Lage Körner enthält, so daß kaum ein Diffusionslichthof entsteht.

Nach der Exposition des Films, der als Super-8-Kassettenfilm konfektioniert ist, wird die Kassette in den Schlitz des Player (wörtlich übersetzt: Spieler) genannten Vorführgeräts eingeführt. Ausgelöst durch eine spezielle Perforation am Ende des Films spult der Player den Film mit einer Geschwindigkeit von 12,2 m je Minute – das entspricht etwa der standardisierten Magnetbandgeschwindigkeit von 19,05 cm/s – zurück. Durch die erste Rückwärtsbewegung des Films wird ein ebenfalls am Filmende befindliches Reservoir mit Entwicklerflüssigkeit geöffnet. Sie tritt durch eine Tülle aus und wird mit einer Schichtdicke von 6,5 Tausendstelmillimetern über den durchlaufenden Film verteilt. Für den etwa 18 m langen Film, der eine Vorführdauer von zwei Minuten ergibt, werden nur zwölf Tropfen Entwicklerflüssigkeit verbraucht. Das weiße Projektionslicht wird von der Schichtseite her durch den vorführfertigen Film gestrahlt. Der Player entwirft das Bild auf einen in das kombinierte Entwicklungs- und Vorführgerät selbst eingebauten Schirm.

Nach dem eigentlichen Entwicklungsvorgang läuft noch eine Reihe weiterer Prozesse ab. Die Lichthofschutzschicht entfärbt sich, so daß sie die Transparenz des Films nicht mehr herabsetzt.

Das positive und negative Silberbild werden durch eine Goldverbindung, die ursprünglich in der Reflexions-Lichthofschutzschicht vorhanden war, vollends stabilisiert. Der verbrauchte Entwickler zerstört sich von selbst, so daß die entstandenen Folgeprodukte im Film verbleiben können, ohne allmählich das Bild zu verderben. Die gesamte Verarbeitung des Films dauert etwa anderthalb Minuten, wovon etwa 45 Sekunden auf das Nachtrocknen entfallen.

Auch dieses Verfahren wurde nicht etwa in der kurzen Zeitspanne zwischen dem Erscheinen des SX-70-Films und des Polavisionsmaterials entwickelt. Vielmehr reichen die Forschungen dafür ebenfalls Jahrzehnte zurück. So ging in das Verfahren beispielsweise ein Patent ein, das bereits 1946 erteilt wurde. Als Fazit bleibt, daß alle Sofortbildmaterialien gegenüber den vergleichsweise einfach aufgebauten normalen Schwarzweiß- und Colorfilmen wesentlich problematischer sind, was sich auf die Anforderungen an ihre Produktionsbedingungen und mithin auf die Herstellungskosten auswirkt. Das sollte man bei aller Anerkennung für die bewundernswerte Leistung nicht übersehen.

Fotografischer Revolver und elektrischer Schnellseher

Filmen heißt, sehr schnell hintereinander stehende Bilder zu fotografieren. Die Kinetechnik ist folglich ein »Ableger« der Fotografie. Sie wurde aber erst möglich, nachdem die Empfindlichkeit der fotografischen Materialien so weit gesteigert war, daß winzige Sekundenbruchteile Expositionszeit genügten. Lassen wir deshalb zunächst noch einmal die allmähliche Verkürzung der Belichtungszeiten Revue passieren. Eder gab darüber einmal folgende Zusammenstellung:

1827	Heliografie auf Asphalt:	6 Stunden
1839	Daguerreotypie mit Silberiodid:	30 Minuten
1841	Talbotypie:	3 Minuten
1851	Nasses Kollodiumverfahren:	10 Sekunden
1864	Silberbromid-Kollodium:	15 Sekunden
1878	Silberbromid-Gelatine:	1 bis 1/200 Sekunde
1900	Silberbromid-Gelatine:	bis 1/1 000 Sekunde

Der Wunsch, Phasen eines Bewegungsvorgangs in schnell aufeinanderfolgend fotografierten Bildern festzuhalten, kam bereits in den 50er Jahren des vorigen Jahrhunderts auf, konnte damals allerdings nur symbolisch erfüllt werden. Der Franzose Claudet baute eine Kamera mit Drehkassette, die vier Platten faßte. Durch Drehen der Kassette wurden sie nacheinander vor die Bildbühne der Kamera transportiert. Da aber weder kurze Belichtungszeiten möglich waren, noch die nächste Platte in Sekundenbruchteilen in die Bildbühne zu transportieren war, mußten die Personen die Bewegungsphasen mimen. Sie nahmen nacheinander verschiedene Stellungen ein, die jeweils eine Bewegungsphase symbolisierten, und verharrten darin so lange, wie zur Belichtung der Platte erforderlich war.

Den nächsten Schritt bildete die Reihenkamera des Parisers H. Dumont vom Jahr 1862. Auf einem drehbaren Zylinder waren zwölf Platten angeordnet. Außerdem erfand Dumont eine Vorrichtung, in der mehrere Platten hintereinander standen und jede nach der Belichtung in ein darunter befindliches Magazin fiel. Der uns inzwischen schon als Pionier der Farbenfotografie bekannte du Hauron ließ sich 1864 eine Kamera patentieren, die mit einer sehr großen Platte geladen wurde und nebeneinander mehrere feststehende Objektive hatte. Hinter den Objekten lief ein Rolloverschluß ab und belichtete nacheinander die verschiedenen Stellen der Platte. Ein Gegenstück dazu konstruierte 1867 Cook: eine Kamera mit nur einem Objektiv, in der aber eine Platte ruckweise gedreht wurde.

Mit derartigen Apparaten waren freilich stets nur einige wenige Phasen von Bewegungsvorgängen zu fotografieren. Man könnte diese Technik noch in die Kategorie fotografischer Spielereien einordnen. Ernst wurde es jedoch, als 1872 der kalifornische Gouverneur und Pferdefanatiker L. Stanford genau wissen wollte, wie sich die Beine des Pferdes beim Galopp bewegen. Da galoppierende Pferde ihre Beine sehr schnell bewegen, ist das menschliche Auge nicht imstande, durch bloße Beobachtung diese Frage zu klären. Heute mag es vielleicht verwunderlich erscheinen, daß man sich dafür überhaupt derart interessierte. Doch müssen wir bedenken, daß das Pferd für die Menschen damals etwa die Bedeutung hatte wie für uns heute das Auto.

Der französische Medizinprofessor Jules Etienne Marey konstruierte eine Art »Vierkanalanalysator« für die Klärung der Frage. Er montierte in die Höhlungen der vier Pferdehufe Gummibälle, von denen je ein dünner Schlauch zu einer Registriervorrichtung führte. Trat das Pferd mit dem Huf auf, so wurde der Ball etwas zusammengedrückt und der sich durch den Schlauch fortpflanzende Luftdruck betätigte eine Schreibfeder. Sie wurde dadurch gegen eine rotierende Trommel gedrückt, die mit Papier bespannt war. Vier Federn waren übereinander angeordnet und schrieben vier Spuren. Der Reiter hielt die Vorrichtung in der Hand. Aus der Länge der aufgezeichneten Striche rekonstruierte Marey sowohl die Aufeinanderfolge des Aufsetzens der vier Hufe als auch die Zeitdauer ihres Kontaktes mit dem Boden. Danach wurden Zeichnungen der Bewegungsphasen der Pferdebeine angefertigt.

Gouverneur Stanford bezweifelte aber die Richtigkeit der Ergebnisse, insbesondere, daß das Pferd während einer Phase mit nur einem Vorderfuß Bodenkontakt hat. Um die Streitfrage zu klären, beauftragte er Eadweard Muybridge (1830 bis 1904), einen aus England in die USA eingewanderten Fotografen, das Problem durch eine exakte fotografische Bewegungsanalyse zu entscheiden. Da alle bisher geschilderten Kamerakonstruktionen dafür untauglich waren, griff Muybridge auf eine recht konventionelle und simpel erscheinende Technik zurück. Er baute nebeneinander viele Kameras – bis zu 24 Stück – zu einer Batterie auf. Ihre Verschlüsse wurden in schneller Folge nacheinander durch Schnüre ausgelöst.

Um trotz der damals noch geringen Lichtempfindlichkeit der Platten sehr kurze Expositionszeiten zu erreichen, ließ Muybridge die Pferde vor einer stark Licht reflektierenden weißen Wand galoppieren. Sie wurden infolge der kurzen Belichtungszeit zwar nur als zeichnungslose schwarze Silhouetten abgebildet, hoben sich aber deutlich von der weißen Wand ab. Für die gestellte Aufgabe genügte das. Die Aufnahmen bestätigten die Richtigkeit der nach Mareys »Vierkanaltechnik« rekonstruierten Zeichnungen.

Für Muybridge wurde dieser Auftrag zur entscheidenden Wende seines Lebens. Er spezialisierte sich fortan auf fotografische Bewegungsanalysen und erlangte als »Klassiker der Serienfotografie« Weltruhm. 1887 konnte er ein elfbändiges (!) Werk, betitelt »Muybridge Animal Locomation« veröffentlichen. Es enthielt 781 Tafeln und über 20 000 einzelne Phasenbilder schneller Bewegungsabläufe. Auf der Weltausstellung in Chicago im Jahre 1893 wurde für die Vorführung seiner Aufnahmen ein eigenes Gebäude, die »Zoopraxographical Hall« errichtet. Er hatte auch bereits ein Verfahren erfunden, um die Folge stehender Phasenbilder als bewegtes Bild vorzuführen. Das war eine große Sensation für das Publikum.

Blenden wir aber noch einmal zurück! Zwei Jahre nach Muybridges Serienfotografien auf der Pferderennbahn, also 1874, löste der französische Astronomieprofessor Pierre Jules César Janssen eine vergleichsweise wesentlich einfachere Aufgabe mit einer technisch schon eleganteren Apparatur, dem von ihm so genannten fotografischen Revolver. Das war eine Kamera, die eine ringförmige Platte enthielt. Angetrieben durch ein Uhrwerk rückte die Platte nach jeder Exposition ein Stück weiter. Janssen fotografierte damit am 18. Dezember 1874 die Phasen des Vorübergangs der Venus vor der Sonne. Hinsichtlich der Expositionszeit gab es dabei keine Schwierigkeiten. Außerdem war nur alle 70 Sekunden eine Aufnahme erforderlich. An sich hätte der fotografische Revolver allerdings auch Aufnahmen in kürzeren Intervallen ermöglicht. Sehr kurz konnten sie wegen der technischen Einfachheit der damaligen Verschlüsse aber noch nicht sein.

In dieser Beziehung gelang Marey, der durch Muybridges Aufnahmen »auf den Geschmack gekommen war«, eine interessante weitere Verbesserung. In seinem sogenannten Chronofotografen benutzte er als Verschluß zwei gegenläufig rotierende Kreisscheiben, die mit einem Schlitz versehen waren. In dem kurzen Moment, in dem die Schlitze der beiden Scheiben in der optischen Achse des Objektivs zur Deckung kamen, gaben sie dem Licht den Weg zur Platte frei. Das ermöglichte Expositionen in sehr kurzen Zeitabständen.

Das Problem eines entsprechend schnellen intermittierenden Weitertransports der Fotoplatte bis zur nächsten Bildeinheit löste Marey dagegen nicht. Vielmehr fotografierte er die Phasen der Bewegung einfach neben- und teilweise übereinander auf derselben Platte. Aber auch das ermöglichte eine Bewegungsanalyse. Um mit kurzen Belichtungszeiten auszukommen, wandte er einen analogen Trick wie Muybridge an und ließ die Versuchspersonen in weißer Kleidung vor einem schwarzen Hintergrund laufen bzw. springen. Sollte nur die Bewegung eines bestimmten Körperteils analysiert werden, so legte die Versuchsperson schwarze Kleidung an und lediglich der interessierende Körperteil war weiß gekleidet. Marey belichtete auch erstmals Zeitmarken in das Bild ein, indem er einen schnell rotierenden silberglänzenden Zeiger vor schwarzem Hintergrund mitfotografierte. Damit nahm Marey bereits ein Prinzip vorweg, nach dem noch heute fotografische Bewegungsanalysen erfolgen: In einem abgedunkelten Raum werden bei ständig geöffnetem Kameraverschluß mit einem Stroboskop-Blitzgerät schnell hintereinander Blitze ausgelöst. Erforderlichenfalls kann man die Identifizierung der Reihenfolge der Phasenbilder inzwischen dadurch sichern, daß Colorfilm und verschiedene Blitzlampen mit unterschiedlichen Farbfiltern verwendet werden.

Zum Fotografieren der Phasen von Flugbewegungen der Vögel konstruierte Marey außerdem die sogenannte fotografische Flinte – eine äußerlich an ein Gewehr erinnernde Kamera mit sehr langbrennweitigem Objektiv. Als Aufnahmematerial diente eine intermittierend um ihren Mittelpunkt gedrehte vieleckige Platte. 1888 entwickelte er den Fotochronografen schließlich in der Form weiter, daß statt einer Glasplatte bereits fotografisches Negativpapier, das man weiterspulen konnte, verwendet wurde. 1889 veranlaßte ihn Balagny sogar, das Negativpapier durch ein Zelluloidband zu ersetzen. Das kam der Filmkamera so nahe, daß Mareys Schüler später den Brüdern Lumière die Erfindung der Kinematografie streitig machten und sie für Marey beanspruchten, zumal dieser 1892 auch eine Vorrichtung fertigstellte, mit der die Serienfotografien als bewegtes Bild zu betrachten waren.

Marey sollen ferner bereits Zeitlupenaufnahmen mit einer Frequenz bis zu 120 Bildern je Sekunde gelungen sein. Überliefert sind Aufnahmen einer fallenden Katze mit 60 Bildern/s. Sie wurden mit einem – von ihm nicht erfundenen – sogenannten Lebensrad bei einer geringeren Bildfrequenz betrachtet, so daß die schnellen Bewegungen in mäßiger zeitlicher Dehnung deutlich erkennbar wurden.

Einen weiteren Vorläufer des Laufbildprojektors schuf der deutsche Fotograf Ottomar Anschütz (1846 bis 1907). Mit seinem Tachyskop – wörtlich übersetzt: Schnellseher – soll nach dem Urteil seiner Zeitgenossen ein sehr vollkommener Bewegungseindruck erreicht worden sein. Er erfand übrigens auch den Schlitz-Rolloverschluß, der inzwischen zum wesentlichen Konstruktionsmerkmal der meisten Wechselobjektiv-Fotokameras gehört. Anschütz arbeitete wie Muybridge noch mit einer Batterie von Kameras und fotografierte Pferde mit Reitern in verschiedenen Gangarten bei Frequenzen bis zu 24 Phasenbildern in 0,75 Sekunden. Er fotografierte auch fliegende Geschosse, wobei das Geschoß selbst einen Stromkreis öffnete und dadurch elektrische Relais in Tätigkeit setzte, die nacheinander die Kameraverschlüsse auslösten.

Das meiste Aufsehen erregte Anschütz jedoch mit seinem Tachyskop, das er 1887 fertigstellte. Dabei waren fotografierte Phasenbilder als Glasdiapositive auf der Peripherie einer Stahlscheibe von etwa 1,5 m Durchmesser montiert. An dem Fenster einer Wand, das die Größe eines solchen Dias hatte, liefen nacheinander die Phasenbilder vorbei. Daß sie dabei für den Betrachter zu einem kontinuierlich bewegten Bild verschmolzen, bewerkstelligte Anschütz aber noch nicht wie in der heutigen Kinetechnik durch intermittierenden, ruckweisen Transport der Phasenbilder vor das Guckfenster, sondern auf eine recht originelle Weise. Die Scheibe mit den Dias rotierte kontinuierlich. Aber die Dias wurden mit einer hinter der Scheibe angeordneten Gasentladungslampe nur jeweils für einen blitzartig kurzen Moment durchleuchtet. Das Auge sah die Bilder daher nur während der kurzen Leuchtzeiten der Blitze, und es sah jedes Phasenbild nur einmal. Da die Bilder nicht projiziert wurden, konnten sie zum Unterschied vom Kino gleichzeitig nur von wenigen Zuschauern betrachtet werden.

Obwohl man damit ein bewegtes Bild von längerer Dauer nur dann realisieren konnte, wenn es sich um Bewegungsabfolgen handelte, die sich periodisch wiederholten, fand auch dieser »elektrische Schnellseher« von Anschütz starkes Interesse beim Publikum. Er wurde sogar auf vielen wissenschaftlichen Kongressen vorgeführt. Selbst auf der bereits erwähnten Chicagoer Weltausstellung von 1893 war er unweit von Muybridges Zoopraxographical Hall in Betrieb und wurde als das »größte Weltwunder« gepriesen. Zwischen 1892 und 1895 wurden etwa 80 Elektrotachyskope gebaut.

Schließlich gelang Anschütz aber auch die Projektion »lebender Fotografien« in natürlicher Größe auf einer 6 m× 8 m großen Bildwand. Die ersten Vorführungen fanden Ende 1894 im Hörsaal eines Berliner Postgebäudes, später sogar im Reichstagsgebäude statt. Anschütz benutzte dafür einen Doppelprojektor, wobei jeder eine Bildscheibe mit je acht Glasdiapositiven enthielt. Der Transport der Dias in die Bildbühnen erfolgte mittels eines Getriebes jetzt bereits nicht mehr kontinuierlich, sondern intermittierend.

Ein Doppelprojektor war erforderlich, weil es noch auf technisch unlösbare Schwierigkeiten stieß, eine Bildscheibe, die so groß und schwer war, daß sie 16 Dias tragen konnte, mit der nötigen Präzision und Schnelligkeit ruckweise zu bewegen. Deshalb mußten die beiden Projektionssysteme abwechselnd je ein

Bild entwerfen. Dadurch wurde eine Bildfrequenz von 16/s erreicht. Das entsprach der Mindestfrequenz, die beim menschlichen Auge zum Verschmelzen stehender Phasenbilder zu einem kontinuierlich bewegt gesehenen Bild führt. Als Projektionslichtquelle dienten elektrische Bogenlampen von 40 Ampere und 110 Volt. Vor jeder Vorführung mußten die beiden Projektionssysteme so justiert werden, daß ihre Bilder auf der Projektionsfläche genau zur Deckung kamen.

Ebenso wie Muybridge überwand Anschütz jedoch nicht den Mangel, daß nur kurze, sich periodisch wiederholende Bewegungen vorgeführt werden konnten. Dementsprechend waren die Inhalte der Darbietungen recht simpel – beispielsweise Skatspieler, rauchende Jungen, Einseifen eines Kunden beim Barbier u. dgl. Solange man an Glasplatten als Bildträgern festhielt, war diese Schranke nicht zu überwinden. Anschütz lehnte aber kategorisch die Verwendung von Zelluloidfilm ab. Einmal hatte er ein Vorurteil gegen alles, was aus Amerika kam. Zum andern hielt er den Film für mechanisch nicht genügend strapazierfähig.

Dieses Argument hatte eine gewisse Berechtigung, da die Festigkeit der ersten Filme freilich noch nicht der unserer heutigen entsprach. Außerdem war die mechanische Beanspruchung des Filmmaterials in den damaligen Apparaturen stärker als in modernen Kinoprojektoren, und derselbe Film mußte, da er nur kurz war und man auf den Trick mit periodischer Wiederholung angewiesen blieb, öfter die Apparatur durchlaufen.

Wie die Bilder laufen lernten

Schon die Vorgeschichte, die nur bis an die Schwelle der Kinematografie, aber noch nicht über sie hinaus führte, verzeichnet also mehrere Erfinder und Etappen mit stufenweisen Fortschritten. Aber auch das Überschreiten der Schwelle gelang nicht nur den beiden Erfindern, die dafür in den Lexika verzeichnet stehen, nämlich den Brüdern Auguste und Louis Lumière (1862 bis 1954 bzw. 1864 bis 1948). Es sind außer den Lumières noch sechs weitere Erfinder literarisch belegt, welche die genannten Kriterien ganz oder teilweise verwirklichten. Als Kriterien für das Überschreiten dieser Schwelle zu echten kinematografischen Geräten können gelten:

1. Die Verwendung eines biegsamen, auf Rollen oder Spulen auf- bzw. abwickelbaren Bildträgers,
2. der intermittierende Transport des Bildträgers, wobei
   - Exposition und Projektion nur während der Stillstandsphasen erfolgen und
   - während des Weitertransports des Bildträgers eine Blende den Strahlengang abdeckt,
3. die Wiedergabe durch Projektion,
4. das Erreichen der Mindestverschmelzungsfrequenz von 16 Bildern/s.

Nicht als unabdingbares Kriterium soll hierbei die Flimmerfreiheit des Projektionsbildes gelten, die erst ab etwa 50 Bildern/s gewährleistet ist. Sie wird übrigens auch heute nicht etwa durch Erhöhung der Bildfrequenz auf 50/s erzielt, sondern dadurch, daß beim Normalfilm jedes der 24 Einzelbilder, die je Sekunde durch den Projektor laufen, nicht nur einmal, sondern zweimal entworfen wird. Schmalfilmprojektoren entwerfen dasselbe Bild sogar dreimal mit dazwischenliegenden Dunkelpausen. Da sie mit einer Normalfrequenz von 16 Bildern/s arbeiten, ergibt dies ebenso wie beim Normalfilm insgesamt 48 Bilder/s. Diese Frequenz ist wohlgemerkt nicht für das Verschmelzen der stehenden Einzelbilder zu einem kontinuierlichen Bewegungseindruck erforderlich, sondern lediglich zur Unterdrückung des Flimmerns, das bei zu niedrigen Frequenzen infolge der zu langen Dunkelpausen auftritt.

Bereits sechs Jahre vor den ersten öffentlichen Kinovorführungen, also 1889, erfand der in England lebende Franzose Louis Aime Augustin Le Prince eine Filmaufnahmekamera, die zunächst 12, später 20 Bilder je Sekunde belichtete. Als Aufnahmematerial benutzte er mit fotografischer Emulsion beschichtete Papierstreifen oder Gelatinefolien. Sowohl die Kamera als auch der schon vorher gebaute Projektor arbeiteten mit ruckweisem Filmtransport. Eine Dynamomaschine, die von einer kleinen Dampfmaschine angetrieben wurde, diente zum mechanischen Antrieb des Projektors und zugleich als Spannungsquelle für die Projektions-Bogenlampe. Der erste von Le Prince gedrehte Film zeigte den Verkehr über eine Leeds-Brücke.

Der Erfinder verschwand auf eine bis heute nicht geklärte Weise während einer Geschäftsreise durch Frankreich, auf der er sämtliche Konstruktionsunterlagen mit sich führte. Er hatte zuvor in Paris seinen Projektor dem Sekretär der Oper vorgeführt und wurde am 16. Dezember 1890 noch gesehen, als er in Dijon den Zug bestieg. Seitdem fehlt jede Spur von ihm. Als stumme Beweise seiner Erfindung sind lediglich ein paar verblaßte und zusammengeschrumpfte Fragmente des Films von der Leeds-Brücke erhalten geblieben.

Er geriet auch in der Fachwelt in völlige Vergessenheit, bis der englische Historiker Will Day anläßlich einer 1926 in London stattgefundenen Konferenz der Erfinder und Pioniere der Kinematografie den Fall Le Prince wieder »ausgrub« und dabei die britische Patentschrift vom 10. Januar 1888 verlas. In ihr ist bereits die Verwendung von perforiertem Gelatinefilm zur Projektion »lebender Bilder« beschrieben.

Tragisch verlief auch das Geschick eines weiteren Erfinders, des Engländers William Friese-Greene (1855 bis 1921). Er konstruierte nach vorangegangenen weniger erfolgreichen Versuchen 1889 eine Filmaufnahmekamera für Zelluloidband mit einer Einzelbildgröße von 100 mm × 75 mm und meldete sie zum Patent an. Er nahm damit Straßenszenen in London auf und führte sie vor. Ausführliche Beschreibungen seiner Aufnahmekamera veröffentlichte er in einer englischen und amerikanischen Zeitung. Er fand jedoch keine Möglichkeit, seine Erfindung wirtschaftlich auszuwerten, und starb 1921 als armer Mann, wenige Minuten nachdem er bei einer Zusammenkunft englischer Filmschaffender als Diskussionsredner gesprochen hatte. Erst als er inmitten dieser Veranstaltung gestorben war, merkten die übrigen Teilnehmer, daß es sich um den Filmpionier Friese-Greene handelte.

Auch das Erfindergenie Thomas Alva Edison (1847 bis 1931) leistete einen bedeutenden Beitrag zum Entstehen der Kinematografie, der allerdings auf die Seite der Aufnahmetechnik beschränkt blieb. Wie bereits geschildert, geht der bis heute – wenn auch inzwischen nicht mehr ausschließlich – verwendete 35-mm-Normalfilm auf ihn zurück. Aber nicht nur das. Edison baute bereits 1889 eine Aufnahmekamera für beiderseitig perforierten 35-mm-Film. Er nannte sie Kinetograf.

Wiedergabeseitig kam er allerdings nicht über das Guckkasten-Prinzip hinaus. Sein sogenanntes Kinetoskop (Bewegungsseher), mit dem man die aufgenommenen Filme betrachten konnte, war ein schrankgroßer Apparat, in den man von oben durch einen Lichtschacht hineinblickte. Eine Lupe vergrößerte dabei das kleine Bild, das von einer Glühlampe durchstrahlt wurde. Auch der Filmtransport erfolgte im Kinetoskop nicht ruckweise, sondern kontinuierlich. Daß man trotzdem jedes Einzelbild nur für jeweils einen sehr kurzen Moment erblickte, erreichte Edison durch eine kontinuierlich rotierende Blende mit einem radial angeordneten Schlitz. Dank der Perforationslöcher des Films ließen sich der Filmtransport und die Rotation der Schlitzblende genau aufeinander abstimmen. Die Bildbetrachtung war nur einem einzelnen Zuschauer möglich. Es könnte sein, daß Edison vom ruckweisen Filmtransport bei der Wiedergabe deshalb Abstand nahm, weil das damalige Filmmaterial bei der hohen mechanischen Beanspruchung keine befriedigende Lebensdauer erreicht hätte.

Ein wesentlicher Fortschritt bestand bei Edisons Apparatur jedoch darin, daß nicht mehr nur kurze Bewegungsvorgänge in ständiger periodischer Wiederholung gezeigt werden konnten. Vielmehr wurde bereits ein längerer Filmstreifen benutzt, der im Kinetoskop eine endlose Schleife bildete, so daß er nach einem vollständigen Ablauf für die nächste Betrachtung nicht wieder neu eingefädelt werden mußte. Durch eine geeignete Rollenführung hing der Film in vielen Schlaufen, an deren unteren Enden sich Belastungsgewichte befanden, um ein Verheddern zu verhindern. Anfangs mußte der Betrachter den Filmtransport durch Drehen einer Handkurbel selbst in Gang setzen, später wurde er nach Einwurf einer Münze durch ein Federwerk oder mit elektrischem Antrieb bewerkstelligt.

Die Nachfrage nach Kinetoskopen war so groß, daß ab Ende 1895 trotz einer Wochenproduktion von 20 Stück der Bedarf nicht mehr gedeckt werden konnte. 1893 hatte Edison das Kinetoskop übrigens mit dem Phonographen zum »sprechenden Kinetoskop« kombiniert. Das ab 1896 in den USA verwendete Projektionsgerät »Edison-Vitaskop« hatte nicht Edison, sondern Thomas Armat und Francis Jenkins konstruiert. Edisons Name weist hier nur auf eine geschäftliche Beziehung hin. Auch ein weiterer amerikanischer Filmpionier, der Schausteller Jean Aime Le Roy, hatte bereits 1894 in New York Filmstreifen, die mit Edisons Kinetografen aufgenommen worden waren, mit einem selbstkonstruierten Projektor für ruckweisen Filmtransport vorgeführt.

Schließlich ist noch der Berliner Schausteller Max Skladanowsky zu erwähnen, der sich bereits 1892 eine Aufnahmekamera bastelte, in der übrigens gleich Platz für ein zweites System gelassen war. Denn Skladanowsky wollte bald auch zum Stereofilm übergehen. Allerdings unterschätzte er dabei die Schwierigkeiten beträchtlich. Es kostete ihn vorerst viel Mühe, überhaupt die erforderliche Frequenz von 16 Bildern/s zu erreichen. Bei der Wiedergabe gelang ihm das nur auf eine recht umständliche Weise. Er griff dabei wieder auf das Prinzip des Doppelprojektors zurück, bei dem je ein Projektionssystem abwechselnd ein Bild entwarf. Die wesentlichen Fortschritte gegenüber dem Tachyskop von Anschütz bestanden beim Bioscop von Skladanowsky jedoch darin, daß Film anstelle von Glasplatten als Bildträger diente und der Filmtransport intermittierend erfolgte.

Am 1. November 1895 erfolgte mit diesem Doppelprojektor in dem Berliner »Varité-Restaurant Wintergarten« die erste öffentliche Kinovorführung der Welt.

In Frankreich war indessen ein relativ perfektes kinetechnisches System bereits seit dem 13. Februar 1895 patentiert. Seine Erfinder waren die Brüder Lumière, Besitzer einer Trockenplattenfabrik.

Der »Cinematographe« der Brüder Lumière diente gleichzeitig als Aufnahmekamera, Kopiergerät und Projektor. Bildgröße und Filmbreite übernahmen die Lumières von Edisons Kinetoskop. Der Weitertransport des Films erfolgte intermittierend mit einem Greifer, der in die beiderseitigen runden Perforationslöcher eingriff und exzentrisch angetrieben wurde. Nichtöffentlich hatten sie ihren Kinematographen am 22. März 1895 in Paris erstmals vorgeführt. Die erste öffentliche Vorführung fand am 28. Dezember 1895 im Indischen Salon des Pariser Grand-Cafés statt. Das Programm umfaßte Kurzfilme wie »Arbeiter verlassen die Fabrik Lumières«, »Babys Frühstück«, »Ankunft eines Zuges«, »Kartenspieler«, »Bewegtes Meer« u. dgl. Bereits 1896 erfolgten Vorführungen mit dem Kinematografen auch in Deutschland, Spanien, Serbien, Rumänien, Rußland und in den USA.

Mit der Erfindung der Lumières war die Entwicklung von der Serienfotografie bis zur ersten praktisch brauchbaren Kinematografie abgeschlossen. Ihre weitere Entwicklung zu behandeln, würde die Thematik dieses Buches sprengen. Nachzutragen bleibt jedoch, wie es überhaupt zum Bildwerfer kam, dessen Prinzip ja auch mit in den Laufbildprojektor eingeht. Der Bildwerfer ist um Jahrhunderte älter als die Fotografie. Eigentlich hätte man seine Geschichte daher ganz zu Anfang berichten müssen. Doch hätte das vom eigentlichen Thema abgelenkt. Denn Bildwerfer und Fotografie hatten lange Zeit überhaupt nichts miteinander zu tun!

Für die Fotografie erlangte der Projektor erst in einer relativ späten Phase ihrer Entwicklung größere Bedeutung, nämlich mit dem Aufkommen der ersten einigermaßen praktikablen farbfotografischen Verfahren, also ungefähr gleichzeitig mit dem Aufkommen der – vorerst freilich auf Schwarzweiß beschränkten – Kinematografie. Bis dahin dienten Bildwerfer im wesentlichen zur Projektion von auf Glas gemalten oder gezeichneten Dias. Mit den prachtvollen Farben, die auf Dias gemalt oder gedruckt wurden, konnten weder Schwarzweißfotos noch die anfänglichen Farbenfotografien konkurrieren. Ungezählte Schausteller arbeiteten mit Bildwerfern, und Kindern schenkte man die Laterna magica als Spielzeug. Sie projizierten damit Märchenbilder und dergleichen, die nebeneinander auf längliche Glasplatten gedruckt waren.

Auch die Projektionstechnik hat einen Vorläufer, der bis ins Altertum zurückgeht: die Schattenspielkunst der alten Chinesen. Dabei wurden die Schatten abweichend von der heute gebräuchlichen Projektionsweise auf eine durchscheinende Wand entworfen. Die Bildwand befand sich also zwischen den Schattenspielern und den Zuschauern. Das blieb auch für die Anwendung von Projektionsapparaten jahrhundertelang üblich, schon deshalb, um die Technik mit dem Schleier eines Geheimnisses zu umgeben. Die Zuschauer sollten nicht erfahren, wie die Bilder an der Wand zustande kamen – zumal da die Laterna magica (»Zauberlaterne«) hauptsächlich für »Geistervorstellungen« benutzt wurde.

Doch war es noch gar nicht diese Laterna magica, die als nächster Schritt auf die Schattenspiele folgte. Zwischen diesen und der Laterna magica standen noch die Spiegelkünste. Der früher schon erwähnte Porta berichtete in dem 1589 erschienenen Werk »Magiae naturalis libris viginti« darüber. Auf einen ebenen oder hohlen Spiegel wurden Buchstaben gemalt. Wenn man den Spiegel so hielt, daß er die Sonnenstrahlen auf eine gegenüberliegende Wand reflektierte, sah man – allerdings in nur unscharfen Umrissen – die Buchstaben.

Der deutsche Jesuitenpater Athanasius Kircher (1601 bis 1680), der sich auch mit Naturforschung und Mathematik beschäftigte, soll dieses Verfahren dadurch verbessert haben, daß er eine Linse in den Strahlengang stellte und dadurch eine schärfere Abbildung erzielte, die noch auf 500 Fuß (etwa 170 m) Entfernung erkennbar gewesen sei. Außerdem soll er bereits eine »Zauberlampe« mit Kerzenlicht konstruiert haben, mit der er nachts Bilder auf das Papierfenster eines gegenüberliegenden Hauses entwerfen konnte. In der 1671 erschienenen zweiten Ausgabe seines Werkes »Ars magna lucis et umbrae« beschreibt er eine solche Laterna magica. Die dazugehörige Abbildung enthält zwar einige sachliche Fehler. Doch dürften diese auf das Schuldkonto des Grafikers gehen. So zeigt sie die Glasscheibe mit den zu projizierenden Dias zwischen Objektiv und Bildschirm und außerdem sind die Bilder auf der Diascheibe nicht kopfstehend und seitenverkehrt. So grobe Unkenntnis kann aber dem naturwissenschaftlich gebildeten Pater sicher nicht angelastet werden.

Vermutlich war Kircher jedoch nur der Nacherfinder der Laterna magica und der primäre Erfinder der niederländische Physiker und Mathematiker Christian Huygens (1629 bis 1695). In einem Brief an seinen Bruder vom Jahre 1662 erwähnt er die Laterna magica. Es könnte sein, daß er öffentlich mit der Erfindung nicht hervortreten wollte, um seinen Ruf als Naturwissenschaftler nicht zu beeinträchtigen. Denn derartige Geräte dienten – wie erwähnt – fast ausschließlich für magische Schaustellungen. Noch ein dritter Erfinder, der Däne Thomas Walgenstein, ist im Gespräch. Doch hat er wahrscheinlich die Laterna magica nur von Huygens, mit dem er bekannt war, übernommen und dann insofern recht publik gemacht, als er sie auf seinen Reisen in verschiedenen Hauptstädten vorführte, so auch in Rom. Dort mag Kircher die Zauberlaterne kennengelernt haben, ohne allerdings über ihre Funktionsweise aufgeklärt zu werden. Diese hat er sich dann vermutlich selbst enträtselt und wurde so zum Nacherfinder.

Kircher kam auch schon auf die Idee, mit der Zauberlaterne bewegte Bilder zu projizieren. Er berichtet, daß er einmal einen bewegten Hampelmann sowie eine mit Honig auf die Glasscheibe geklebte Biene projizierte, wobei unter den Zuschauern ob dieser »Zauberei« eine Panik ausbrach. Die Kunst, bewegte Bilder zu projizieren, wurde dann von vielerlei Leuten weiterentwickelt, allerdings noch ohne Anwendung des stroboskopischen Effekts, also nicht durch schnell aufeinanderfolgende Darbietung stehender Phasenbilder, sondern einfach dadurch, daß man zwei Diagläser verwendete und das eine gegen das andere verschob.

Nach dem Urteil seiner Zeitgenossen unübertroffener Meister der »Gespensterprojektion« war der Belgier Etienne Gaspar Robertson mit seinem Phantaskop. Er hatte die Zauberlaterne auf einem Fahrgestell montiert und konnte – selbstverständlich wieder bei durchscheinender Projektion – durch Zurückfahren von der Bildwand die Geister sogar kontinuierlich größer werden lassen, was den Eindruck vortäuschte, als kämen sie langsam auf das Publikum zugeschwebt. Durch allerlei Geräusche untermalte er seine Vorführungen noch recht effektvoll.

Diente als Projektionslichtquelle zunächst nur eine Öllampe, so entdeckte der englische Arzt Goldworthy Gurney 1822 das sogenannte Kalklicht, auch Knallgaslicht genannt. Dabei wurde Kalk in einer sehr heißen Flamme zur Weißglut gebracht. Mit dieser wesentlich leuchtkräftigeren Lichtquelle begann eine neue Etappe der Projektionstechnik.

1840 verwendete der Engländer Child erstmals zwei Zauberlaternen, die deckungsgleich projizierten. Zum Ende der Darbietung des einen Dias wurde das Projektiv allmählich durch eine Scheibe verdeckt und gleichzeitig eine Scheibe vor dem Projektiv des zweiten Bildwerfers entfernt. So erfolgte eine Überblendung zum nachfolgenden Dia. Dem vorangegangen war die Methode, bei Verwendung nur eines Bildwerfers das Projektionsbild allmählich so unscharf zu stellen, daß das Bild wie in einem Nebel zu verschwinden schien. Danach wurde ein neues Dia eingelegt und langsam wieder scharf eingestellt. Diese Technik fand unter der Bezeichnung »Nebelbilder« weite Verbreitung.

Außerdem konnte man durch die Mehrfachprojektion nach der bereits angedeuteten Methode allerlei Bewegungen vortäuschen, beispielsweise eine Postkutsche durch die Landschaft fahren lassen u. dgl. Die Nebelbildvorführungen reichten bis weit in das Zeitalter der Fotografie hinein, ohne daß man jedoch – wie erwähnt – Fotografien als Dias verwendete. Auf die Beschreibung der zahlreichen Vorrichtungen, mit denen auf der Grundlage des stroboskopischen Effekts Bewegungen vorgetäuscht wurden, sei hier verzichtet, da dies in die spezielle Thematik einer Geschichte der Kinetechnik fällt.

Von der Mondaufnahme zur Multispektralfotografie

Die Geschichte der Anwendung der Fotografie in der Wissenschaft zu umreißen, wäre fast gleichbedeutend damit, eine Geschichte der neueren Naturwissenschaft überhaupt zu schreiben. Abgesehen davon, daß das Foto mit seiner exakten Detailtreue unentbehrlich als wissenschaftliches Dokumentations- und Anschauungsmittel ist, wurde die Fotografie in ungezählten Wissenschaftsbereichen auch zu einem methodischen Hilfsmittel der Forschung, dem eine Fülle von Erkenntnissen zu verdanken ist, die ohne Fotografie nicht zu gewinnen wären.

Freilich fing auch die wissenschaftlich angewandte Fotografie bescheiden an. Aber schon sehr früh! Denn bereits bei einer ihrer ersten Besprechungen bat Arago Daguerre zu versuchen, mit dem neuen fotografischen Verfahren Bilder des Mondes anzufertigen. So kam es, daß nicht – wie häufig zu lesen ist – Professor John Draper zum erstenmal den Mond fotografierte, sondern schon Daguerre. Dessen erste Mondaufnahme muß vor dem 3. Januar 1839 entstanden sein. Denn Alexander von Humboldt, der sich nach einem Besuch in Paris an diesem Tage von Arago verabschiedete, erwähnte in zwei Briefen, daß er bei dieser Gelegenheit eine Mondaufnahme Daguerres gesehen habe. Vermutlich war die von Draper im Frühjahr 1840 jedoch technisch wesentlich besser gelungen. Draper belichtete mit einem Objektiv von drei Zoll (= 7,6 cm) Öffnung 30 Minuten.

Der Mond bot sich als erstes Objekt wissenschaftlicher Fotografie gewissermaßen von selbst an. Denn er ist so hell, daß sogar auf den vorerst sehr gering lichtempfindlichen Daguerreotyp-Platten eine ausreichende Exposition entstand. Außerdem sind Fernrohre auf einer Vorrichtung montiert, die das Instrument der scheinbaren Bewegung der Himmelskörper automatisch nachführt. Heute kann man den Mond mit einem Sekundenbruchteil Belichtungszeit fotografieren. Doch ergibt das infolge der für dieses ferne Objekt zu kurzen Brennweite normaler Foto-Objektive nur eine winzig kleine und daher nicht detailreiche Abbildung.

Gleichfalls unproblematisch für die geringe Lichtempfindlichkeit der Daguerreotyp-Platten waren Aufnahmen der Sonne. Fizeau und Focault fotografierten am 2. April 1843 erstmals Sonnenflecken. Hermann Krone gelangen 1848 sogar Aufnahmen von Sternschnuppenbahnen. Dies ist nicht ganz so erstaunlich wie es in Anbetracht der geringen Lichtempfindlichkeit damaliger Platten erscheint, wenn man bedenkt, daß astronomische Fernrohre eine stark lichtsammelnde Wirkung zeigen. 1869 war die Fotografie in der Astronomie bereits so weit gebräuchlich, daß die Sonnenfinsternis vom 7. August allein in den USA von etwa 100 Fotografen in 279 brauchbaren Aufnahmen festgehalten wurde.

War die Fotografie bis dahin jedoch nur Dokumentationsmittel, das keine an sich neuen Erkenntnisse brachte, so änderte sich das, als man später begann, mit höher empfindlichen Fotoplatten systematisch den ganzen Himmel Feld für Feld zu fotografieren. Dabei wurden immer mehr Sterne entdeckt, die das Auge auch am Okular des Fernrohrs nicht sieht. Heute kann man feststellen, daß wir von der weitaus größten Zahl der Himmelsobjekte nur durch die fotografische Platte Kenntnis haben.

Mit dem freien Auge sieht man Sterne bis etwa zur 6. Größenklasse, das sind rund 8 000. Aber auch mit dem Fernrohr sieht das Auge »nur« Milliarden von Sternen. Die fotografische Platte registriert dagegen Himmelsobjekte bis herab zur 23. Größenklasse und neuerdings in Verbindung mit elektronischen Lichtverstärkern sogar noch darunter. Die Gesamtzahl der fotografierbaren Himmelsobjekte ist daher gar nicht mehr exakt angebbar, zumal mit der zunehmenden Qualität der optischen Systeme auch immer mehr Galaxien (Milchstraßensysteme) in Einzelsterne aufgelöst werden. (Als Größenklasse wird in der Astronomie etwas bezeichnet, das mit der Größe des Objekts im geometrischen Sinne nichts zu tun hat, sondern ein Maß der Helligkeit ist, mit der es von der Erde aus betrachtet erscheint.)

Nur fotografierbar und nicht direkt sichtbar sind ferner die Spektren der weitaus meisten Himmelsobjekte. Aus ihnen werden die chemische Zusammensetzung der Sterne und zahlreiche weitere Eigenschaften entschlüsselt, so z. B. durch die Verschiebung von Spektrallinien infolge des Dopplereffekts Bewegungen ferner Galaxien. Ohne dies wüßten wir nichts von der Expansion des Universums.

Diese buchstäblich fundamentale Bedeutung der Fotografie für die Astronomie und Astrophysik und damit für das moderne Weltbild überhaupt beruht darauf, daß sich in der fotografischen Emulsion die Wirkung extrem schwachen Lichts bei langdauernder Exposition summiert. Eine analoge Fähigkeit besitzt das Auge nicht. Ein Objekt, dessen Helligkeit unter der Sichtbarkeitsschwelle liegt, erkennen wir auch dann nicht, wenn wir unseren Blick minuten- oder gar stundenlang darauf richten würden (was infolge der unwillkürlichen ständigen feinen Augenbewegungen sowieso nicht möglich wäre). Die Fotoplatte bildet auf diese Weise jedoch Objekte ab, die trotz lichtstärkster Objektive der direkten Betrachtung mit dem Auge nicht zugänglich sind.

1893 stellte der Astronom Max Wolf in vergleichenden Aufnahmen fest, daß eine Platte nach einstündiger Belichtung 52 000, nach dreistündiger 108 000 und nach dreizehnstündiger

197 000 Objekte zeigt. Sehr wesentlich ist ferner, daß die astrofotografische Aufnahme zum Unterschied von der bloßen visuellen Beobachtung am Fernrohr ein bleibendes Dokument ergibt, das eine viel umfassendere Auswertung ermöglicht. Der Vergleich von Aufnahmen desselben Himmelsfeldes, die in größeren zeitlichen Abständen erfolgten, zeigt evtl. Veränderungen der Positionen, aus denen Rückschlüsse auf Bewegungen von Sternen zu ziehen sind. Dies sind nur einige wenige Beispiele für die ungeahnte Erkenntnisbereicherung, die Astronomie und Astrophysik durch die Fotografie erfahren haben.

Auch in der fotografischen Erschließung des Mikrokosmos versuchte sich bereits Daguerre. Der englische Reverend J. B. Reade hatte übrigens schon 1836 der Royal Society vorgeschlagen, das mit Hilfe des sogenannten Sonnenmikroskops – einer Mikroprojektionseinrichtung unter Verwendung des Sonnenlichts – projizierte stark vergrößerte Bild fotografisch festzuhalten. 1839 fertigte er Mikrofotografien von Zahnschnitten an.

Eine der frühesten wissenschaftlichen Anwendungen der Fotografie lag auf dem Gebiet der Archäologie. Auch hier bot es sich quasi von selbst an, die aus Schilderungen von Reisenden und aus einschlägigen Büchern bekannten Altertümer Italiens, Griechenlands, Nordafrikas und des Nahen Ostens mit der neuen Methode nunmehr völlig authentisch zu dokumentieren. Wie nötig das war und welchen bedeutenden Fortschritt es gegenüber den bisher ausschließlich gezeichneten Darstellungen brachte, lehrte der Vergleich zwischen diesen und den Fotografien. Häufig waren nicht nur die Proportionen völlig falsch gezeichnet, sondern auch wichtige Details entweder weggelassen oder aber fälschlich hinzugefügt.

Äußerst bedeutsam war es außerdem, mit der Fotografie nunmehr ein Mittel zu besitzen, Gegenstände aus dem Altertum in der Lage zu fotografieren, in der sie bei ihrer Entdeckung angetroffen wurden. Denn nur aus solchen »in situ«-Aufnahmen sind wichtige Rückschlüsse abzuleiten, die nachträglich nicht mehr möglich wären, wenn die Fundstücke geborgen und in ein Magazin oder Museum verbracht wurden.

Ein riesiges Kapitel moderner Wissenschaftsgeschichte fällt unter die Rubrik der fotografischen Aufzeichnung unsichtbarer Strahlen. Es können hierfür nur einige der besonders einprägsamen geschichtlichen Marksteine angeführt werden. Sofort als Wilhelm Conrad Röntgen 1895 die neuen Strahlen entdeckte, die nach ihm benannt wurden, ersetzte er bei einem der Experimente den Leuchtstoffschirm durch eine fotografische Platte, um völlig sicher zu gehen, daß er bei dem Bild, das er auf dem Leuchtschirm sah, keiner Sinnestäuschung erlag. Welche enorme Bedeutung die Röntgenfotografie für die Medizin erlangte, bedarf keines Kommentars.

Seit den 30er Jahren unseres Jahrhunderts gelang es, so hochempfindliche fotografische Emulsionen herzustellen, daß man nicht nur durch die Röntgenstrahlen selbst eine Aufzeichnung erhält, sondern auch das lichtschwache Bild fotografieren kann, das die Röntgenstrahlen auf einem Leuchtstoffschirm erzeugen. Damit begannen die für die Früherkennung von Erkrankungen der Brustorgane so bedeutsamen Röntgenschirmbild-Reihenuntersuchungen.

Dabei wirken die Röntgenstrahlen nach Durchdringen des Brustkorbs auf einen Leuchtschirm ein und erzeugen auf diesem einen Schattenriß der inneren Organe. Diese Leuchtschirmbilder zahlreicher Personen werden auf einem langen – anfangs 35 mm, inzwischen 6 cm breiten – Schirmbildfilm hintereinander fotografiert und die einzelnen Bilder später bei vergrößerter Projektion diagnostisch ausgewertet. Da das Verfahren im Vergleich zu individuellen Röntgenaufnahmen hinsichtlich des Arbeitsaufwands äußerst rationell ist, wurden systematische und in periodischen Zeitabständen wiederholte Untersuchungen der gesamten Bevölkerung dadurch überhaupt erst praktisch durchführbar.

Die Idee des Physikers Max von Laue, durch die auftretenden Beugungserscheinungen am Kristallgitter den Beweis für die Wellennatur der Röntgenstrahlen zu erbringen, eröffnete 1912 zugleich eine weitere wichtige Nutzanwendung der Röntgenfotografie, nämlich die Kristallstrukturanalyse. Seine Schüler W. Friedrich und Paul Knipping arbeiteten die Methode experimentell aus und heute ist sie aus der Feinstrukturanalyse von Werkstoffen nicht mehr wegzudenken.

Ebenso spielt die Röntgenfotografie inzwischen eine unentbehrliche Rolle in der zerstörungsfreien Werkstoffprüfung. Dabei werden Werkstücke, die in einer Konstruktion von besonderer Bedeutung für die Lebensdauer und Betriebssicherheit sind, mit Röntgenstrahlen »durchleuchtet«. Aus dem erhaltenen Röntgenfoto sind äußerlich nicht erkennbare Materialfehler wie Lunker u. dgl. zu erkennen. Seit künstliche Radionuklide, die hinreichend starke Gammastrahlen aussenden, zur Verfügung stehen, ist dieses Verfahren durch die sogenannte Gammadefektoskopie ergänzt. Dabei treten Kernstrahlen anstelle der Röntgenstrahlen.

In dem erhaltenen fotografischen Schattenriß sind gleichfalls Fehler im Inneren des Materials erkennbar.

Wenige Monate nach Röntgens folgenreicher Entdeckung wurde mit Hilfe der fotografischen Platte eine der für unser Zeitalter bedeutendsten Wissenschaften geboren: die Kernphysik. Der französische Physiker Professor Henri Louis Becquerel, ein Spezialist für Fluoreszenz, experimentierte mit dem Ziel, die Natur der von Röntgen entdeckten Strahlen zu klären. Er hielt sie zunächst auch für eine Art Fluoreszenz, also für Strahlen, die ein Stoff aussendet, solange er seinerseits von einer anderen Strahlung, z. B. von der Sonne, getroffen wird. Er setzte deshalb Kaliumuraniumsulfat-Kristalle dem Sonnenlicht aus und legte sie dabei auf eine fotografische Platte. Sowohl die Kristalle als auch die Platte waren lichtdicht verpackt. Er vermutete, das Sonnenlicht würde die Kristalle zur Aussendung von Strahlen veranlassen, die den von Röntgen entdeckten vergleichbar sind und deshalb wie diese das schwarze Papier durchdringen, auf die Platte einwirken und nach deren Entwicklung eine Schwärzung ergeben. Das war auch tatsächlich der Fall.

Daß seine Hypothese trotzdem nicht zutraf, bemerkte er, als einmal Platten entwickelt wurden, auf denen einige Tage lang uraniumhaltige Kristalle bei völliger Dunkelheit im Schrank gelegen hatten. Da kein Sonnenlicht auf sie gefallen war, konnten sie auch keine Fluoreszenz abgegeben haben. Trotzdem schwärzten sich die Platten viel stärker. Es konnte sich bei der Strahlung, die diese Schwärzung hervorrief, also nicht um Fluoreszenz handeln. Becquerel war damit zum erstenmal auf eine sichtbare »Botschaft« aus der Welt der Atomkerne gestoßen. Die weitere systematische und intensive Erforschung dieser Radioaktivität des Uraniums und anderer Stoffe führte schließlich in das Zeitalter der Kernphysik.

In dieser Forschung spielte die Fotografie auch weiterhin eine unentbehrliche Rolle. Zahlreiche Erkenntnismethoden der Kernphysik beruhen auf der Fotografie. Als Beispiel sei nur erwähnt, daß aus den Schwärzungsspuren, welche energiereiche Teilchen atomarer und subatomarer Größenordnung in fotografischen Spezialemulsionen erzeugen, die Eigenschaften der Elementarteilchen der Materie sowie die Gesetzmäßigkeiten ihrer Wechselwirkungen entschlüsselt werden. An den großen Experimentiermaschinen der Kern- und Hochenergiephysik, den sogenannten Teilchenbeschleunigern, wurden Millionen von Kernspuraufnahmen fotografiert. Später modifizierte man das Verfahren.

Man läßt die Teilchen in sogenannten Blasenkammern Schaumspuren erzeugen und fotografiert diese Spuren, die aus unzähligen aneinandergereihten Schaumbläschen bestehen – daher der Name.

Auch die Anfänge der Luftbild- und Satellitenfotografie reichen bis in das Jahr der Veröffentlichung des Verfahrens von Niépce und Daguerre zurück. Schon 1839 wurde auf die prinzipielle Möglichkeit von Aufnahmen aus Ballonen hingewiesen. Neun Jahre später nahm der französische Fotograf, Journalist, Karikaturist und Ballonfahrer Gaspard Felix Tournachon, bekannter unter seinem Pseudonym Nadar, ein Patent auf die Luftbildfotografie. Im darauffolgenden Jahr 1859 führte er erste praktische Versuche durch.

In seiner Patentschrift vom 23. Oktober 1858 erwähnte er als Zweck des Verfahrens die Herstellung topografischer Pläne sowie die Möglichkeit, »strategische Operationen zu lenken«, und »Aufnahmen von Befestigungen« zu erhalten. Da einigermaßen kurze Belichtungszeiten, wie sie für scharfe Aufnahmen von dem bewegten Ballon aus unerläßlich waren, nur das nasse Kollodium-Verfahren ermöglichte, baute Nadar die Gondel zu einer Dunkelkammer aus, um die Platten kurz vor der Aufnahme präparieren zu können. Er verkleidete sie außen mit schwarzem Tuch. Oben war ein bewegliches Dach aus gelbem Stoff angeordnet, der zugleich als Dunkelkammer-Lichtschutzfilter diente. Das Dunkelkammerlicht durfte damals noch ziemlich hell sein. Die Kamera war senkrecht nach unten gerichtet und blickte entweder durch ein Loch im Boden der Gondel, oder sie war an einer Seitenwand montiert. Die erste Luftbildaufnahme des Dorfes Petit Bicetre fiel zwar noch recht mäßig aus, u. a., weil das Schwefelwasserstoff enthaltende Auftriebgas viele Flecken auf dem Negativ erzeugte. Im Prinzip war jedoch die Realisierbarkeit der Luftbildfotografie erwiesen. Man konnte die Häuser und Straßen deutlich erkennen.

In den folgenden Jahren wiederholte Nadar seine Versuche mit Aufnahmen aus bis zu 500 m Höhe über Paris. 1860 erfolgten auch in Amerika die ersten Ballonaufnahmen. Durch Ballonfotografie für Zwecke der militärischen Aufklärung soll im Juni 1862 während des nordamerikanischen Sezessionskrieges die Schlacht von Richmond zugunsten der Unionisten entschieden worden sein. Die aus den Aufnahmen erhaltenen Informationen wurden telefonisch an die Armee übermittelt.

Von den ab Ende der 60er Jahre des vorigen Jahrhunderts aufgekommenen höher empfindlichen Trockenplatten profitierte auch die Luftbildtechnik. Infolge der kürzeren Expositionszeiten gelangen schärfere Aufnahmen. 1886 erschien in Paris das Buch »La Photographie en Ballon«, das zahlreiche hervorragende Fotos enthielt. Eduard Schweizer, genannt Kapitän Spelterini, unternahm von 1898 bis 1913 zahlreiche Überquerungen der Alpen im Ballon und fotografierte eine Fülle von Aufnahmen, die bereits eindeutig wissenschaftlichen Wert hatten. Er benutzte Kameras der Formate 13 cm × 18 cm und 18 cm × 24 cm. Während er fotografierte, verzeichnete sein Begleiter laufend die Flugroute auf einer Karte, so daß die Fotos den überflogenen Gebieten exakt zugeordnet werden konnten.

Besondere Erwähnung verdienen ferner die Aufnahmen, die während der Ballon-Nordpolexpedition von Andrée 1897 fotografiert wurden. Zwar scheiterte die Expedition und alle Teilnehmer kamen um. Doch wurden 33 Jahre später die unter Schnee und Eis vergrabenen Aufnahmematerialien gefunden und konnten zu brauchbaren Negativen entwickelt werden – ein eindrucksvoller Beweis für die Haltbarkeit des latenten Bildes, jedenfalls bei sehr niedrigen Temperaturen.

1906 wurden zwei weitere Meilensteine in der Geschichte der Luftbildfotografie gesetzt. Professor Adolf Miethe, gleichfalls passionierter Ballonsportler, belichtete aus etwa 450 m Höhe die erste Farbaufnahme nach dem Farbauszugsverfahren. Theodor Scheimpflug, nach dem die Regeln für das Entzerren von Negativen beim Vergrößern benannt sind, konstruierte im gleichen Jahr das erste Gerät zur Entzerrung von Luftaufnahmen, von ihm Fotoperspektograf genannt. Damit wurde das Zeitalter der Aerofotogrammetrie, der Luftbildvermessung, eingeleitet. Theodor Scheimpflug umriß bereits ein Verfahren, durch das man aus Luftaufnahmen auf rein fotografischem Wege Pläne und Karten herstellen kann.

Der Ballon verlor unterdessen seine Funktion als Träger der fotografischen Apparatur und gab sie zunächst an das Luftschiff und später an das Flugzeug ab. Das Datum der ersten Aufnahme, die vom Flugzeug aus erfolgte, ist nicht mehr festzustellen. Aber zu einem 1909 vom Aero-Club in Frankreich veranstalteten Wettbewerb wurden außer zahlreichen Ballonaufnahmen auch bereits vom Flugzeug aus fotografierte Bilder eingereicht. Um ihren neuen Langstreckenrekord unwiderlegbar zu beweisen, dokumentierten die französischen Flieger Fréquant und Marconnet am 9. Juni 1909 ihren Flug von Bouy nach Vincennes

– eine 145 km lange Strecke, für die sie zweieinhalb Stunden brauchten – durch eine Serie von Luftaufnahmen.

Die ersten Fotos aus der Stratosphäre – diesmal wieder vom Ballon aus – erzielte 1931 Professor Auguste Piccard aus 16 km Höhe mit einer Leica. Sie mißlangen allerdings, weil das blaue Streulicht der Atmosphäre die Bilder verschleierte. 1932 mit strengem Rotfilter wiederholte Aufnahmen fielen dagegen einwandfrei aus.

Auch an Kuriosa mangelt es in der Geschichte der Luftbildfotografie nicht. So diskutierte man um die Jahrhundertwende ernsthaft die Luftbildfotografie mit Kameras, die an Drachen befestigt waren. Mit acht Drachen von je zwei Meter Durchmesser schickte W. A. Eddy in Boston eine anderthalb Kilogramm schwere Kamera in 300 m Höhe. Noch origineller war die Idee des Apothekers Dr. Neubronner aus Cronberg, einer Brieftaube eine kleine Kamera vor die Brust zu schnallen. Das Patent, das er darauf beanspruchte, wurde ihm zunächst wegen Undurchführbarkeit verweigert. Daraufhin legte er der Behörde als Gegenbeweis die gelungenen Aufnahmen vor. Nun mußte man ihm wohl oder übel das Patent erteilen. 1912 kam eine nur 50 Gramm schwere Brieftaubenkamera, die Bilder von 3 cm × 8 cm ergab, sogar in den Handel. Der Verschluß wurde nach vorher einstellbaren Vorlaufzeiten automatisch ausgelöst. Dr. Neubronner knüpfte mit seiner Brieftaubenfotografie übrigens an eine bewährte Praxis seines Vaters an. Der hatte sich nämlich schon um die Mitte des vorigen Jahrhunderts mit abgerichteten Brieftauben ärztliche Rezeptkopien und sogar Medikamente »einfliegen« lassen. Sie wurden in kleinen Säckchen verstaut, welche die Tauben auf dem Rücken trugen.

Auch die Rakete wurde nicht erst im Zeitalter der Raumfahrt zum Träger fotografischer Apparate. Bereits 1907 schickte der Dresdener Ingenieur Alfred Maul eine Rakete in eine vorerst allerdings bescheidenere Höhe. Die Kamera, die sie befördert hatte, löste sich nach Erreichen der Gipfelhöhe und schwebte an einem Fallschirm zur Erde.

Die große Bedeutung, welche die Luftbild- und Satellitenfotografie inzwischen erreichten, beruht insbesondere auf der sprunghaften Steigerung des Informationsgehalts der Aufnahmen durch die in den jüngsten 40 Jahren entwickelte Falschfarben- und Multispektralfotografie. Sie ermöglicht nämlich die Erkennung von Details, die weder bei der direkten Betrachtung einer Landschaft mit dem Auge – mit oder ohne optische Hilfsmittel wie Feldstecher u. dgl. – noch auch durch normale Farbaufnahmen sichtbar werden.

Ein besonders anschauliches Beispiel dafür bildet die Entdekkung der lange gesuchten versunkenen Etruskerstadt Spina in den 50er Jahren. Bei der Luftvermessung eines größeren Gebietes in Italien fiel auf, daß sich in Aufnahmen, die bei einer bestimmten Einfallsrichtung des Lichts und mit einem speziellen Filter erfolgt waren, in dem ansonsten unauffälligen und gleichmäßig bewachsenen Gelände geometrische Figuren abzeichneten. Da eine Fluglinie über dieses Gebiet führte, hatten jahrelang Tausende von Menschen auf das Gelände geblickt, ohne daß ihnen das geringste auffiel. Auch beim Begehen des Geländes war nichts Auffälliges festzustellen. Allein die unter bestimmten Bedingungen fotografierten Aufnahmen zeigten die geometrischen Figuren. Als man an den betreffenden Stellen grub, stieß man in der Tiefe auf die Mauern versunkener Bauwerke. Der Stoffwechsel der Pflanzen war durch das Vorhandensein der Mauerreste geringfügig verändert. Dadurch wurde die Eigenschaft ihrer Blätter, das Tageslicht zurückzuwerfen, in einem bestimmten Spektralbereich ein wenig verändert. Für das menschliche Auge sowie auch für die normale Schwarzweiß- und Farbenfotografie blieben diese feinen Veränderungen unmerklich. Nur wenn man ein Filter verwendete, das einen bestimmten engen Durchlaßbereich hatte und außerdem das Licht in einem bestimmten Winkel einfiel, zeichneten sie sich im Foto ab.

Solche und ähnliche Beobachtungen gaben Anstöße zur immer weiteren Vervollkommnung der Falschfarben- und Multispektralfotografie. Bei der ersteren erfolgt nicht mehr die normale Dreiteilung der Sensibilisierungsbereiche in das blaue, grüne und rote Spektraldrittel, sondern eine andere, bei der auch noch zwischen dem roten und infraroten Spektralbereich differenziert wird. Die beiden Bereiche werden von zwei getrennten Schichten des Fotomaterials abgebildet. Die Farbstoffe, die bei der Entwicklung in den verschiedenen Schichten entstehen, sind nicht darauf abgestimmt, ein mehr oder weniger farbrichtiges Bild zu ergeben, sondern so konzipiert, daß sie für das menschliche Auge ein erhöhtes Unterscheidungsvermögen für bestimmte feine Details ergeben.

Die Anwendungsmöglichkeiten der Falschfarbenfotografie, die im übrigen nicht nur von Flugzeugen und Raumflugkörpern aus, sondern auch direkt am Boden angewendet wird, sind äußerst vielseitig und reichen von der Entdeckung versunkener Altertümer bis zur Diagnose des Reifegrades landwirtschaftlicher Kulturen, der Erkennung von Pflanzenkrankheiten, der Abschätzung des Bestandes der verschiedenen Arten von Bäumen in einem Mischwald u. dgl.

Noch mehr Aufschlüsse vermag die Multispektralfotografie zu bringen, bei der dasselbe Objekt beispielsweise in sechs verschiedenen eng begrenzten Spektralbereichen mit entsprechenden Filtern gleichzeitig fotografiert wird. Bei der Jenaer Multispektralkamera MKF-6-M liegen vier dieser Bereiche im sichtbaren Licht und zwei im nahen, d. h. dem sichtbaren Rot benachbarten Infrarot. In der Fachsprache bezeichnet man die einzelnen Spektralbereiche als Kanäle. Die Kamera enthält sechs Aufnahmesysteme mit je einem Objektiv von 150 mm Brennweite mit höchster Schärfenzeichnung. In jedes Bild werden Paßmarken mit einbelichtet, die eine deckungsgleiche Projektion bzw. Vergrößerung der erhaltenen Negative ermöglichen. Als Fotomaterial werden besonders hochauflösende Schwarzweißemulsionen verwendet. Die Bildgröße beträgt nur 55 mm × 80 mm.

Die Informationen, die den erhaltenen Aufnahmen zu entnehmen sind, lassen sich noch steigern, wenn man nicht nur jedes Bild eines Kanals für sich betrachtet, sondern die Aufnahmen aus zwei oder mehr Kanälen übereinander projiziert oder auf Papier vergrößert. Eine weitere Steigerung der Informationserkennung tritt unter Umständen dadurch ein, daß man die Bilder der einzelnen Kanäle pseudocoloriert, d. h. durch Verwendung farbig gefilterten Projektionslichts einfärbt. Die Wahl der Farben zielt dabei wiederum nicht darauf ab, eine mehr oder weniger gute farbliche Naturtreue der Objekte zu rekonstruieren, sondern Farbkontraste zu erzeugen, durch die bestimmte Bildinformationen überhaupt erst erkennbar werden.

Mit dem Jenaer Multispektralprojektor MSP-4 können bis zu vier Kanäle gleichzeitig und deckungsgleich projiziert werden, wobei die für jeden Kanal verwendete Farbe frei wählbar ist. Außer in verschiedene Farben können die Teilbilder der einzelnen Kanäle auch durch Graufilter in drei verschiedenen Dichtestufen projiziert werden. Die umfassende Auswertung von Multispektralaufnahmen ist zu einer eigenen wissenschaftlichen Spezialdisziplin geworden.

Da sich das Raumschiff, in dem die Multispektralkamera installiert ist, mit hoher Geschwindigkeit bewegt, würden trotz der kurzen Expositionszeiten und der großen Höhe über der Erdoberfläche die Aufnahmen geringfügig verrissen, verwischt. Um die Leistungsfähigkeit der Objektive und des Filmmaterials voll auszunutzen, muß deshalb eine Bewegungskompensation der Kamera erfolgen. Sie wird während der Exposition in variabel einstellbarer Weise um einen geringfügigen Betrag so geschwenkt, daß die optische Achse aller Objektive mit großer Genauigkeit auf denselben Punkt der Erdoberfläche gerichtet bleibt.

Obwohl auf der nur 55 mm × 80 mm kleinen Aufnahme beispielsweise ein Fünftel des gesamten Territoriums der DDR zur Abbildung gelangt, kann noch jedes einzelne Gebäude multispektral analysiert werden. Freilich ist es nicht möglich, daß sechs verschiedene Aufnahmesysteme einen absolut gleichen Abbildungsmaßstab ergeben. Die Differenzen sind jedoch so gering, daß zwei Geländepunkte, die 100 km Abstand voneinander haben, bei der Auswertung nur um höchstens drei Meter gegenüber ihrer wirklichen Position verschoben erscheinen können. Diese Daten beweisen, bis zu welcher enormen Leistungsfähigkeit die Satellitenfotografie inzwischen entwickelt ist. Auch die von den US-amerikanischen Lunar-Orbitern vor der Landung von Astronauten auf dem Mond aufgenommenen zahlreichen Fotos seiner Oberfläche erfolgten mit automatischer Bewegungskompensation der Kameras, so daß äußerst scharfe Bilder erhalten wurden, die eine Kartierung unseres großen kosmischen Begleiters ermöglichten.

Von der Öllampe zum Computerblitz

Obwohl die ersten Fotoplatten nur extrem gering lichtempfindlich und für das gelbliche Licht von Lampen sogar so gut wie unempfindlich waren, ist die Kunstlichtfotografie fast ebenso alt wie die Fotografie überhaupt. Denn Daguerre legte Arago noch vor der Veröffentlichung des Verfahrens auch Aufnahmen vor, die bei Lampenlicht exponiert wurden. Die Belichtungszeit muß allerdings enorm lang gewesen sein. Denn noch 1841, als es bereits empfindlichere Platten gab, benötigten die Gebrüder Natterer für die Aufnahme eines Kupferstichs beim Licht zweier Öllampen 35 Minuten.

Jede Art künstlichen Lichts war irgendwann auch in der Fotografie gebräuchlich. Auf die Öllampe folgte das Drummondsche

Kalklicht, 1826 von Goldworthy erfunden, das durch einen auf Weißglut erhitzten Kalkzylinder erzeugt wurde. Dafür war ein Sauerstoffgebläse erforderlich. Bereits 1839 fotografierten damit zwei Breslauer Wissenschaftler Mikroskopaufnahmen. Nur 14 Sekunden Belichtungszeit genügten für Porträts mit einer Lichtquelle, die Professor Babo 1856 in Freiburg erstmals benutzte. Er verbrannte Stickstoffoxidgas mit Schwefelkohlenstoff. Das ergab eine etwa 25 cm hohe Flamme. Doch war diese Technik zu umständlich.

Stärkere Verbreitung fanden das Magnesiumlicht, aber noch nicht als Blitz-, sondern als Dauerlicht, sowie der 1813 von Davy entdeckte elektrische Lichtbogen. In einer Zeit, in der es noch keine Elektrizitätswerke gab, erforderte die Bogenlampe allerdings ebenfalls großen technischen Aufwand. Man brauchte zahlreiche Akkumulatoren. Die 1860 von Professor Way erfundene Quecksilberdampf-Entladungslampe ergab nach einem zeitgenössischen Bericht zwei- bis dreimal stärkere fotografische Wirkung als die Kohlebogenlampe. Dem Licht fehlten zwar alle roten Farbanteile, so daß die Gesichter geisterhaft und die Lippen blau aussahen. Für das Foto war das aber belanglos, da die Platten sowieso für Rot nicht empfindlich waren.

Diese Lichtquelle konnte sogar zum Vergrößern dienen. Das gibt Anlaß für einen Exkurs über die Anfänge der Vergrößerungstechnik. Sie wurde 1840 von Draper bereits vorgeschlagen, als es noch gar keine Negative gab. Er empfahl, zunächst Aufnahmen auf kleinen Platten anzufertigen und davon nachträglich »mit einem großen feststehenden Apparat« Bilder des gewünschten Formats herzustellen. So sinnlos, wie es heute scheint, war das nicht. Denn einerseits bestand zwar das Bedürfnis nach großen Formaten, insbesondere bei Porträts, da man von der Malerei an große Bilder gewöhnt war. Andererseits gab es dafür erhebliche Hindernisse. Denn je größer das Aufnahmeformat, desto geringer war bei dem begrenzten Durchmesser der verfügbaren Objektive deren Lichtstärke. Da sie außerdem noch stark abgeblendet werden mußten, ergaben sich indiskutable Expositionszeiten. Bei kleinem Bildformat und gleichem Objektivdurchmesser war die relative Öffnung (Blende) größer und man konnte kürzer belichten.

War das von Draper vorgeschlagene Verfahren eigentlich mehr eine vergrößernde Reproduktion, so wurde die Vergrößerung im heutigen Sinne erst mit dem Negativ-Positiv-Prozeß aktuell. Der Apparat dafür brauchte eigentlich nicht erfunden zu werden. Denn da es zwischen diesem und dem Bildwerfer keinen prinzipiellen Unterschied gibt, konnte man auf die inzwischen fast 200 Jahre alte Erfindung zurückgreifen. Woran es aber mangelte, war eine für die geringe Lichtempfindlichkeit der Positivmaterialien hinreichend starke Lichtquelle. Aber auch hierfür wies das damals schon altbekannte, 1738 von dem Berliner Arzt Johann Nathanael Lieberkühn erfundene Sonnenmikroskop einen Ausweg. So wie man das Licht der Sonne für die Projektion des mikroskopischen Bildes benutzte, konnte es auch zum Vergrößern dienen. Allerdings setzte sich dies nicht gleich durch.

Beim ersten Apparat, den sich Talbot 1843 patentieren ließ und der nur eine zweifache Vergrößerung ermöglichte, wurde die Sonne noch nicht als Lichtquelle verwendet. 1853 ging J. J. Heilmann von dem bis dahin diffusen zum gerichteten Licht über. 1857 schließlich konstruierte der amerikanische Fotograf David A. Woodward die sogenannte Solarkamera, einen Apparat zum Vergrößern mit Sonnenlicht. Er wurde in einer Öffnung des Fensterladens angebracht. Außen befand sich ein beweglicher Spiegel, der dem Stand der Sonne nachzuführen war. Mittels eines Kondensors wurde das Licht auf das Negativ gerichtet. Die Solarkamera setzte sich bald auch in Europa durch, war aber keine Patentlösung, weil man nur an Tagen mit Sonnenschein vergrößern konnte. Obwohl man die Sonne bemühte, betrugen die Expositionszeiten anfangs etwa eine halbe Stunde. Da sich in der Zeit der Sonnenstand merklich änderte, mußte nicht selten der Spiegel während der Exposition nachgestellt werden, wobei die ganze Apparatur vibrierte und das Bild verdorben wurde. Der Aachener Fotograf Jakob Wothly verdiente deshalb ein Vermögen durch den simplen Einfall, den Spiegel getrennt von der Kamera aufzustellen. Er ließ sich das patentieren und kassierte allein von dem Pariser Modefotografen Desdéri dafür 20 000 Francs – ein Beweis, daß die Modefotografie schon vor über hundert Jahren ein sehr einträgliches Geschäft war.

Die Schärfenzeichnung der Vergrößerungen muß übrigens damals recht miserabel gewesen sein. Denn 1863 schrieb die französische fotografische Gesellschaft einen Preis von 3 000 Francs für die Erfindung eines Verfahrens aus, auf fotografischem Wege Vergrößerungen zu erhalten, die in Feinheit, Gleichmäßigkeit und Schärfe guten Kontaktkopien ebenbürtig sind. Eine wesentliche Verbesserung bewirkte das Preisausschreiben aber nicht.

Den ersten Vergrößerungsapparat mit elektrischem Licht führte Louis Jules Duboscq 1861 in Paris vor, vermochte dadurch die Solarkamera aber noch lange nicht zu verdrängen. Im Gegenteil: Sie wurde einstweilen noch eifrig verbessert. So montierte Eduard Delessert die Solarkamera im Freien auf einer kreisförmigen Schiene fahrbar, so daß man sich nicht nur der Höhe des Sonnenstandes, sondern auch der Richtung, aus der die Sonne schien, anpassen konnte. Die Verwandtschaft zwischen Bildwerfer und Vergrößerungsapparat bekundete sich übrigens auch darin, daß man nicht wie heute senkrecht, sondern wie bei der Projektion waagerecht vergrößerte. 1864 ging der Pariser Fotograf A. Liebert erstmals zur schrägen Stellung über und noch später praktizierte J. F. Campbell erstmals die senkrechte Stellung, als er nicht mehr das direkte Sonnenlicht, sondern das zerstreute Himmelslicht benutzte. Der Apparat war im Dachgeschoß des Ateliers aufgebaut. Reichte die Höhe des Labors zum Erzielen des gewünschten Vergrößerungsmaßstabs nicht mehr aus, so wurde eine Falltür im Fußboden geöffnet und das Vergrößerungspapier im darunter liegenden Stockwerk ausgelegt. Doch blieb allgemein das horizontale Vergrößern einstweilen noch gebräuchlich.

Daß man zum Vergrößern so lange die Sonne benutzte, lag allerdings nicht allein an der Unzulänglichkeit der künstlichen Lichtquellen, sondern ebenso an der zu geringen Empfindlichkeit der Fotopapiere. Erst 1864 beschrieb Liesegang ein Verfahren zur Herstellung von Fotopapier, das nur zehn Sekunden Expositionszeit erforderte, sowie einen Vergrößerungsapparat mit elektrischem Bogenlicht, das aus einer Batterie von 40 Bunsenelementen gespeist wurde. Abschließend zu diesem Thema ist zu vermerken, daß bis weit in unser Jahrhundert die Bedeutung des Vergrößerns stark hinter dem Kontaktkopieren zurückstand, da man größerformatige Kameras benutzte. Erst mit dem Aufschwung der Kleinbildfotografie, der insbesondere in den letzten 30 bis 40 Jahren einsetzte, gewannen Vergrößerungen eindeutig das Übergewicht über Kontaktkopien.

Doch nehmen wir den Faden bei der Entwicklung der künstlichen Fotolichtquellen wieder auf! Eine Beleuchtungstechnik, die ausschließlich in der Fotografie Anwendung fand, war das sogenannte Weißfeuer. Es kam Anfang der 60er Jahre auf und wurde durch Verbrennen von Stoffgemischen verschiedener Zusammensetzung in einer Laterne entzündet. Die Dämpfe zogen durch eine Ofenröhre ab. Nach einem zeitgenössischen Bericht soll das Flackern der Flamme »höchstens für Adleraugen erträglich« gewesen sein. Um es zu mildern, wurde zwischen der

Lampe und dem zu Porträtierenden ein großes Blaufilter angeordnet.

Ab 1864 wurde das Verbrennen von Magnesiumdraht, später von Band in größerem Umfang gebräuchlich. Es gab Lampen, in denen der Draht sogar automatisch durch ein Uhrwerk abgespult wurde. Je länger er war, desto länger brannte das Licht. Damit gelangen z. B. Aufnahmen von Tropfsteinhöhlen und anderen »unterweltlichen« Objekten. Eine besondere Sensation bildeten die Blitzlichtaufnahmen der römischen Katakomben.

Das im vorigen Jahrhundert als Allgemeinbeleuchtung weit verbreitete Gaslicht war sowohl der Bogenlampe als auch dem Magnesiumlicht weit unterlegen. Erst nach der Erfindung des Gasglühlichts mit dem Auerschen Brenner erlangte es in den 90er Jahren vorübergehend begrenzte Bedeutung im Fotoatelier. Doch waren selbst bei zwei Sekunden Belichtungszeit 14 bis 15 Auersche Brenner erforderlich. Ebenfalls nur beiläufige Anwendung fand das Azetylenlicht. Die 1879 von Edison erfundene elektrische Glühlampe benutzte noch im gleichen Jahr Hermann Krone für eine Gruppenaufnahme mit 40 s Expositionszeit. Größere Bedeutung gewannen die Glühlampen jedoch lange Zeit in der Fotografie nicht, weil ihr Licht zu gelblich war. Das änderte sich erst, als es ab 1907 Glühlampen mit sehr weißem Licht gab. In jüngster Zeit gewann die Halogenglühlampe wegen ihrer nochmals beträchtlich gesteigerten Lichtausbeute großen Wert für die Kunstlichtfotografie.

Handelte es sich bisher bei allen erwähnten Lampen um Dauerlichtquellen, so bestand daneben auch schon früh das Bedürfnis nach einer Beleuchtungstechnik, die so kurzzeitiges und kräftiges Licht liefert, daß man damit bewegte Objekte fotografieren kann. Außerdem sollte das Blitzlicht in der Porträtfotografie die Kunden von der Qual des sekunden- oder gar minutenlangen unbeweglichen Stillsitzens befreien. Doch blieb das zunächst ein Wunschtraum. 1865 bereitete Trail Taylor zwar einen Zündsatz aus Magnesiumpulver mit einigen Zusätzen, aber es entstand dabei kein ausreichendes Licht. Erst 1887 gelangen Professor A. Miethe und J. Gaedicke bessere Erfolge mit einem Gemisch von Magnesium, Kaliumchlorat und Schwefelantimon. Inzwischen waren allerdings auch die Platten empfindlicher.

Um bei den nächtlichen Versuchen Fußgänger und Pferde nicht zu erschrecken, zündete Miethe das Blitzpulver in einer einsamen Waldung. Potsdamer und Berliner Zeitungen berichteten daraufhin über das merkwürdige Wetterleuchten eines nächtlichen Wintergewitters, und sogar die Meteorologen trugen einen entsprechenden Vermerk in ihr Journal ein. Miethe narrte die Presse noch weitere 14 Tage, bevor er die wahre Ursache bekanntgab. Die Potsdamer Meteorologen waren böse und strichen ihre Eintragungen mit dem in der Geschichte der Wetterkunde wohl einmaligen Vermerk »Unfug Miethe-Baltin«. So hieß der Begleiter, der Miethe bei seinen Versuchen behilflich war. Miethe ergötzte sich an diesem Lausbubenstreich noch ein zweites Mal in einer anderen Stadt. Prompt berichtete die Lokalpresse wieder von nächtlichem Wetterleuchten.

Als Miethe sein neues Blitzlicht im Verein zur Förderung der Photographie vorführte, erntete er helle Begeisterung. Er schrieb: »Hier waren es einmal nicht die Erfinder, die die Tragweite der Neuerung überschätzten, sondern die Gebraucher.« Einige Leute glaubten, das Blitzlicht werde in der Fotografie sogar das Tageslicht an Bedeutung überflügeln. Miethe wurde durch sein Magnesium-Blitzlicht schlagartig weltbekannt.

E. Vallot erfand, um den Zeitpunkt des Aufleuchtens des Blitzes willkürlich bestimmen zu können, noch im gleichen Jahr die Blitzpfeife, auch Pustlampe genannt: eine lange Tonpfeife, in deren Kopf etwas Blitzpulver geschüttet wurde. Hielt man einen brennenden Fidibus darüber und blies in das Mundstück, so flog das Pulver auf und entzündete sich in der Flamme. Zwei Jahre später gab es komfortable Blitzlicht-Vorrichtungen, bei denen das Pulvergemisch pneumatisch in die Flamme eines Spiritusbrenners geblasen wurde. Der Breslauer Maler Professor Schirm konstruierte sogar eine Zweilampen-Atelier-Blitzanlage mit synchronisiertem Haupt- und Aufhell-Licht. Die »Synchronisation« erfolgte dadurch, daß die Blasvorrichtungen beider Lampen über Schläuche mit einer »Kautschukbirne« verbunden waren. Drückte man den Gummiball, so wurde das Pulver in beiden Lampen gleichzeitig in die Flamme geblasen. Um die Härte des Lichts zu mildern, war vor den Lampen ein Streuschirm aus Seidenpapier angeordnet.

Viel Erfindergeist wurde darauf verwandt, die Nachteile des Blitzpulvers, den Rauch und die nachfolgende Staubablagerung des Magnesiumoxids zu vermeiden. Als Miethe die Blitzvorrichtung durch eine Glasscheibe abdeckte, zersplitterte diese und die Scherben flogen der zu porträtierenden Dame ins Gesicht – zum Glück ohne ihre Schönheit zu lädieren. Bei anderen Konstruktionen fiel unmittelbar nach dem Aufleuchten eine Art Baldachin auf die Blitzvorrichtung herab. Für den beweglichen Einsatz wurden sogar Blitzgeräte mit meterhohem Schornstein gebaut, die in zusammengelegtem Zustand trotzdem leicht transportabel waren. 1901 brachte Erwin Quedenfeld eine Blitzlampe heraus, die zusammen mit dem Auslösen des Kameraverschlusses elektrisch gezündet wurde. Mit Magnesium-Blitzlicht gelangen respektable fotografische Leistungen. So fotografierte C. C. Schilling etwa 3 000 Nachtaufnahmen von Tieren auf freier Wildbahn. Die Blitze wurden automatisch durch Fäden ausgelöst, gegen welche die Tiere beim Weg zur Tränke stießen.

Um die Rauch- und Staubbelästigung sowie die Brandgefahr auszuschließen, schloß Martin Kießling 1898 10 cm lange Magnesiumbandstücke in kleine mit Sauerstoff gefüllte Glasflaschen ein. Die Verbrennung wurde elektrisch ausgelöst. Doch waren die Brenndauer und mithin die Leuchtzeit zu lang für Aufnahmen bewegter Objekte. Es bedurfte noch vieler Verbesserungen, bevor 1929 Ostermeyer die erste Blitzlampe mit einer Leuchtzeit von nur $1/50$ s herstellte. Die Größe des Kolbens entsprach anfänglich der einer 200- bis 250-Watt-Glühlampe. Inzwischen konnten durch Einsatz leuchtkräftigerer Stoffe und spezieller Gläser die Blitzlampen bei großer Lichtausbeute auf winzige Abmaße verkleinert werden. Für die Zündung genügen heute kleinste Spannungen.

Die Vorgeschichte des Elektronenblitzes, auch Röhrenblitz genannt, reicht bis 1851 zurück. Damals exponierte Talbot stehende Phasenbilder einer sich drehenden Scheibe durch elektrische Funkenblitze. Den Typ des heutigen Elektronenblitzgeräts, bei dem das Licht durch eine elektrische Gasentladung erzeugt wird, entwickelte H. E. Edgerton-Germershausen 1939 erstmals bis zur Praxisreife. Die jüngste Entwicklungsstufe der Elektronenblitztechnik bildet der sogenannte Computerblitz. Dabei kontrolliert eine Fotozelle, wann die für die Exposition optimale Lichtmenge erreicht ist. In diesem Moment wird der Blitz gelöscht. Auf die Fotozelle wirkt das vom Objekt reflektierte Licht ein. Sowohl Unter- als auch Überbelichtungen werden dadurch vermieden. In neuester Zeit gewinnt das Röhrenblitzlicht zunehmende Verwendung auch im Fotostudio. Moderne Studioblitzanlagen arbeiten mit mehreren synchronisierten Lampen. Zur genauen Bildeinstellung und Kontrolle der Licht- und Schattenverteilung sind sie mit Dauerlicht-Pilotlampen ausgestattet, deren Leuchtkraft den zugeordneten Blitzröhren proportional ist.

Von der Katzenpupille zum GaAsP-Belichtungsmesser

Da sich auch unsere fotografierenden Urgroßväter nicht gern auf den glücklichen Zufall verließen, versuchten sie von Anfang an, den Erfolg durch erfahrungsmäßig fundierte Belichtungstabellen zu sichern. Bereits am 12. Dezember 1839 wurde über eine Belichtungstabelle des Pariser Malers Hubert berichtet. Sie enthielt Expositionszeiten zwischen 4½ und 60 Minuten und den vielsagenden Hinweis: »Zuweilen sind diese Zeiten noch nicht ausreichend.« Hubert unterschied nur Hochsommer und Winter, Sonnenlicht und zerstreutes Licht sowie weiße und farbige Objekte. Die nächste Tabelle, 1840 von D. W. Seager im ersten Foto-Buch Amerikas veröffentlicht, führte zusätzlich die Tageszeiten und verschiedene Bewölkungsgrade ein, schied aber den Winter als »zum Fotografieren ungeeignet« aus. Nach unterschiedlichen Objekten wurde noch nicht differenziert, auch nicht nach Blendenwerten, weil man damals zum Erzielen guter Schärfe meist sowieso mit der kleinsten Blende fotografierte und die größte nur zur Bildeinstellung benutzte. In der Epoche der nassen Kollodium-Platten wurden Tabellen vorübergehend uninteressant, weil in Abhängigkeit von den jeweiligen Präparationsbedingungen die Empfindlichkeit zu unterschiedlich ausfiel. Die erste Tabelle in Taschenformat und mit verstellbaren Skalen meldeten Hurter und Druffield 1888 zum Patent an. Sie berücksichtigte alle Blendenwerte von 2,8 bis 64 und sogar die geografische Breite.

Die ersten Belichtungs*messer* wurden ebenfalls erstaunlich früh konstruiert, funktionierten aber nicht optisch, sondern fotochemisch. 1840 beschrieb der Pariser Soleil ein Messingrohr von 40 mm Länge und 25 mm Durchmesser, dessen eines Ende offen und dessen anderes durch eine bewegliche Klappe verschlossen war. Auf die Klappe wurde ein Karton gelegt, den man mit feuchtem Silberchlorid bestrich. Dann wurde das Rohr auf das Objekt gerichtet. Die Zeit, innerhalb der die ursprünglich weiße Schicht schiefergrau wurde, sollte identisch mit der richtigen Expositionszeit der Daguerreotype-Platte sein. Da deren Empfindlichkeit aber auch davon abhing, wie lange man sie mit Ioddampf »räucherte«, verbesserte Lewandowski 1843 den Belichtungsmesser so, daß man die optimale Iodierungszeit ebenfalls ermitteln konnte. Ähnliche Verfahren wurden von mehreren weiteren Autoren beschrieben. Daß sie zeitraubend waren, bekümmerte die Fotografen damals nicht. Sie »schossen« noch nicht viele Aufnahmen in der Hoffnung, daß einige gelingen, sondern bereiteten jede einzelne mit Geduld und Sorgfalt vor. Noch 1914 war ein fotochemisch funktionierender »Fotografometer« zur Prüfung von Fotopapieren in Gebrauch.

Den wohl merkwürdigsten Belichtungsmesser erfand 1844 A. Lipowitz. Er benutzte die von der Helligkeit abhängige Pupillenweite des Menschen zur Belichtungsmessung. Auf einen kleinen Planspiegel war in der Mitte ein Streifen weißes Papier geklebt. Er enthielt untereinander schwarze Punkte von ein bis zu fünf Millimeter Durchmesser. Man hielt sich den Spiegel vors Gesicht und beurteilte nach der Punktskale den Durchmesser der eigenen Pupille, der das Maß für die Expositionszeit abgab.

Als noch skurrileren Belichtungsmesser benutzten viele Fotografen die Katzenaugen, so auch Rejländer. In einem zeitgenössischen Bericht darüber heißt es: »Wenn Miezchen ... in das Atelier kommt und ihren Herren anschnurrt, sieht ihr dieser in die grünen Augen. Sind die Pupillen nur schwarze Linien, so belichtet er ganz kurz, werden sie länglich rund, lange; sind sie aber groß und rund, so setzt er den Deckel auf sein Objektiv, den Hut auf den Kopf und sagt: ›Heute sind keine Aufnahmen, ich werde ein wenig spazierengehen‹!«

Einen optischen Belichtungsmesser, bei dem zwei Glasprismen solange gegeneinander verschoben wurden, bis ein anvisiertes Objekt nicht mehr zu sehen war, beschrieb C. F. Albinus in seinem 1844 erschienenen Buch »Der vollkommene Daguerreotypist«. Belichtungsmesser, bei denen der Schwellenwert der Sichtbarkeit Anhaltspunkte für die Belichtungsdaten lieferte, gab es in vielen verschiedenen Ausführungen. Häufig benutzte man übereinandergelegte Seidenpapierblättchen, um die Lichtabsorption stufenweise zu steigern. Je mehr Blättchen das Licht zu durchdringen vermochte, desto heller war es. In einem solchen Seidenpapier»keil« brauchten die Transparenzstufen freilich nicht hintereinander angeordnet zu sein, sondern konnten sich auch auf dem Umfang einer drehbaren Kreisscheibe befinden. Ein Beispiel dafür war der »Photometre-Photographique« von 1889 des Pariser Ingenieurs J. Decoudon. Er bestand aus einer kreisrunden Dose mit einem radialen Schlitz. Durch Drehen an einem Mittelknopf konnte man Seidenpapier»keil«stufen verschiedener Transparenz in den Schlitz befördern. In einer weiteren Aussparung der Dose erschien dabei für jede Stufe ein Buchstabe. Eine Tabelle auf der Rückseite der Dose gab für jeden Buchstaben die Expositionszeit an. Der Belichtungsmesser wurde nicht auf das Objekt gerichtet, sondern unter dem schwarzen Tuch direkt vor die Mattscheibe gehalten – also bereits Lichtmessung durch das Objektiv! Der Wiener Hoffotograf W. Burger bewertete Decoudons Belichtungsmesser als »das Ideal aller Rathgeber«. Optische Belichtungsmesser, die auf das Objekt zu richten waren, gab es bis in die 50er Jahre unseres Jahrhunderts. Der subjektive Faktor bei der Beurteilung der Sichtbarkeitsschwelle war dabei allerdings nicht zu eliminieren.

Er wurde erst durch den fotoelektrischen Belichtungsmesser beseitigt. Dieser basiert auf dem lichtelektrischen Effekt, der – welch Zufall! – in dem für die Fotografie so bedeutsamen Jahr 1839 von Edmond Becquerel erstmals festgestellt wurde. 1883 fand dann C. E. Fritts, daß bei der Lichteinwirkung auf eine mit Blattgold bedeckte Selenfläche ein schwacher elektrischer Strom fließt. Doch geriet die Entdeckung wieder in Vergessenheit. Wenig bekannt ist, daß Albert Einstein 1922 den Nobelpreis nicht etwa für seine Relativitätstheorie erhielt, sondern für die theoretische Deutung des lichtelektrischen Effekts, man könnte also fast sagen: für die Erfindung des Belichtungsmessers, und daß der sonst über Prioritätsstreitigkeiten so erhabene große Denker die fotoelektrische Belichtungsmessung gesprächsweise einmal ausdrücklich als seine Erfindung beanspruchte.

Den ersten für fotografische Zwecke verwendeten fotoelektrischen Belichtungsmesser brachte 1932 die amerikanische Weston-Gesellschaft heraus, er war aber zu teuer und zu unhandlich. Den ersten praktikablen Belichtungsmesser mit Selenfotoelement schuf im gleichen Jahr Dr. Bruno Lange. Als jedoch im Zuge der weiteren Steigerung des Bedienungskomforts Kameras mit Lichtmessung durch das Objektiv entwickelt wurden, genügte der Belichtungsmesser mit Selenfotoelement den Ansprüchen nicht mehr. Um ohne Verstärkung einen meßbaren Fotostrom bei Beleuchtungsstärken bis herab zu 1 Lux zu erreichen, muß ein Selenfotoelement einige Quadratzentimeter groß sein. Das ist bei Lichtmessung durch das Objektiv technisch nicht möglich. In den 60er Jahren kamen deshalb sowohl in Kameras integrierte als auch Handbelichtungsmesser mit Cadmiumsulfid-Fotowiderstand auf. Ihre Anfangsempfindlichkeit liegt wesentlich höher. Trotz geringer Abmaße ergeben sie noch bei Beleuchtungsstärken bis unter 0,01 Lux ohne Verstärkung meßbare Fotoströme. Das entspricht etwa $^{1}/_{50}$ der Vollmondbeleuchtung!

Durch Vorschalten einer Sammellinse kann außerdem der Meßwinkel so variiert werden, daß anstelle der integralen Messung über das gesamte Bildfeld eine Schwerpunktmessung mit engem Meßwinkel erfolgt. Da der Lichtwandler des CdS-Belichtungsmessers jedoch kein Spannung erzeugendes Fotoelement ist, sondern die Lichteinwirkung nur den Widerstand verändert, wird als Spannungsquelle eine Knopfzelle benötigt.

Ein Nachteil des CdS-Belichtungsmessers ist sein »Gedächtnis«. Wirkt sehr helles Licht auf den Widerstand ein, so wird bei unmittelbar darauf folgender Messung geringer Beleuchtungsstärke das Ergebnis verfälscht. Der Effekt kann einige zehn Sekunden andauern. Außerdem reagiert er im Bereich geringer Beleuchtungsstärken träge, so daß man sich bei der Messung Zeit lassen muß. Weil dies mit der Forderung nach schneller Aufnahmefolge unter eventuell stark wechselnden Beleuchtungsbedingungen nicht zu vereinbaren ist, wurden Belichtungsmesser mit Silizium-Fotodiode entwickelt. Da ihr Empfindlichkeitsbereich bis weit ins Infrarot reicht und damit von der spektralen Empfindlichkeitsverteilung des Filmmaterials erheblich abweicht, muß stets ein blaugrünes Filter vorgeschaltet werden, weshalb dieser Lichtwandlertyp auch als Blauzelle bezeichnet wird. Sie hat kein Lichtgedächtnis und reagiert sehr schnell, hat aber den Nachteil, daß bei geringen Beleuchtungsstärken die Fotoströme nur noch im Bereich von Nano- und Picoampere (10^{-9} bzw. 10^{-12} A) liegen und einer zusätzlichen Verstärkung bedürfen. Auch können nahe elektrische Störfelder von Schaltern, Relais, Motoren u. dgl. das Meßergebnis beeinflussen. Den neuesten Entwicklungsschritt bilden deshalb Belichtungsmesser mit Galliumarsenid-Phosphor-Fotodioden (GaAsP-Dioden oder noch kürzer GPD). Ihre spektrale Empfindlichkeitsverteilung ist der des Auges und der Filmmaterialien noch besser angepaßt.

Von der Monokel-Linse zum Tessar

Die ersten Kameras hatten Objektive, deren Schärfenzeichnung allenfalls die eines modernen Brillenglases erreicht haben dürfte. Befriedigende Schärfe ergaben sie nur bei starker Abblendung. Die Linsen wurden noch ohne wissenschaftliche Berechnungen »pröbelnd« angefertigt. Das erste wissenschaftlich berechnete fotografische Objektiv schuf, wie erwähnt, Professor Josef Petzval. Sein Porträtobjektiv erreichte die relative Öffnung von 1:3,2. Es bestand aus zwei Gliedern, die durch einen verhältnismäßig großen Luftzwischenraum getrennt waren. Das eine Glied war aus zwei verkitteten Linsen zusammengesetzt, je einer aus Flint- und Kronglas, das zweite ebenfalls aus je einer Flint- und Kronglaslinse, aber durch einen kleinen Luftraum getrennt. Die Blende befand sich etwa in der Mitte. Durch die gestreckte Anordnung wurde der Astigmatismus (nicht punktförmige Abbildung eines punktförmigen Objekts) weitgehend behoben. Doch verblieb eine merkliche Randunschärfe, weshalb man es mit offener Blende nur für Porträts verwenden konnte. Für Landschafts- und Architekturaufnahmen mußte es stark abgeblendet werden, um eine weitgehend gleichmäßige Schärfenzeichnung über die gesamte Bildebene zu erreichen. In den 50er Jahren von Petzval noch weiter verbesserte Objektive dominierten aber etwa ein Vierteljahrhundert in der fotografischen Optik.

Um 1860 entstand als neuer Typ das dreilinsige *Triplet*. Bekannt wurden die Triplets des englischen Fotografen Thomas Sutton und des nach England ausgewanderten Deutschen John Henry Dallmeyer. Sie waren verzeichnungsfrei, zeigten aber einen erheblichen Lichtabfall an den Bildrändern. In den 60er Jahren berechnete Adolf Steinheil als weiteren neuen Typ den *Aplanaten,* ein aus zwei Gliedern mit je zwei verkitteten Linsen bestehendes Objektiv. Es brachte weitere Verbesserungen, die Lichtstärke variierte aber nur zwischen 1:16 und 1:8, erst später betrug sie 1:4,5. Aplanate sind Doppelobjektive. Jedes ihrer Glieder läßt sich einzeln als Landschaftslinse verwenden, wobei die Lichtstärke halbiert wird, weil die Brennweite jeder Aplanathälfte etwa das Doppelte der des einzelnen Glieds beträgt. Der Typ erlangte große Verbreitung. Es gab bereits Weitwinkelaplanate mit einem Bildwinkel bis zu 100°. 1865 brachte Steinheil ein aus nur zwei Kronglasmenisken bestehendes verzeichnungsfreies *Periskop* mit der für damalige Verhältnisse sehr kurzen Brennweite von 75 mm heraus, die eine ungewöhnlich kleine Kamera erforderte. Sie war als Fixfocusapparat konstruiert. Der Bildwinkel betrug 90°. Trotzdem sollen auf der sieben Zoll (= 17,8 cm) langen Platte bei Betrachtung mit einer Lupe von gleicher Brennweite wie der des Objektivs alle Details zu erkennen gewesen sein, die man auch bei direkter Betrachtung der Landschaft mit freiem Auge unterscheiden kann. Mit dieser optischen Leistung war Steinheil der allgemeinen Entwicklung aber weit voraus.

Ein ganz neuer Entwicklungsabschnitt der Optik und damit auch der Foto-Objektive begann um 1880, als Ernst Abbe, Physikprofessor in Jena, und Dr. Otto Schott aus Witten übereinkamen, an der Schaffung neuer optischer Gläser mit verbesserten Eigenschaften zusammenzuarbeiten. Abbe hatte bereits seit Jahren neben der Berechnung realer Objektive »Phantasiekonstruktionen« betrieben, bei denen er Glassorten voraussetzte, die es in Wirklichkeit nicht gab, sondern die lediglich wünschenswert waren. Diese Gläser herzustellen war nun die Aufgabe, der sich Abbe, Schott und Carl Zeiss 1882 in einer in Jena neu eingerichteten Glasschmelzerei widmeten.

Die erste bahnbrechende Anwendung der neuen Glassorten für fotografische Objektive erfolgte 1886 durch den von Abbe nach Jena berufenen Dr. Paul Rudolph. Er berechnete ein anastigmatisches Doppelobjektiv, das 1898 patentiert wurde und den bis dahin noch allen Objektiven anhaftenden Fehler des Astigmatismus auf ein Minimum reduzierte. Das später zum Inbegriff höchster Schärfenzeichnung gewordene *Tessar* vollendete Dr. Rudolph 1902. Es hatte zunächst nur die Lichtstärke 1:6,3. Weitere Verbesserungen des Tessars gelangen Dr. Ernst Wandersleb. Sein 1907 auf den Markt gekommenes Tessar 1:4,5 wurde in der ganzen Welt als »Adlerauge der Kamera« bekannt. Das erste Kleinbildtessar 1:2,8 schuf 1931 Dr. Willy Merté, das heutige noch wesentlich weiter verbesserte 1947 Professor Dr. Harry Zöllner. Damit war die Grenze der ohne Verminderung der optischen Leistung erreichbaren Lichtstärke des Tessartyps erreicht. Doch ist dieses Objektiv trotz inzwischen vorhandener lichtstärkerer Typen bis heute aktuell, da es bei relativer Einfachheit und Preisgünstigkeit extreme Schärfenzeichnung ermöglicht. Nach Ablauf der Schutzrechte brachten alle bedeutenden Objektivhersteller Nachbildungen des Typs heraus und produzieren sie noch immer. Außer in der bildmäßigen Fotografie haben Tessare in den verschiedensten Bereichen technischer Fotografie große Bedeutung und Verbreitung.

Die Bedeutung der Lichtstärkeriesen von 1:2 und darüber ist übrigens an die Kleinbildfotografie und einige wenige Sonderzwecke gebunden. Es wurden extrem lichtstarke Objektive zwar auch für große Formate hergestellt, so z. B. 1925 das *Ernostar* für die »Nachtkamera« Ermanox 9 cm × 12 cm. Sie sind notwendigerweise aber sehr groß und schwer, dazu sehr teuer und haben eine derart geringe Schärfentiefe, daß man damit praktisch nicht viel anfangen kann. Sinnvoll wurden Objektive von 1:2 und darüber erst durch die Kleinbildfotografie sowie für Aufnahmen, bei denen keine Schärfentiefe gefordert wird, z. B. in der Astro- und der Röntgenschirmbild-Fotografie.

Auch für das Kleinbildformat schien es aber zunächst unmöglich, bei Überschreiten einer relativen Öffnung von 1:1,5 noch hervorragende Korrektion der optischen Fehler zu erreichen. Das änderte sich, als Computer für die Berechnung von Objektiven eingesetzt wurden. Welche immense Rechenarbeit für die Korrektion eines Objektivs aufzuwenden ist, läßt sich vielleicht ahnen, wenn man erfährt, daß z. B. die Berechnungen für das Jenaer Biotar einen eng beschriebenen Papierstoß von 98 cm Höhe ergeben. Vor der elektronischen Automatisierung der Rechenprozesse erforderte die Schaffung eines neuen Objektivtyps daher jahrelange Arbeit. Heute kann man es sich leisten, viele mögliche Varianten auf dem Computer »durchzuspielen« und die günstigste auszuwählen. Dadurch konnte die optische Leistung moderner Objektive bei höchster Lichtstärke auf ein Niveau gehoben werden, das man vor 40 Jahren noch für unmöglich gehalten hätte.

Ein wichtiger Schritt in der Entwicklung der Foto-Optik war die Erfindung des Antireflexbelages, auch als Transparentbelag oder Vergütung bezeichnet, im Jahre 1935 durch Dr. A. Smakula in dem Jenaer Zeiss-Werk. An jeder Grenzfläche zwischen Glas und Luft wird ein Teil des Lichts reflektiert. Es geht damit nicht nur für die Exposition des Fotomaterials verloren, sondern setzt als Streulicht auch die Brillanz und Klarheit des Bildes herab. Die Lichtverluste sind besonders bei lichtstarken Objektiven, die aus vielen Gliedern bestehen und daher viele Glas-Luft-Grenzflächen haben, beträchtlich und erreichen bis zu etwa 40 Prozent.

Die Reflexion ist zu beseitigen bzw. wesentlich zu verringern, wenn ein durchsichtiger Belag auf das Glas gebracht wird, der eine Dicke hat, die einem Viertel der Wellenlänge des Lichts entspricht. Dabei wird ein Teil des Lichts sowohl von der Vorder- als auch von der Rückseite der Schicht reflektiert. Beide Anteile des reflektierten Lichts interferieren miteinander. Da die Dicke der Schicht $\frac{1}{4}$ der Wellenlänge entspricht, entsteht zwischen den beiden Lichtanteilen eine Phasenverschiebung um $\frac{1}{2}$ Wellenlänge. Sind die Amplituden beider Lichtanteile gleich, so erfolgt daher eine Auslöschung des Reflexlichts durch Interferenz. Das ist auch bei Phasenverschiebungen der Fall, die ein ungeradzahliges Vielfaches der halben Wellenlänge betragen. Als Antireflexbelag dienen Kalzium-, Magnesium- oder Lithiumfluoride, die im Hochvakuum auf die Linsenflächen aufgedampft werden. Anfangs konnte das Reflexlicht nur innerhalb eines ausgewählten Spektralbereichs vermindert werden. In neuster Zeit wurde ein als *Multicoating* bezeichneter Belag geschaffen, der eine beträchtliche Verminderung in einem breiten Spektrum des fotografisch genutzten Lichts bewirkt.

Vom Holzkasten zur Kleinstbildkamera

Sucht man nach einem Motto für die Entwicklung der Kameratechnik, so drängt sich die Redensart auf: »Es ist alles schon einmal dagewesen!« Selbst modernste Trends lassen sich bis weit in die »Urgeschichte« der Fotografie zurückverfolgen. Allerdings konnten sie sich erst in neuerer Zeit dank inzwischen erreichter Fortschritte der fotografischen Fotochemie, Optik und Feinmechanik real durchsetzen und in breitem Umfang in die Praxis überführen.

Kleinbildkameras benutzten aber jedenfalls bereits Niépce und Talbot. Niépces »Kleinste« hatte nur Zündholzschachtelgröße und Talbots »Mausefalle« die Abmaße von 7,5 cm × 7,5 cm × 7,5 cm. Sie ergab Bilder von etwa 5 cm × 5 cm. Harold White brachte deshalb schon im Titel seines Buches »William Henry Fox Talbot, The First Miniaturist« zum Ausdruck, daß er Talbot für den ersten Kleinbildfotografen hält. Freilich waren Kleinkameras damals nur ausgefallene Spezialitäten ohne nennenswerte praktische Bedeutung. Ansonsten beherrschten große Holzkästen das Feld. Niépce selbst steuerte gleich drei Erfindungen für sie bei: den – anfangs allerdings nicht faltbaren – Lederbalgen, die Irisblende und Zusammenschiebbarkeit der Kastenkamera. Ihr Rückteil konnte in den vorderen hineingeschoben werden. In auseinandergezogenem Zustand war eine solche Kamera 38,5 cm lang, 30 cm breit und 31,5 cm hoch. Das Bildformat dürfte etwa 16 cm × 19 cm betragen haben. Die 1839 von Daguerre und Giroux in den Handel gebrachten Apparate waren 36,8 cm breit und 31,8 cm hoch. Die Länge konnte zwischen 26 cm bis zu 50,8 cm variiert werden. Die Linse hatte 82,5 mm Durchmeser und eine Brennweite von 406 mm, die Blende einen Durchmesser von 24 mm, so daß sie eine relative Öffnung von etwa 1:17 ergab. Da aber auch 1839 schon einigen Leuten das Arbeiten mit einer so großen und schweren Kamera im Freien unpassend erschien, baute bereits im Dezember des genannten Jahres C. A. Steinheil eine »Kleinkamera«.

Etwas Neues brachte Steinheil 1839 auch in Form seiner zylindrischen Kamera von 36 cm Länge und 12 cm Durchmesser für kreisförmige Bilder heraus. Ebenfalls runde Bilder von 9,5 cm Durchmesser ergab die 1841 erstmals hergestellte Kamera Voigtländers. Sie bestand aus einem metallischen Doppelkonsus. An dem einen Ende befand sich das Objektiv, am anderen die Einstellupe, in der Mitte, also an der breitesten Stelle, die Platte. Der Apparat war 31 cm lang. Die Faltung des Balgens erfand ebenfalls bereits in den ersten Jahren nach der Veröffentlichung der Fotografie Humbert de Molard, den Zahnstangentrieb zum Feststellen des Abstandes zwischen Objektivträger und Rückteil führte Chevalier 1840 ein.

Wie kraus die Ansichten mancher Fotografen über den physikalischen Vorgang in der Kamera zunächst waren, zeigt eine »Erfindung« des Müncheners Alois Löcherer von 1851. Er versah den Apparat innen mit einem weißen Anstrich. Das dadurch vermehrte Streulicht sollte vermeintlich zur gleichmäßigeren und intensiveren Belichtung der Platte führen. Schon 1852 wurde dem Engländer Newton ein Apparat patentiert, den man beinahe als Vorläufer der Sofortbildkamera bezeichnen könnte. Er hatte eine eingebaute Entwicklungsvorrichtung. 1864 baute der französische Ingenieur Dubroni eine wasserdichte Kamera, die im unteren Teil gleich den flüssigen Entwickler enthielt. Nach der Belichtung der Platte mußte man den Apparat kopfstellen. Der Entwickler floß dann über die Platte. Das sollte dem Fotografen das Mitführen eines Dunkelzeltes auf Reisen ersparen. Obwohl dies in einer Zeit, in der die Platten erst kurz vor der Aufnahme präpariert und unmittelbar nach der Exposition entwickelt werden mußten, gar kein absurder Gedanke war, setzte sich die Erfindung allerdings nicht durch.

Das Prinzip des Lederbalgens war zwar schon früh erfunden, doch blieben zusammenlegbare Kameras zunächst Ausnahmen. Erst nachdem 1860 der Engländer Kinear einen konisch in Richtung zum Objektiv verengten Balgen schuf und dies noch mit der Neigbarkeit und Verschiebbarkeit des Objektivträgers und der Mattscheibe kombinierte, begann zögernd das Zeitalter der Klappkamera, die später schließlich bis weit in unser Jahrhundert dominierte. Dadurch ließ sich ein großes Format durchaus mit handlichen Abmaßen vereinbaren. Das bewies besonders die um 1920 erschienene Patent-Etui-Kamera von Guthe und Thorsch, Dresden. Trotz des Formats 9 cm × 12 cm konnte man sie in zusammengeklapptem Zustand bequem in der Rocktasche unterbringen.

Nach den Kleinkameras Niépces und Talbots rissen die Versuche nie ab, Mini-Apparate einzuführen. Doch spielten sie nur eine außenseitige Rolle und wurden von Fotoamateuren im engeren Sinne und erst recht von Berufsfotografen nicht ernst genommen. Noch in den 90er Jahren lag die untere Grenze der allgemein anerkannten Formate bei 13 cm × 18 cm. Das 9 × 12-Format galt damals als Kleinbild und seriöse Leute befaßten sich nicht damit. »Man kann ja auf diesen Bildern kaum einen Hund von einem Kamel unterscheiden!«, hieß es im »Jahrbuch für Photographie und Reproduktionstechnik« von 1890 über das »Kleinbild« 9 × 12.

Das änderte sich erst mit der Verbesserung der fotografischen Objektive. Die scharfzeichnenden Anastigmate von Zeiss und Goerz machten schließlich nicht nur das 9 × 12-, sondern auch das 6 × 9-Format praktikabel. Als dann 1908 gar die Westentaschen-Tenax von C. P. Goerz mit dem Negativformat 4½ cm × 6 cm auf den Markt kam, wurde es zunächst wieder mit Entschiedenheit als Spielzeug abgetan. »Für ernsthafte Lichtbildner kommt dieses Format überhaupt nicht in Betracht« resümierten im gleichen Jahr die in Berlin erscheinenden »Photographischen Mitteilungen«. Dabei handelte es sich übrigens noch um eine Plattenkamera. Von nun an galt 4½ × 6 als Kleinbildformat. Es fand auch bald recht starke Verbreitung bei Amateuren, was durch die etwa um die gleiche Zeit von Eastman eingeführte Rollfilmkamera gleichen Formats wesentlich begünstigt wurde. Keinesfalls war 4½ × 6 aber damals das so eindeutig dominierende Amateurformat wie heute das Kleinbild 24 mm × 36 mm. Vielmehr waren auch bei Amateuren noch Formate bis 9 × 12 sehr gebräuchlich.

Die Kleinbildkamera 24 mm × 36 mm mit perforiertem 35-mm-Kinefilm als Aufnahmematerial schuf 1912 Oscar Barnack, der als Mechaniker bei der Firma Ernst Leitz, Wetzlar, beschäftigt war. Zwischen der ersten Konstruktion und der Markteinführung vergingen aber nochmals zehn Jahre. Die Fabrikation begann 1923, aber noch 1924 gelangten erst ganze sechs Exemplare in die Öffentlichkeit. In der Sowjetunion erschien in den 30er Jahren die Kleinbildkamera Fed für Kinefilm. Wiederum wurde das abermals verkleinerte Format von der Fachwelt zunächst als Spielerei abqualifiziert und dringend von der Weiterverfolgung der Idee abgeraten. Aber sie setzte sich allmählich durch. Wesentlich trug dazu Dr. Paul Wolff bei, der durch seine dynamischen Aufnahmen die Leistungsfähigkeit und die zum Teil revolutionierenden Möglichkeiten der Kleinbildkamera besonders eindrucksvoll unter Beweis stellte. Aber bis zum Ende der 30er Jahre blieb die Kleinbildfotografie dennoch eine Angelegenheit von Spezialisten unter den Amateuren und Profis. Das Gros fotografierte nach wie vor mit Kameras von $4\frac{1}{2} \times 6$ bis 6×9. Immerhin waren aber bis 1944 allein in Deutschland 33 Typen von Kleinbildkameras erschienen.

Die Gunst des Amateurs, der gehobene Ansprüche stellte, hatte inzwischen konkurrierend zur Kleinbildkamera noch ein anderer Kameratyp errungen, der nicht nur das Amateur-, sondern später auch der professionellen Fotografie für Jahrzehnte das Gepräge gab: die zweiäugige Spiegelreflexkamera des Mittelformats 6×6. Die erste *Rolleiflex* der Braunschweiger Firma Francke & Heidecke war die Sensation des Jahres 1929. Ihr Prinzip war allerdings nicht absolut neu. Schon zu Anfang der 90er Jahre gab es bemerkenswerte Kamerakonstruktionen dieses Typs. Aber seine technische Perfektion erhielt er erst durch die »Rollei«. Der große Vorteil bestand darin, daß man – wie auch der Werbeslogan verhieß – im Sucher bereits das spätere »fertige« Bild sah. Das optische Prinzip, das dies ermöglichte, war schon vor 400 Jahren von Porta in seinem Buch »Magia naturalis« beschrieben worden. Nach der Rollei kamen zahlreiche weitere Modelle zweiäugiger Spiegelreflexkameras 6×6 in allen Stufen des Komforts auf den Markt, übrigens auch für kleinere Formate bis herab zu 4 cm × 4 cm und als Außenseiter die Kleinbildkamera *Contaflex* von Zeiss-Ikon, Dresden. Diese war sogar für Wechselobjektive eingerichtet, konnte sich aber nicht durchsetzen. Das 6×6- und das Kleinbildformat verdrängten schließlich allmählich die größeren. Einen meßbaren Ausdruck fand dies in dem Anteil der Aufnahmen in den periodisch erscheinenden Jahrbüchern. Er stieg bei 6×6 bis 1938 auf 26 Prozent und bei 24 mm × 36 mm auf 27 Prozent.

Der nächste bahnbrechende Schritt in der Entwicklung der Kameratechnik datierte 1936. Nachdem bereits 1934 die erfolgreiche einäugige Spiegelreflexkamera *Primarflex* für das Format 6×6 erschienen war, brachte das Ihagee-Kamerawerk Dresden 1936 die erste einäugige Spiegelreflex-Kleinbildkamera *Kine*

EXAKTA heraus. Die entscheidenden Vorzüge dieses Kameratyps beruhen darauf, daß dasselbe Objektiv sowohl das Bild auf den Film entwirft als auch das Sucherbild erzeugt. Dadurch ist ein parallaxenfreies Sucherbild bei allen Brennweiten und allen Abständen des Objekts bis herab zu Nah- und Lupenaufnahmen gewährleistet. Ebenso entsteht beim Ansetzen der Kamera an andere optische Geräte stets ein richtiges Sucherbild. Auch die Schärfe kann in jedem Falle nach dem Sucherbild eingestellt werden. Die Vorteile des Kameratyps wurden noch wesentlich gesteigert, als anstelle des anfänglich ausschließlich vorhandenen Lichtschachtsuchers bei der *EXAKTA Varex* und zahlreichen Nachfolgemodellen wahlweise ein Prismensucher eingesetzt werden konnte, der bei Quer- und Hochformataufnahmen stets ein seitenrichtiges und aufrechtstehendes Sucherbild zeigt. Das einäugige Spiegelreflexprinzip setzte sich wegen seiner überzeugenden Vorteile schließlich auch im Mittelformat 6 × 6 zunehmend durch, während die zweiäugige Spiegelreflexkamera dieses Formats den Höhepunkt ihrer Verbreitung hinter sich ließ und keine Zukunft mehr haben dürfte. Sie ist durch die einäugige Kamera gleichen Formats eindeutig überrundet.

Die eindeutige Dominanz der Kleinbildkamera in der Weltproduktion fotografischer Apparate, wie sie sich insbesondere seit den 50er Jahren herausbildete, entsprach wiederum einer Forderung der Zeit. Von einer Liebhaberei Weniger war die Amateurfotografie inzwischen zu einem Hobby breiter Massen geworden. Die überwiegende Mehrzahl der Hobbyfotografen verlangte aber eine kleine und leicht zu handhabende Kamera. Die Kleinbildkamera kommt dieser Forderung auch insofern entgegen, als sie infolge der aus der kurzen Brennweite des Standardobjektivs resultierenden weiten Schärfentiefe nicht so empfindlich gegen geringe Fehleinstellungen der Entfernung ist wie eine Mittelformatkamera 6 × 9. Aber auch mancher technisch anspruchsvolle Amateur bevorzugt den Kleinbildapparat, weil dieser – insbesondere dank dem einäugigen Spiegelreflexprinzip – die Verwendung von Zusatzobjektiven verschiedener Brennweiten ermöglicht, ohne daß Masse, Volumen und Anschaffungskosten der Ausrüstung für eine amateurfotografische Betätigung unzumutbar groß werden.

In jüngster Zeit wurde das Format nochmals verkleinert. Da die meisten Amateurfotografen ihre Negative ohnehin nur bis höchstens 9 × 12 vergrößern lassen, genügen bei der heutigen Güte der Objektive und Filmmaterialien noch kleinere Aufnahmeformate als 24 mm × 36 mm. Kleinstbildkameras mit Formaten von 13 mm × 17 mm und zum Teil noch darunter erobern sich daher gegenwärtig eine zunehmende Beliebtheit. Ihre Vorteile werden darin gesehen, daß man sie in jede Tasche stecken kann und so mit keinerlei zusätzlichem Fotogepäck belastet ist, und daß wegen der aus der kurzen Brennweite resultierenden weiten Schärfentiefe die Entfernungseinstellung sehr erleichtert ist oder ganz entfallen kann.

Aus der Kuriositäten-Kiste

Obwohl es den Begriff Amateurfotografie schon vor hundert Jahren gab, dürfen wir daraus nicht schließen, daß sie auch nur annähernd so weit verbreitet war wie heute. Der enorme Unterschied, der in dieser Hinsicht zwischen damals und heute besteht, findet u. a. darin seinen Niederschlag, daß heute niemand mehr davon Notiz nimmt, wenn jemand eine Kamera ans Auge hebt und fotografiert. Wer es vor hundert Jahren wagte, auf der Straße zu fotografieren, konnte dagegen sicher sein, sofort zum Zentrum eines Menschenauflaufs zu werden. Eine so große »Sensation« war das Fotografieren damals noch. Als in den 70er Jahren des vorigen Jahrhunderts ein bekannter Berliner Fotograf den Auftrag erhielt, eine feierliche Denkmalsenthüllung im Foto festzuhalten, lehnte er dies entsetzt mit den Worten ab: »Alles andere! Nur nicht auf die Straße mit dem Apparat!«

Die Zuschauer waren eine schwere Behinderung für Aufnahmen im Freien. Es kostete viel Geschick, wenigstens das fotografische »Schußfeld« frei von Neugierigen zu halten. Selbst in stillen Winkeln konte man schwerlich unbemerkt fotografieren, zumal die Aufnahmen wesentlich längere Vorbereitungen erforderten als heute ein Schnappschuß mit der Klein- oder Kleinstbildkamera. Man hatte das Stativ aufzubauen, die Kamera darauf zu befestigen, das schwarze Tuch über Kopf und Kamera zu hängen, um das lichtschwache Mattscheibenbild einzustellen, wobei man mit größter Sorgfalt vorging und lange probierte, bis man den besten Bildausschnitt gefunden hatte. Dann mußte schließlich noch die Mattscheibe mit der Plattenkassette vertauscht werden. Unterdessen hatte sich bestimmt auch an wenig begangenen Plätzen zumindest eine Schar von Kindern eingefunden. In einem Fotolehrbuch wurde deshalb der Rat gegeben, der Fotograf möge eine Silbermünze und einen kleinen Stein in die Hand nehmen, kurz vor der Aufnahme die Münze hoch zeigen und dann das Steinchen in die Richtung werfen, in der er nicht fotografierte. Die Kinder würden dorthin laufen und so wenigstens für kurze Zeit das Schußfeld der Kamera freigeben.

Das Aufsehen, das jedes Fotografieren in der Öffentlichkeit erregte, führte deshalb zu dem begreiflichen Wunsch, die Kamera so zu tarnen, daß die Mitmenschen nicht merkten, daß fotografiert wird. Darin lag eines der Motive für das Aufkommen zahlreicher Arten von »Geheimkameras«, allerdings nicht das einzige. Denn bald empfanden etliche Leute auch Spaß daran, ihre Mitmenschen unbemerkt zu fotografieren. Verständlich daher, wenn manche besorgten Mütter ihre unbescholtenen Töchter davor warnten, sich mit einem Fotoamateur auch nur in ein Gespräch einzulassen. In einem Anstandsbüchlein aus den USA von 1887 wurde den »jungen Damen von tadellosem Ruf« ausgemalt, welche Gefahren ihnen durch die zunehmende Plage der Amateurfotografen drohen. »So kommt es denn, daß die Bilder vorwurfsfreier junger Damen auf den Kaminsimsen von Junggesellen paradieren«, hieß es darin, und sich die Schnappschuß(schürzen)jäger rühmen, mit den Konterfeiten in guten Beziehungen zu stehen. 1893 wurde vorgeschlagen, in Knigges »Umgang mit Menschen« einen neuen Abschnitt über »fotografischen Anstand« aufzunehmen, der so beginnen sollte: »Wer seine Mitmenschen durch die an sich edle Kunst des Fotografierens schädigt oder gar belästigt, oder gar die Verlegenheit seines Opfers ausnutzt, um solcherweise ein Konterfei von ihm zu fabrizieren, ist ein gesellschaftliches Ekel ersten Ranges; wer diese Tat so begeht, daß das Opfer seiner mangelnden Bildung den Vorgang bemerkt und dadurch in Angst versetzt wird, verdient nicht, ein Gebildeter genannt zu werden; wer schließlich Bilder, welche Personen in sie verletzender Weise darstellen, anderen zeigt oder gar verkauft, von dessen Scheußlichkeiten schweigen wir …«

Die meisten Geheimkameras ergaben freilich nur recht kleine und wenig scharfe Aufnahmen. Bis zu einem gewissen Grade könnte man ihnen aber eine Bedeutung für die Entwicklung der Kleinbildkameratechnik beimessen. Zu ihrer Zeit waren sie allerdings mehr fotografische Spielzeuge. So erschien z. B. 1886 eine Detektivkamera von Rudolf Stirn in Form einer flachen Dose, die man sich an einer Kordel um den Hals hing und unter dem

Mantel trug. Die Vorderfassung des Objektivs lugte durch ein Knopfloch und war zudem noch als Mantelknopf getarnt. Der Verschluß wurde durch eine Zugschnur ausgelöst. 1890 erschien sogar eine Kamera, die unter der – damals allerdings sehr ausladenden – Krawatte versteckt war. Das Objektiv sah wie die Krawattennadel aus. Es belichtete Platten von 1,5 cm Größe im Quadrat. Die Geheimkamera »Ben Akiba« aus dem Jahre 1903 war in den Griff eines Spazierstocks eingebaut und faßte einen Filmvorrat vor 350 (!) Aufnahmen. Eine genaue Bildfeldeinstellung war mit diesen Apparaten allerdings nicht möglich. Die 1907 in England herausgebrachte als Taschenuhr getarnte Kamera »Ticka« hatte dagegen sogar einen kleinen Brillantsucher. Das Objektiv lag in der scheinbaren Aufzugskrone versteckt. Der Apparat ergab 25 Aufnahmen von Briefmarkenformat. Um die Tarnung perfekt zu machen, besaß er Zeiger und Zifferblatt. Allerdings war »Ticka« im Vergleich zu wirklichen Taschenuhren ziemlich dick geraten, was ahnungslose Leute aber für eine Besonderheit halten mochten, die mit höchster Ganggenauigkeit zusammenhing.

In vielen Variationen gab es Geheimkameras, welche die Form eines Feldstechers oder Opernglases hatten. Das eine optische System diente als Sucher, das andere als Kamera. Mit manchen dieser Apparate konnte man sogar »um die Ecke fotografieren«. Im übrigen brauchte der Fotodetektiv nicht unbedingt auf größere Formate zu verzichten. Es gab z. B. auch Kameras, die als fix und fertig verschnürtes und mit Aufschriftzettel versehenes Postpaket getarnt waren, das man unter dem Arm trug. In vielen Varianten existierten ferner Kameras, die in Hüte, Helme und Kappen eingebaut waren. Zum Fotografieren nahm man diese Kopfbedeckungen ab. Dann wurde der Zylinderhut auf ein Spazierstockstativ geschraubt. Das herausgezogene Hutfutter verschaffte sogar den Komfort des obligaten schwarzen Einstelltuchs. Allerdings dürfte ein Straßenpassant, der in einen Zylinderhut starrt, der auf einen Spazierstock geschraubt ist, kaum weniger Aufsehen erregt haben als jemand, der sich von vornherein eindeutig als Fotograf zu erkennen gab. Verbreitet waren ferner »Buchkameras« sowie als Fotoalbum und als »Pompadour« getarnte Apparate.

Zur Kuriositätenkiste der Fototechnik haben aber nicht nur die zahlreichen Geheimkameras beigesteuert. Ein skurriles Gegenstück zu den Mini-Kameras und vermutlich der größte Foto-Apparat, der jemals gebaut wurde, war eine 1899 für eine amerikanische Eisenbahngesellschaft von dem Fotografen Lorenz konstruierte Kamera für Platten von 2,5 m × 3 m Größe. Der Apparat hatte eine Masse von 480 kg, mit Plattenkassette sogar von 635 kg. Er wurde mit einem eigenen Zug an die Aufnahmeorte gefahren und diente zum Fotografieren von Eisenbahnwagen. Zu seiner Bedienung waren 15 Personen erforderlich.

Zukunftstrend: Automatisierung durch Elektronik

Die gegenwärtige Weiterentwicklung der Fototechnik ist hauptsächlich durch den Einsatz der Elektronik für die Automatisierung immer weiterer Bedienungs- und Einstellfunktionen der Kamera gekennzeichnet. Es begann mit der halbautomatischen Belichtungssteuerung durch relativ einfache Analogschaltungen. Das Ausmaß der Automatisierung wächst aber mit dem zunehmenden Grad der Mikrominiaturisierung elektronischer Bauelemente und Schaltungen. Gegenwärtig können auf einer Fläche von einigen Quadratmillimetern bereits etwa 300 integrierte Schaltungen früherer Art untergebracht werden. Eine elektronische Datenverarbeitungsanlage vergleichbarer Leistungsfähigkeit beanspruchte vor zehn Jahren noch einen großen Schrank und vor 25 Jahren sogar einen Saal.

Der gegenwärtige Integrationsgrad ermöglichte bei einigen Kamera-Spitzenmodellen des Weltmarkts bereits den Übergang von der analogen zur digitalen Belichtungssteuerung. Hochintegrierte Mikroprozessoren stellen dabei den richtigen Blendenwert entsprechend einer vorgewählten Belichtungszeit oder wahlweise die richtige Verschlußzeit entsprechend einer vorgewählten Blendenzahl oder aber sogar ohne jede Vorwahl Blende *und* Zeit vollautomatisch so ein, daß unter den gegebenen Lichtverhältnissen eine richtig exponierte Aufnahme entsteht. Darüber hinaus erfolgen auch die anderen Bedienungsfunktionen wie z. B. der gekuppelte Filmtransport und Verschlußaufzug elektronisch programmgesteuert.

Sogar die automatisierte Entfernungseinstellung, die vor etwa 25 bis 30 Jahren noch für quasi unmöglich gehalten wurde, weil die dafür erforderlichen Hilfsmittel die zumutbare Größe einer Kamera zu sprengen schienen, ist inzwischen verwirklicht. Die Entfernungsbestimmung erfolgt dabei entweder durch Laufzeitmessung einer ausgesandten Ultraschall-Impulsfolge und ihres vom Objekt zurückgeworfenen Echos oder bei einem anderen Prinzip durch einen Kontrastvergleich. Nach der Methode des Mischbild-Entfernungsmessers werden zwei Teilbilder des Objekts erzeugt. Wenn sie zur Deckung kommen, das Bild also scharf eingestellt ist, entsteht maximaler Kontrast. Er dient als Ausgangssignal für die Beendigung des mechanischen Vorgangs der Objektiveinstellung.

Besondere Erwähnung verdient weiter die elektronisch automatisierte Anfertigung farbiger Papierbilder nach Farbnegativen sowie zum Teil auch nach Farbdias mittels sogenannter Printer. Dies hat den in internationalem Maßstab zu verzeichnenden enormen Aufschwung der Farbenfotografie nach dem Negativ-Positiv-Prozeß, die in manchen Ländern die Schwarzweißfotografie inzwischen überwiegt, erst ermöglicht. Denn dadurch konnten die Preise für Colorpapierbilder erheblich gesenkt werden.

Die physikalisch-technischen Funktionsweisen all dieser Anwendungen der Elektronik in der Fototechnik zu schildern, würde den vorgesehen Umfang des Buches sprengen und müßte einer gesonderten Darstellung vorbehalten bleiben. Zudem befinden sich diese technischen Entwicklungen noch so stark im Fluß, daß sie noch mehr der Zukunft als der Geschichte zuzurechnen sind.

Gelegentlich wird die Frage gestellt, ob die Elektronik nicht überhaupt die Geschichte der Fotografie auf der Basis von Silberhalogeniden beendet. Es gibt bereits für den Amateurgebrauch elektronische Kameras, vereinfachte Fernsehkameras also, die mit der herkömmlichen Foto- und Filmkamera nur noch das Objektiv und das lichtdicht umschlossene Gehäuse gemeinsam haben. Sie wandeln das Bild in eine sehr schnelle Folge elektrischer Signale um. Diese werden nach Verstärkung einem Videorecorder zugeführt, von diesem in magnetische Signale umgewandelt und auf Video-Magnetband gespeichert. Mit Hilfe eines Fernsehempfängers oder Monitors lassen sie sich jederzeit und beliebig oft wieder in Bilder verwandeln.

Vergleicht man jedoch den technischen Aufwand und die erreichte Bildqualität bei diesem und dem herkömmlichen fotografischen und kinematografischen Verfahren, so dürften den Techniken und Materialien der konventionellen Foto- und Kinematografie auch in absehbarer Zukunft noch große Bedeutung und Verbreitung beschieden sein.

Literatur

Baier, Wolfgang: Quellendarstellungen zur Geschichte der Fotografie. 1. Aufl. Halle 1964

Birr, Emil-Joachim und Walther, Werner: Chemie der Aza-indolizine und ihre Anwendung in der Photographie (In:Veröffentlichungen der Wissenschaftlichen Photo-Laboratorien – AGFA – Band VIII, Leipzig 1954)

Cornwell-Clayne, Adrian: Colour Cinematography. 3. Aufl. London 1951

David, Ludwig: Photographisches Praktikum. 5. Aufl. Halle 1924

Eder, Joseph Maria: Ausführliches Handbuch der Photographie. I. Band. 1. Teil. Erste Hälfte und Zweite Hälfte. 4. Aufl. Halle 1932

Eder, Joseph Maria: Quellenschriften zu den frühesten Anfängen der Photographie bis zum XVIII. Jahrhundert. Halle 1913

Eder, Joseph Maria: Jahrbücher für Photographie und Reproductionstechnik (später: Reproduktionsverfahren) für die Jahre 1887 bis 1920. Halle 1889 bis 1921

Eder, Joseph Maria: Jahrbücher für Photographie, Kinematographie und Reproduktionsverfahren für die Jahre 1921 bis 1929. Halle 1928 bis 1933

Eder, Josef Maria: Ausführliches Handbuch der Photographie. II. Band, 2. Teil. Die Photographie mit dem Kollodiumverfahren. 3. Aufl. Halle 1927

Kuchinka, Eduard: Die Daguerreotypie und die Anfänge der Negativphotographie auf Papier und Glas (Talbotypie und Niépcotypie) (In: Eder, Joseph Maria: Ausführliches Handbuch der Photographie. II. Band. 3. Teil. 3. Aufl. Halle 1927)

Kupfer, Christian; Monse, Hanns Rolf; Neumann, Alfred: Fotokino-Lexikon. 1. Aufl. Leipzig 1964

Leavitt, D.: How Polavision realy works (In: Popular Photography, Okt. 1977, S. 103 ff.)

Lüppo-Cramer, Henricus: Die Grundlagen der photographischen Negativverfahren (In: Eder, Joseph Maria: Ausführliches Handbuch der Photographie. II. Band, I. Teil. 3. Aufl. Halle 1927)

Mannheim, L. Andrew: Canon A-1: Der Digitalrechner macht's möglich (In: Color-Foto 8 (1978), 6, S. 120 bis 128)

Mess, C. E. Kenneth: The Theorie of the Photographic Process. 6. Aufl. New York 1952

Meyer, Kurt: Der Anteil der Agfa an den Fortschritten der Emulsionstechnik (In: Veröffentlichungen der Wissenschaftlichen Photo-Laboratorien – AGFA – Band VIII, Leipzig 1954)

Meyer, Kurt: 25 Jahre Agfacolor-Verfahren (In: Veröffentlichungen der Wissenschaftlichen Photo-Laboratorien – AGFA – Band IX, Leipzig 1961)

Mutter, Edwin: Kompendium der Photographie. I. Band. Die Grundlagen der Photographie. Berlin 1957

Mutter, Edwin: Kompendium der Photographie. II. Band. Die Negativ-Diapositiv-Umkehrverfahren. Berlin 1962
Mutter, Edwin: Kompendium der Photographie. III. Band. Die Positivverfahren, ihre Technik und Anwendung. Berlin 1963
Pietsch, Herward und Epperlein, Joachim: Hat die Silberhalogenidfotografie eine Zukunft? (In: Bild und Ton 32 (1979), 2, S. 37–41)
Prengel, Lothar: Das Sofortbildverfahren der zweiten Generation (In: Bild und Ton 28 (1975) 12, S. 369 bis 373)
Röll, Eduard: Hermann Wilhelm Vogel, ein Lebensbild. 1939
Skopec, Rudolf: Photographie im Wandel der Zeiten. Prag 1964
Sende, Wolf-Dieter: Farbphotographische Maskierungsverfahren (In: Veröffentlichungen der Wissenschaftlichen Photo-Laboratorien – Wolfen – Band X, Leipzig 1965)
Stenger, Erich: Beginnende Photographie im Spiegel von Tageszeitungen etc. Würzburg 1943
Stenger, Erich: Hundert Jahre Photographie. München 1939
Stenger, Erich: Der Siegeszug der Photographie in Kultur, Wissenschaft und Technik. Seebruck 1950
Volkmann, Herbert: Film Preservation. International Federation of Film Archives (F.A.A.F.) Preservation Committee. Berlin 1963 (Nicht als Druck veröffentlicht)

Bildteil

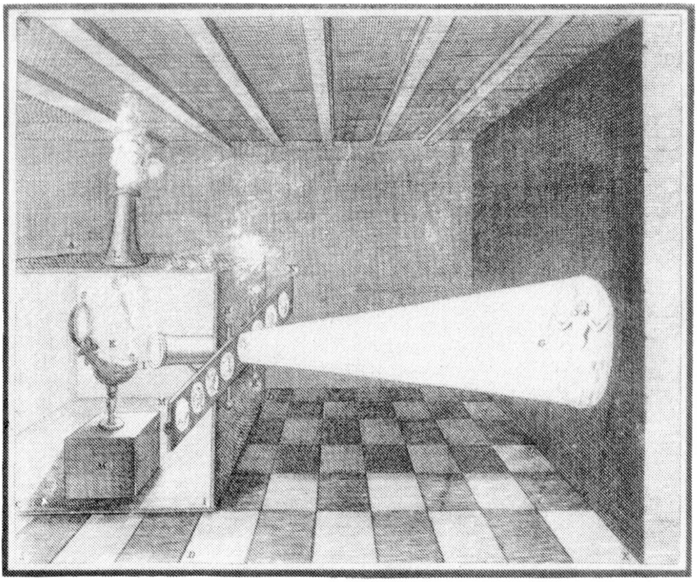

Darstellung der Laterna magica nach Athanasius Kirchner (1671)

Eine Kamera von Niépce, heute im Besitz des Museums Denon in Chalon-sur-Saone

Eine der ersten Daguerreschen Kameras, gebaut von der Firma Alphonse Giroux in Paris

Gedenkstein für die Erfindung der Fotografie durch Niépce am Ortseingang von St.-Loup-de-Varennes. Das angegebene Erfindungsjahr ist allerdings unzutreffend.

Ein Relief am Beuth-Denkmal in Berlin, 1860 von Fr. Drake geschaffen, zeigt eine Daguerreotyp-Kamera.

Kameras, mit denen Talbot fotografierte

Der Fotografensessel mit Kopf- und Schulterstützen, die das Stillhalten während der anfangs sehr langen Belichtungszeit erleichtern sollten, wurde von Karikaturisten gern zum Marterstuhl umstilisiert.

Karikatur Daumiers von 1856 über eine Porträtsitzung

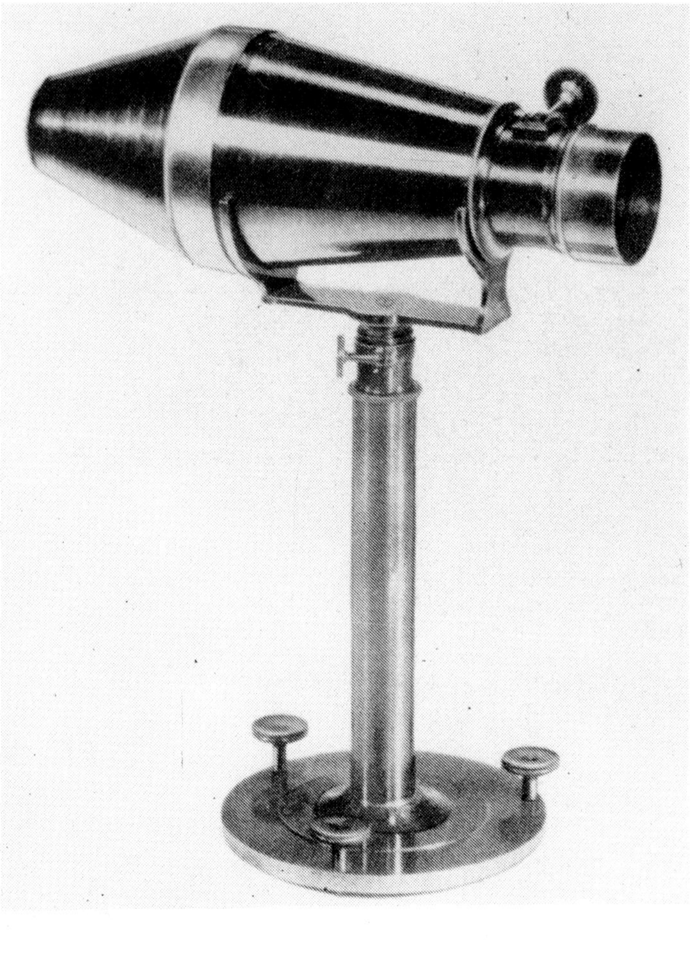

Kamera von Petzval (1841). Objektiv und Sucherlupe befanden sich an den beiden Enden, die Daguerrotyp-Platte an der größten Verdickung des Doppelkonus.

Mit Dunkelkammerzelt und Chemiekalienkoffer zog der Fotograf in der Epoche des nassen Kollodium-Verfahrens von Ort zu Ort.

Um das Vergrößern zu vermeiden, benutzte man zur Anfertigung großformatiger Bilder riesige Apparate wie die Atelierkamera des Wiener Fotografen Ludwig Angerer (1866).

Kamera für technische Präzisionsaufnahmen (1885)

Zum Vergrößern dienten sogenannte Solarkameras wie diese von Monckhoven (1866).

Ein auf dem Dach des Hauses montiertes Vertikal-Vergrößerungsgerät nach J. F. Campell (1865)

Vergrößerungssapparat zur Installation in der Dunkelkammer (1875). Das Negativ befand sich in der Wand und wurde von außen mit Sonnenlicht durchstrahlt.

Vergrößerungssapparat von Monckhoven (1890) mit seitlich angebrachtem, durch ein Uhrwerk betriebenem Heliostat

Luxuriös ausgestattetes Atelier des Fotografen Walerius Rzewuski in Krakau (1870)

Etikett der ersten Trockenplatten-Packungen aus England

Urtyp der Rollfilmkamera von Warnek (1877). Rollfilm gab es damals noch gar nicht. An seiner Stelle wurde ein Gelatinehäutchen benutzt, das sich auf einer Papierunterlage befand und später von dieser abgezogen wurde.

Die erste zusammenklappbare Kodak-Kamera von 1890

Die Photosphére – ein typisches Beispiel für die Generation der Trokkenplatten-Kameras (1888)

9 × 12-Spiegelreflexkamera von Hesekiel (um 1893) (Technisches Museum Dresden)

Einst galt sie als »Kleinbildkamera« – die Ernemann Ermanox 4,5 × 6 cm (Technisches Museum Dresden)

Alte Stereo-Holzkamera (Technisches Museum Dresden)

Alte Panorama-Kamera

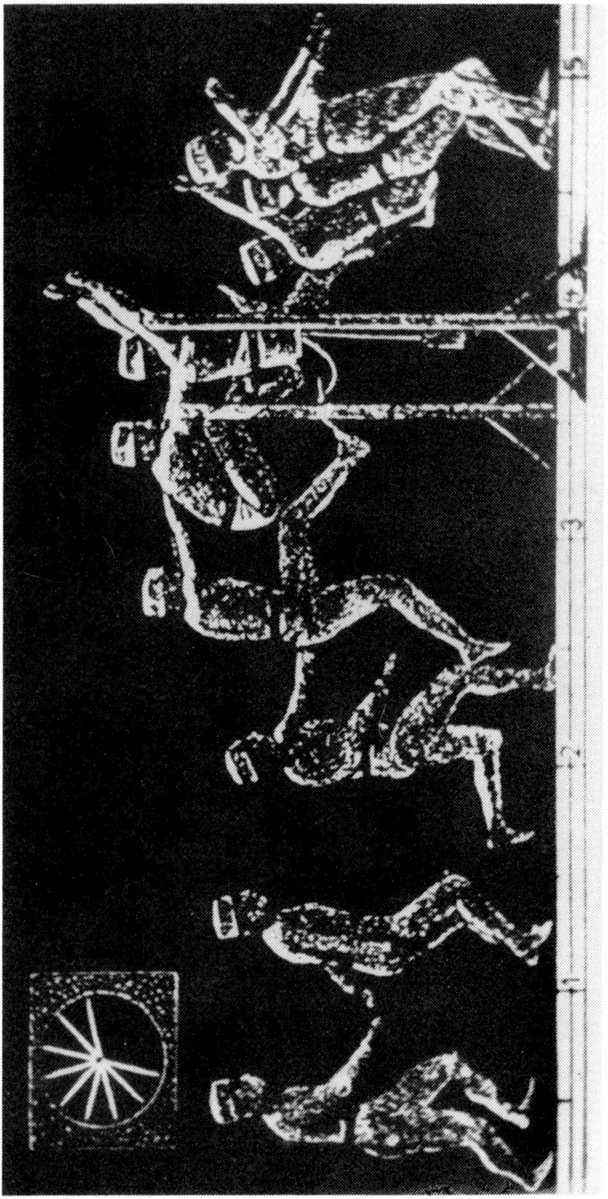

Mareys Phasenbilder eines Springers

Muybridges Serienaufnahmen eines galoppierenden Pferdes

Blitzlampe von Dronin (1889). Eine Stichflamme wurde auf das eingefüllte Magnesiumpulver gelenkt.

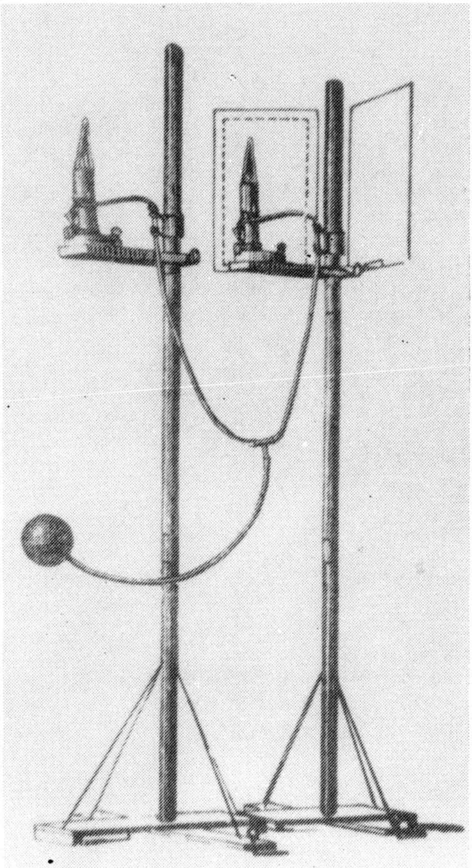

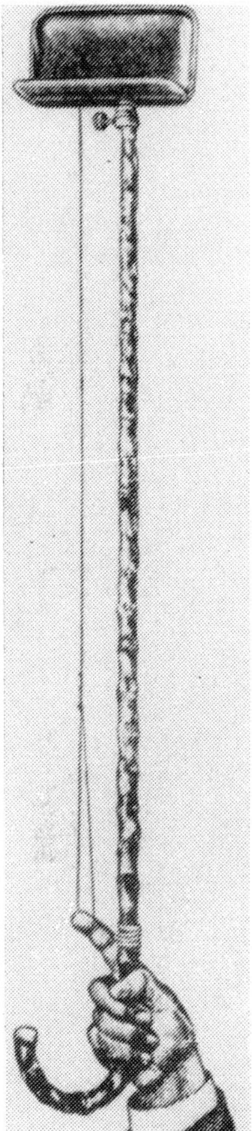

Zweilampen-Blitzanlage des Breslauer Malers Professor Schirm (1889).
Die zweite Blitzlampe war mit einem Streuschirm ausgestattet.
Magnesiumpulver-Blitzlampe (1889)

Magnesium-Blitzlampe von Piffard mit Sauerstoff-Flasche und Luftlampe

Typische Blitzlicht-Gruppenaufnahme (1890)

Belichtungsmesser von J. Decoudon, Paris (1887). Er wurde unter dem schwarzen Einstelltuch gegen die Mattscheibe gehalten. Lichtempfindlichkeit der Platten und Lichtstärke des Objektivs wurden noch nicht berücksichtigt.

Photometer von H. Woodbury (1878) – ein chemischer Belichtungsmesser, mit dem die Zeit ermittelt wurde, in der das lichtempfindliche Papier einen bestimmten Schwärzungsgrad erreichte.

Fotograf mit einer Momentkamera am Ballon hängend (nach einem Holzschnitt von 1889)

Zeichnerische Darstellung der Unterwasserfotografie durch Boutan (1893)

Unterwasserkamera von Boutan mit Beleuchtungsgerät (1895)

Brieftaube mit Kamera
1912 kam die Brieftaubenkamera Doppelsport von Dr. Julius Neubronner in den Handel.

Die Maulsche Raketenkamera (1908/09) vor dem Start

Bermpohl-Kamera für Farbaufnahmen nach dem Farbauszugsverfahren. Mittels des großen Schlittens an der Rückwand konnten drei Farbauszugsplatten nacheinander belichtet werden.
(Technisches Museum Dresden)

Bermpohl-Strahlenteilungskamera für Farbaufnahmen nach dem Farbauszugsverfahren

Von außen betrachtet nur ein luxuriöser Spazierstock-Knauf – in Wirklichkeit eine Detektivkamera, konstruiert von Emil Kronke und 1902 patentiert

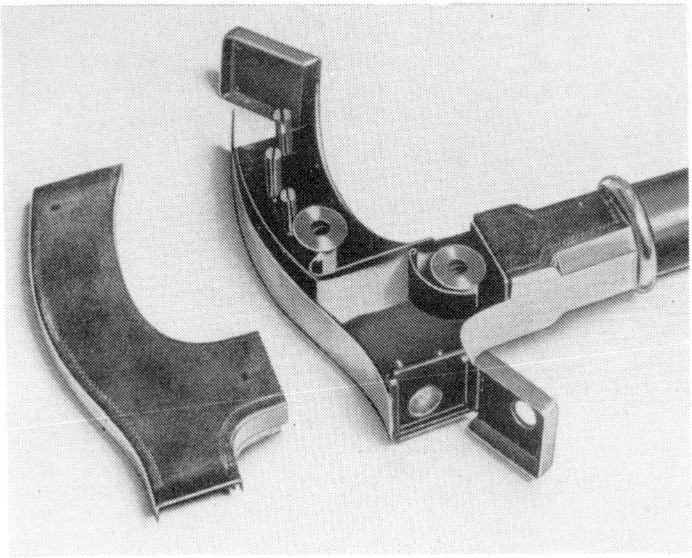

Blick in die geöffente Spazierstockkamera »Ben Akiba«. Technische Daten: achromatisches Objektiv 1:11,38 mm Brennweite. 17 mm breiter Rollfilm mit Papier-Vor- und Nachspann zum Einlegen bei Tageslicht. Eine Spule ergab 20 Aufnahmen 17 mm × 20 mm. 7 Spulen waren als Reserve im Spazierstock unterzubringen.

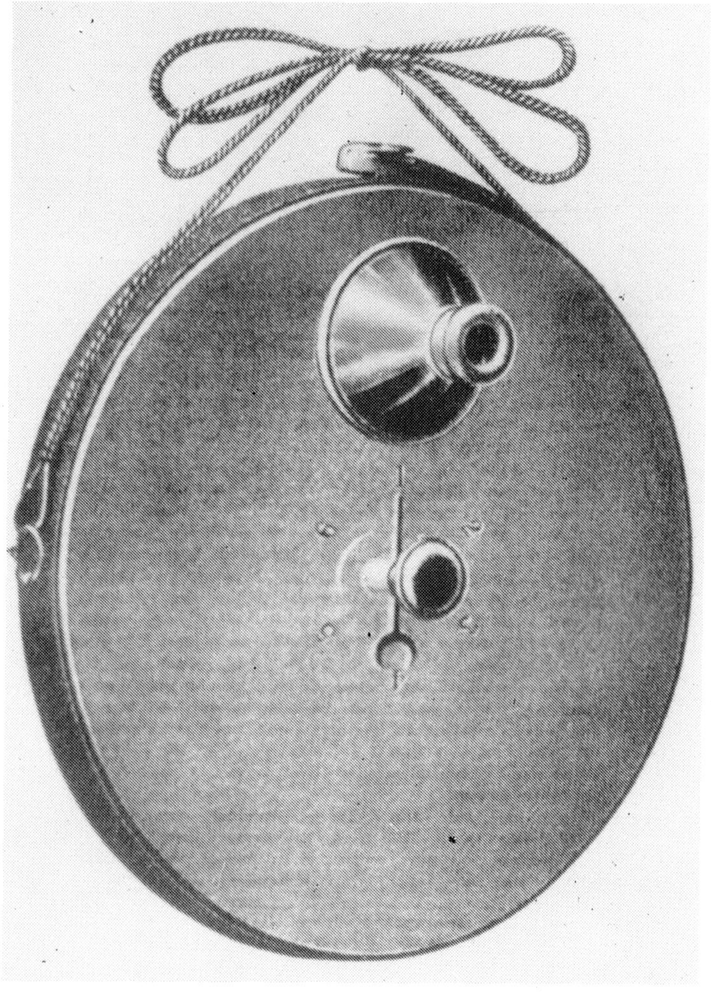

Geheimkamera von Rudolf Stirn (1886). Sie wurde unter dem Mantel versteckt getragen. Das Objektiv ragte durch ein Knopfloch.

Mendoza-Hutkamera (1884)

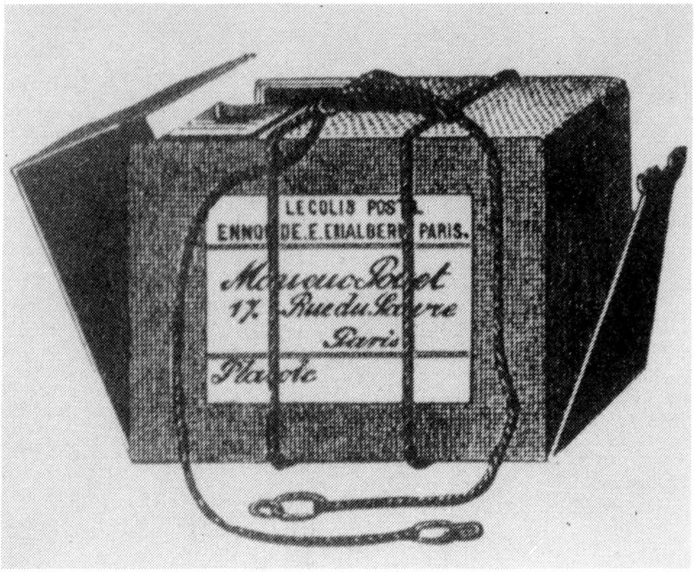

Postpaket-Kamera von Enjalbert (1887)

So fotografierte man mit der »Kamera im Zylinderhut«.

Rubinglas-Petroleumlampe, Dunkelkammerleuchte vor der Jahrhundertwende

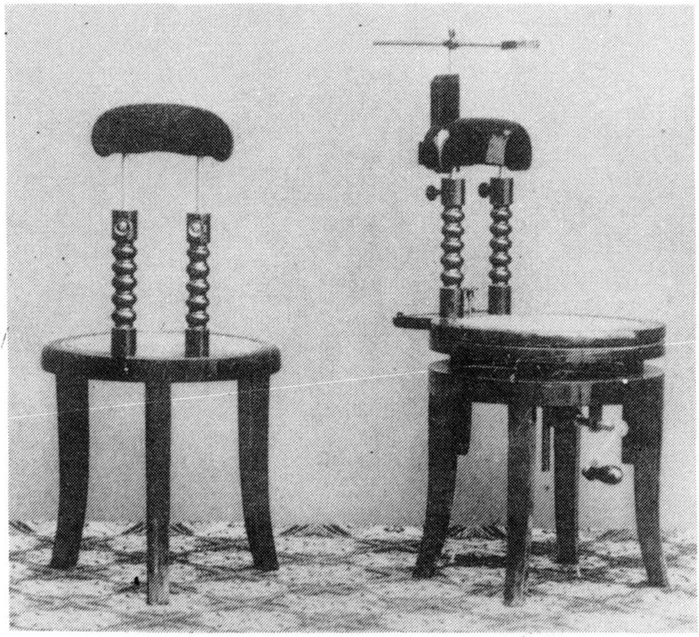

»Brustbildersessel« gehörten um 1875 zur Atelierausstattung

Oscar Barnacks Ur-Leica, die erste Kleinbildkamera für perforierten 35-mm-Film (1912)

Polaroid SX-70 Land-Kamera mit automatischer Entfernungseinstellung durch Ultraschall-Laufzeitmessung

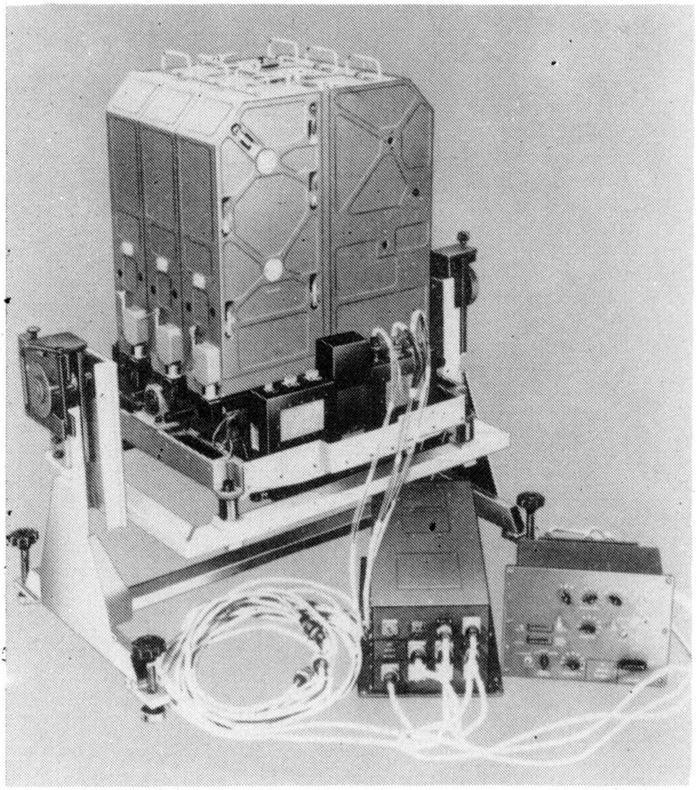

Multispektralkamera MKF-6. Diese Kamera war im Raumschiff Sojus 22 installiert und fotografierte beim Raumflug vom 15. 9. bis 23. 9. 1976 auf jedem der sechs Kanäle 2000 Aufnahmen. Jede Aufnahme erfaßte ein Gebiet von 115 km × 165 km.